流媒体时代

新媒体与娱乐行业的未来

[美] 迈克尔·D.史密斯（Michael D. Smith）
[印度] 拉胡尔·特朗（Rahul Telang）◎著

鲁冬旭◎译

STREAMING, SHARING, STEALING

Big Data and the Future of Entertainment

中信出版集团 | 北京

图书在版编目（CIP）数据

流媒体时代：新媒体与娱乐行业的未来 /（美）迈克尔·D. 史密斯，（印）拉胡尔·特朗著；鲁冬旭译 . --北京：中信出版社，2019.7

书名原文 : Streaming, Sharing, Stealing:Big Data and the Future of Entertainment

ISBN 978-7-5217-0556-0

I. ①流… II. ①迈… ②拉… ③鲁… III. ①传播媒介–经营管理–研究②娱乐业–经营管理–研究 IV. ① G206.2 ② F719.5

中国版本图书馆 CIP 数据核字（2019）第 086831 号

流媒体时代——新媒体与娱乐行业的未来

著　　者：[美] 迈克尔 · D. 史密斯　[印度] 拉胡尔 · 特朗

译　　者：鲁冬旭

出版发行：中信出版集团股份有限公司

（北京市朝阳区惠新东街甲 4 号富盛大厦 2 座　邮编　100029）

承 印 者：北京楠萍印刷有限公司

开　　本：880mm × 1230mm　1/32　　印　　张：9.5　　字　　数：240 千字

版　　次：2019 年 7 月第 1 版　　印　　次：2019 年 7 月第 1 次印刷

京权图字：01–2017–4356　　广告经营许可证：京朝工商广字第 8087 号

书　　号：ISBN 978-7-5217-0556-0

定　　价：49.00 元

献给朗达·史密斯，我生命中的挚友和真爱。

——迈克尔

献给我的妻子阿什维尼和我们的孩子，舒密克和希沃姆，是他们让我的生活充满欢乐。

——拉胡尔

目录

I

好的时光，坏的时光

在我年幼的时候，他们教导我怎样做一个男人。
现在我长大了，我试着尽力把这些事情做好。
可是，不管怎么努力，我总是把事情搞砸。
好的时光，坏的时光。

——齐柏林飞艇，《好的时光，坏的时光》

第 1 章　纸牌屋

每一只小猫咪都会成长为大猫。一开始它们看起来是那么无害——那么小，那么安静，舔着它们盘子中的牛奶。但当它们的爪子长得够长，它们便开始嗜血。有时，它们攻击的对象正是那双曾经给它们喂食的手。

——弗兰克·安德伍德在网飞公司原创剧《纸牌屋》中的台词

对音乐、电影、出版等创造性行业而言，现在是最好的时代，也是最坏的时代。随着新技术的发展，一些原来被剥夺了发声权力的创造者（如自行出版著作的作者、独立音乐人等）现在能够通过一些全新的途径来完成他们的创作，并且能够让受众接触到他们的作品。同时，新的技术也向消费者提供了大量新颖的娱乐选择。在这些因素的共同作用下，我们迎来了一个全新的创作黄金时代。然而，这些新的科学技术也同时改变了创造性行业中的竞争形式，削弱了行业中的老牌玩家对作品内容和消费者的控制，因此，这些行业中的商业领袖不得不在旧的商业模式和新的商业机会之间做出艰难的取舍和权衡。在这样一个变化的时代，很多实力强劲的公司面临很大的困境，并逐渐失去了它们曾经主导和掌控的市场。

这种市场权力方面的变化在很多案例中都有所体现，网飞公司原创剧的推出对业界造成的巨大冲击无疑是这方面最显著和最深刻的案例之一。在网飞公司的案例中，我们可以清楚地看到新的技术是如何通过不同途径改变娱乐行业的市场情况的。

故事开始于 2011 年 2 月，当时 MRC（Media Rights Capital）电影公司的两位创始人莫迪凯·维克奇克和阿西夫·萨楚正在向多家电视网络宣传和推荐他们的新剧《纸牌屋》的创意。《纸牌屋》是一部政治剧情片，其创意灵感来自 BBC（英国广播公司）的同名迷你剧集。这部高质量的电视剧迅速吸引了众多业界高级人才的加盟，其中包括广受好评的导演大卫·芬奇，曾获金像奖的著名编剧鲍尔·威利蒙，以及金像奖影帝凯文·斯佩西。当时，莫迪凯·维克奇克和阿西夫·萨楚主要考虑将该剧的播出权卖给 HBO 电视网、Showtime 电视网或 AMC 电视台之中的一家，但他们同时也联系了网飞公司，希望该剧在电视网络上播出结束后还可以获得网飞公司的网络播出权。[1]

在向各大电视网络宣传《纸牌屋》创意的阶段，MRC 电影公司的推荐重点是该剧试播集的剧本初稿以及全剧的情节概要。这些宣传会议的主要目标是说服这些电视网络为该剧的试播集提供资金支持。每一年，数以百计的电视剧创作人员面临着与 MRC 电影公司同样的挑战，他们必须全力向各大电视网络宣传和推荐自己的创意，为获得这几家主要电视网络极为有限的播出时段而展开激烈竞争。然而，这正是电视剧生产行业的商业模式——电视网络掌握了播出时段的稀缺资源，因此具有极强的主导权力。曾在福克斯电视网络担任娱乐总裁的凯文·赖利这样说道："我们拥有垄断权。如果你想要做电视剧，你就得先来找我们这些电视网络公司。"[2]

为了判断一部新剧是否能够赢得观众，电视网络公司会使用一种标准化的评判工具，那就是试播集。在试播集中，电视剧的创作者必须在 30~60 分钟的播出时段中快速建立起该剧的人物设定、情节基础以及故事主线。即使在最理想的情况下，创作这样的试播集也是一项非常艰巨的任务，对《纸牌屋》的创作团队而言，这项任务显得尤其困难。在 2013 年的一次访谈中，凯文·斯佩西曾这样说道："我们必须在试播集中讲述一个需要很长时间才能讲完的故事。该剧的情节是复杂的、多层面的。该剧的人物形象也很复杂，并且人物的性格需要随着时间的推进而不断演化并逐渐展现在观众面前。此外，剧中人物之间的关系也需要广阔的发展空间才能够得到充分的展现。"

即便某个剧集幸运地获得了试播集的投资，电视网络公司也不会向该剧的主创人员提供任何资金方面的保证，控制权仍然完全掌握在电视网络公司的手中。如果电视网络公司对该剧的试播集感到满意，那么它可能会先订购 6~12 集，但是这样的情况非常罕见。在大多数情况下，看过试播集之后，电视网络公司会选择放弃该剧，而电视剧的主创人员只能从零开始、重新来过。

对电视网络公司而言，试播集是一种用来衡量观众兴趣的昂贵手段。要制作一部剧情片的试播集，一般需要花费 500 万 ~600 万美元的经费。[3] 据某些业内人士估计，电视网络公司每年花在失败的试播集上的经费大约是 8 亿美元。[4] 在这些失败的试播剧集播出后，电视剧的制作计划随即被取消，也就是说这 8 亿美元并没有为我们生产出任何连续剧产品。

在与网飞公司进行接触之前，莫迪凯·维克奇克和阿西夫·萨楚已经向多家电视网络公司推荐了《纸牌屋》的创意，而这些电视网络公司给出的回应并不完全是正面的。虽然一些电视网络公司表示它们喜欢本剧的概念以及制作团队的豪华阵容，但是没有任何一家电视网络公司愿意对该剧的试播集制作进行投资，这主要是因为在电视剧行业中存在着这样的传统智慧——政治剧情片是一个很难“大卖”的剧种。事实上，在 2006 年《白宫风云》（*West Wing*）的最终集播出以后，再没有任何一部政治剧情片取得过成功。[5]

然而，网飞公司对《纸牌屋》的创意给出了不同的回应。网飞公司的首席内容官特德·萨兰多斯对批评该剧的主线情节没有表现出多大的兴趣，他也没有提起“市场不喜欢政治剧情片”的传统智慧。相反，在《纸牌屋》一剧的宣传讨论会议上，特德·萨兰多斯主要感兴趣的点是数据——他手中掌握着关于网飞公司 3 300 万用户的收看习惯的详细数据。特德·萨兰多斯手头的数据显示，在这 3 300 万用户中，有相当数量的用户是大卫·芬奇执导的电影的粉丝，或者是凯文·斯佩西主演的电影的粉丝。同时，数据还显示，有相当数量的用户曾经租借过 BBC 同名剧集的 DVD（视频光盘）。简而言之，这些数据使得特德·萨兰多斯相信，《纸牌屋》的创意完全行得通，[6] 因此，特德·萨兰多斯向 MRC 电影公司开出了如下条件：他希望 MRC 电影公司能够完全绕过电视网络直播的渠道，与网飞公司签订独家协议，[7] 让网飞获得《纸牌屋》一剧的唯一播放权。

然而，网飞公司的创新还不止于此。按照传统的方法，网飞公司应该先向《纸牌屋》创作团队提供 500 万 ~600 万美元的试播集制作经费，然后再根据试播集的反响与 MRC 电影公司签订半季或一季的订购合同。然而，网飞公司并没有采取这样的传统方法，而是一次性出价 1 亿美元先期买断了两整季（26 集）的制作。网飞公司表示，不需要经过传统的试播环节，因为它已经从手中的数据分析得出《纸牌屋》具有良好的观众基础，同时网飞公司还相信，它有渠道和方法能够对《纸牌屋》一剧的潜在受众做出精确的个性化定位和营销。

网飞公司完全跳过试播环节，不用试播集测试《纸牌屋》的观众接受度，这一决策无疑是大胆和新颖的。电视行业对网飞公司的这一决策表示怀疑。2011 年 3 月，就在网飞公司宣布与《纸牌屋》制作团队签订协议后不久，莫琳·瑞安为美国在线电视（AOL TV）撰文，列出了她认为《纸牌屋》一剧在网飞公司播出未必能取得成功的各种理由。在该文的结尾处，莫琳·瑞安这样

写道：[8]

> 还有其他的警示信号吗？当然有。首先，网飞公司和MRC电影公司没有制作试播集就开始拍摄全剧。其次，大卫·芬奇此前从未执导过改编剧。虽然我们喜欢拿电视行业的高管开玩笑，但是有些时候，我们不得不承认这些专业人士知道他们在做些什么。在电视剧制作的历史上，很多试播集在发展为整部剧集的过程中都经历了重大改动，而这些改动的目的是让剧集变得更好——在有些情况下，根据试播集的反响做出的修改使得全剧集的质量有了巨大的提升。

显然，网飞公司的做法与电视行业传统的做法大不相同，绕过试播集的制作并不是它们之间唯一的差异。在传统的电视播出模式中，电视网络通常选择每周播出一集，并希望通过此举不断建立和巩固观众基础。网飞公司则计划将《纸牌屋》第一季的13集一次性全部上架。对传统的电视网络公司而言，它们受到播出形式的限制，必须采用一种能够适应观众需要的通用播出时间表，如果同一个电视剧一次性连续播放13个小时，那么这势必会导致该电视网络当天所有其他的节目无法正常播出。相比传统电视网络公司，网飞公司在这方面显然拥有巨大的优势：网飞公司的网络数据流平台不需要强制观众在特定的时间点收看特定的剧集，相反，观众可以根据自己的需要和情况，自由地选择收看剧集的时间和进度，甚至可以选择“疯狂地”一次性看完一整季电视剧。

数据显示，有 67 万名观众选择“疯狂地”一次性收看完《纸牌屋》第二季的所有剧集。[9] 这些观众不需要忍受讨厌的商业广告插播，只要支付了网飞公司的会员费用，他们就有权在完全无广告的情况下尽情地收看他们喜欢的剧集。[10]

网飞公司对《纸牌屋》一剧采用的这种一次性全部上架的播出策略不仅为观众带来了新的娱乐选择以及更大的弹性和便利性，也为《纸牌屋》一剧的首席编剧鲍尔·威利蒙提供了新的创作机会和创作弹性。在为传统的周播连续剧撰写剧本的时候，鲍尔·威利蒙必须将每周的故事进度精确地塞入 22 分钟或 44 分钟的剧集播出时间中（这取决于该连续剧是在 30 分钟的时间段播出还是在 60 分钟的时间段播出）。在这样限定的时间段中，他还需要在每集开始的时候插入前情提要，让观众有机会重温他们在上一集中漏看或者已经忘记的情节，并在每一集中间留出插播商业广告的“休息时间”（商业广告是电视剧播出收入的主要来源）。然后，在每一集的结尾，编剧还必须制造出迷你的悬念，使观众保持对下周即将播出的剧情的兴趣。而在网飞公司的一次性全部上架的播出策略之下，对编剧而言上述所有的限制都得以解除。因此鲍尔·威利蒙可以集中精力创作一部“时长 13 个小时的电影”。[11]

此外，网飞公司还承诺一次性订购整整两季电视剧，而不是像传统电视网络公司那样只肯先订购 6~12 集剧集，此举也给电视剧编剧提供了不小的帮助，因为在这种新的模式之下，他们有更多的时间来发展剧集的故事情节。在 2013 年接受《好莱坞报道》

（*Hollywood Reporter*）采访的时候，特德·萨兰多斯曾表示：“当我们给编剧提供更大的空间时，编剧可以很确定地知道该剧至少会播出 26 集，他们也会基于这样的认知来进行创作。我认为我们为电视剧编剧提供了一种不同的创作环境，而我们的电视剧也因此变得更好看了。”[12]

网飞公司以会员订阅为基础的商业模式及按需自选的播放形式还在其他一些方面为电视剧编剧提供了创作的自由度。比如，在鲍尔·威利蒙创作的《纸牌屋》剧本中，剧情最开始的一幕是全剧主角弗兰克·安德伍德掐死邻居家受伤的狗，这一幕让网飞公司的很多资深电视剧从业人员感觉相当不舒服。在 2014 年的阿斯彭思想节（Aspen Idea Festival）上，鲍尔·威利蒙曾表示：“一开始，有几个人对我说，‘你不能让主角弄死一只狗，你这么搞会让电视剧在最开始的 30 秒内就损失一半观众’。于是我去找大卫·芬奇，我对他说，‘嗨，伙计，我真的很喜欢这个开场的设定。我觉得这一幕能让我们的这部戏有力地开场。有人对我说主角弄死一只狗的时候我们会损失一半的观众，对此你怎么看’。大卫·芬奇思考了几秒，然后对我说，‘我才不在乎呢’。而我说，‘我也不在乎’。然后他说，‘那我们就按你说的来搞吧’。”[13]

对大部分电视剧而言，这样的创作自由几乎是不可想象的。和鲍尔·威利蒙一样担任阿斯彭思想节评委会评委的迈克尔·埃斯纳也是一名电视剧行业资深从业人员，他表示，如果自己也像鲍尔·威利蒙一样在播出剧集中加入这样的暴力场面的话，“（电视网络公司的）总裁一定会打电话给我，董事会主席也一定会打电话给我，大概 10 分钟之内我就可以卷铺盖走人了”。

为什么在网飞公司平台上播出的《纸牌屋》中可以有这样的暴力场面，而在电视网络上播出的剧集却不可以呢？第一，网飞公司并不采用靠广告收入维持运营的商业模式，因此它不需要担心剧集中的争议性场景会触怒广告商。第二，因为网飞公司给用户提供的是按需自选播放的服务，并为用户提供了许多不同的选择，因此即使某些剧集的内容触犯了部分用户，也不会带来严重后果。而在电视网络的世界中，电视台在特定时间段只能向所有观众播出同一部剧集，因此其必须尽最大的努力去取悦尽量多的观众。然而对网飞公司的用户而言，就算弗兰克·安德伍德掐死狗的情节令他恶心，他也完全可以从网飞公司平台提供的时长超过 10 万个小时的其他剧集中选取自己能接受的内容来收看。事实上，通过观察用户对杀狗情节的反应，网飞公司还搜集到了关于用户偏好的一项极为重要的数据信息。正如鲍尔·威利蒙所说的那样：“要是你连掐死一只狗都接受不了，那么这部剧根本就不适合你。”

网飞公司不仅掌握了大量用户数据，而且还有能力为个体用户量身定制他们的观影体验，因此网飞公司在剧集的宣传方面也就有了一系列全新的选择。主流的电视网络只能通过尼尔森数据和其他问卷调查的形式来了解普通观众的特点和喜好，它们几乎没有机会从个体的层面上了解观众。即便它们能够了解每一个观众的个性特点，也无法以简单有效的方法直接向这些观众进行有针对性的宣传推送。在传统的播出模式下，电视网络最多只能在与新剧类似的其他已有剧集的广告时段进行新剧的宣传，因为收看这些已有剧集的观众有可能会对同类型的新剧产生兴趣。然而，网飞公司能够从个体的层面上了解用户的特点和偏好，因此网飞公司对《纸牌屋》一剧的宣传手段比传统电视网络公司的宣传手段丰富得多。网飞公司全面掌握了每一个用户的收看历史——包括他们收看过哪些内容、收看了多久、在什么样的设备上收看等，因此，网飞公司可以根据用户的实际收看习惯对个体用户进行最精准的定位。事实上，网飞公司甚至根据不同用户的喜好为《纸牌屋》一剧制作了多款不同的预告片。[14] 其中一款预告片以主演凯文·斯佩西为宣传重点（受众是喜爱凯文·斯佩西电影的观众群），另一款预告片则主打该剧的女主角（受众是爱看由女性角色主导的剧集的观众群），还有一款预告片主要强调该剧的电影化风格（受众是喜欢大卫·芬奇电影的观众群）。[15]

当网飞公司努力拓展数字渠道的规模，以更好地发行和宣传剧集内容的时候，传统的电视网络却在千方百计地限制数字渠道的使用，以避免数字渠道蚕食它们的电视播出渠道（及其中的广告收入）。某些供职于主流电视网络公司的从业人员把数字渠道视作他们目前收入来源的威胁，因此他们“明智地”极力避免为剧集签发数字渠道播出许可证。这样的选择是很容易理解的，我们也很难因此去责怪这些从业人员，毕竟在任何一个行业中，杀鸡取卵的行为都会导致从业人员被老板炒鱿鱼。

即使电视网络公司愿意签发剧集的数字渠道播出许可，通常数字渠道的播出也必须比传统渠道推迟 1~4 天，此举的目的是防止数字渠道“蚕食”传统直播渠道的观众基础。这种做法来自创造性行业的一条标准原则：为了保护“高价值”产品（如精装书和蓝光碟片）的收入，对于“低价值”的产品（比如平装书和DVD 租赁）应推迟供应或者降低其质量和可用性。这样的原则在经济学上是有一定道理的，在“单点”① 的商业模式之下，“价格歧视”行为是创作者销售创作内容的最为经济有效的方式。

然而，要想成功有效地实施“价格歧视”，节目提供方必须能够控制观众收看节目这一行为的方方面面，包括产品的可获得性、质量以及可用性等。在模拟时代，节目提供方至少有机会为了获得上述控制权而战斗。而在数字时代，要实施上述控制已经变得极为困难。比如，在如今的大环境下，想看某部剧集的观众不仅可以在立刻收看“高价值”电视直播和等待 1~4 天再收看“低价值”的电子版本之间进行选择，他们还拥有一个更有吸引力的新选择，那就是收看“零价值”的盗版影片。盗版影片不仅完全免费而且不插播任何广告，并且在首播结束后观众几乎立刻就可以收看到高清版本。这样的诱惑无疑是巨大的，无怪乎 2008 年的数据显示，网络流量高峰时段中整个北美洲的网络流量有 31% 来自著名的内容分发协议 BitTorrent（比特流）。[16]

盗版问题对剧集的海外播出影响更为巨大，因为在美国首播之后，剧集在海外播出时间可能会与首播时间有几个月的时间差，这就给了盗版可乘之机。在传统的播出模式下，大部分剧集的宣传内容都是本地化的，而海外的观众也没有其他渠道去收看这些

① “单点”一词是指对菜单上的菜肴分别定价出售，区别于“套餐”。——译者注

剧集——在这样的环境下，将海外的播出时间比首播时间推迟几个月是一种完全合理的商业行为。然而在今天的新环境下，如果你居住在瑞典，你的美国朋友却在脸书（Facebook）上一个劲儿地谈论《穹顶之下》（*Under the Dome*）的最新剧情，那么你很难坚持忍耐两个月[17]去苦等该剧在瑞典本地电视台的播出，尤其是当你知道只要上网寻找盗版渠道就能马上收看该剧的时候（这在今天的大环境下是人人皆知的秘密）。

与盗版做斗争的途径之一是想办法让盗版内容难以被观众找到，或者加大观众收看盗版内容所面临的法律风险。为了做到这两点，影视公司必须向各种搜索引擎和盗版网站发出数以千计的通知，要求它们将盗版内容从网页或搜索结果中撤除。这样的反盗版策略是可以起到一定效果的，但是这一策略显然要求影视公司每时每刻都处于警戒和忙碌的状态中，有的人把这样的反盗版策略比作一场永不停歇的“打地鼠”游戏。[18]

而在发行《纸牌屋》的过程中，网飞公司采取了一种与其他影视公司从本质上截然不同的反盗版策略。网飞公司的商业模式是出售一个按需自选平台的使用权限，也就是说，平台上的所有商品相当于被一次性捆绑销售给了消费者。对大部分物理商品而言，大规模的捆绑销售行为是不可行的，因为每多生产一件商品就会产生一份新的制造成本。然而数字化的过程完全消除了个体商品的制造成本，这使得对影视作品进行大规模捆绑销售的模式成为可能。事实上，这种捆绑销售模式不仅能够成为可能，而且经济学方面的研究显示，对影视作品的销售商而言，大规模捆绑销售的商业模式能产生比传统的“单点”模式更高的利润。[19]

捆绑销售的全新商业模式不仅提高了利润，还为销售商指出了向消费者提供价值的新途径。“价格歧视”策略成功的前提是充分降低某些产品的吸引力，以保证只有低价值的消费者群体愿意选择这些低价值产品。网飞公司的首席执行官里德·黑斯廷斯把这种“价格歧视”策略称为一种“故意让客户不满意”的策略。[20]在新的商业模式下，网飞公司放弃了这种“故意让客户不满意”的经营策略，转而以为客户提供更方便、更容易获得的内容和服务为经营重点。2013 年网飞公司共向 41 个国家和地区提供用户服务，这 41 个国家和地区的所有网飞公司平台的用户都可以收看《纸牌屋》以及其他网飞公司的剧集，用户可以随心所欲地选择在任何开通网飞服务的设备上播放剧集，网飞公司提供的统一平台使用简便，此外用户也完全不需要考虑观看盗版影片所产生的各种法律风险、道德风险以及技术风险。网飞公司甚至可以自动记录用户的收看进度，因此即使用户在收看影视剧的过程中需要暂停或者更换设备，网飞公司也会贴心地自动从暂停处开始播放。相比盗版片源而言，网飞公司的服务能为客户提供更高的价值，同时网飞公司的收费也十分合理。通过这样的设定，网飞公司希望能够让大部分观众认同一个理念：合法流媒体渠道比盗版渠道更好。种种迹象表明，在这种新颖的商业策略之下，“和免费片源竞争”的艰巨任务似乎取得了可喜的成果。2011 年，在高峰时段网飞公司的网络流量首次超过了 BitTorrent，其中网飞公司的流量占北美总网络流量的 22.2%，而 BitTorrent 的流量从 2008 年的 31% 下降到了 21.6%。[21] 到了 2015 年，二者在流量上的差距进一步拉大，网飞公司平台的流量占北美总网络流量的 36.5%，而 BitTorrent 的流量下降到了 6.3%。[22]

总而言之，与传统的主流影视公司以及电视网络相比，网飞公司具有以下显著的优势。

- 批准内容的新方式（通过对观众行为进行细致的观察和研究，而非通过制作昂贵的试播集）。
- 发行已批准内容的新方式（通过个性化的频道，而非通过传统播出频道）。
- 宣传内容的新方式（以观众的个人偏好为依据推送个性化的宣传内容）。
- 一种限制性更低的制作内容的新方式（取消了广告时间，并解除了每集时长必须为 30 分钟或 60 分钟的限制）。
- 为影视剧作者提供更大的创作自由（因为影视剧采用按需自助的方式播放，因此特定作品只需要满足一部分观众的需求即可）。
- 与盗版内容进行竞争的新方式（不采取管理控制模式，而是以提高观众收看正版节目的便利性为核心）。
- 经济效率更高的新收费模式（放弃传统的“单点”模式，提供捆绑销售的自助式服务）。

也许，具备了上述这些优点的网飞公司将成为影视剧数字发行界的“赢家”。然而事情可能未必那么简单。毕竟，网飞公司还面临着来自谷歌、亚马逊、苹果等公司的竞争，这些公司的现存业务有网飞公司所不具备的一些竞争优势：这些公司可以通过搜集用户数据、提高用户忠诚度、销售硬件等方式来补贴它们的数字影视剧播放业务。此外，网飞公司还面临着来自影视公司的竞争，这些影视公司可以使用 Hulu.com 等平台来纵向整合自己的业务，打入影视剧的数字发行市场。

本书中，我们无意对这一行业的未来进行预测。我们并不知道在娱乐行业的下一轮激烈竞争中，到底哪些公司会脱颖而出，成为新的赢家。但是，对新技术如何改变娱乐行业的现状，我们有相当深入的理解，因为在过去 10 年中，作为卡内基 – 梅隆大学汉斯学院的教授，我们牵头在这方面进行了深入的研究。我们与许多供职于著名影视公司、唱片公司以及出版社等机构的聪明人一起，通过数据和先进的统计分析工具，来试图理解技术对他们所处行业的方方面面产生的具体影响。通过与这些机构的合作，我们的研究不仅覆盖了这些创造性产品的所有主流消费渠道——包括合法的渠道和非法的渠道，包括数字化的渠道和物理性的渠道，而且几乎触及了这些行业所采取的所有主要市场营销手法和它们所面临的所有主要战略选择。通过这些研究，我们得到了大量十分重要的结论。在进行上述研究的过程中，我们对版权产业所面临的问题有了新的认识，我们有幸接触到不少该行业的领军人物并从他们那里得到许多宝贵的相关数据，使我们能够对上述问题做出一些解答。同时在研究的过程中我们更加深入地了解了娱乐行业的从业公司目前所面临的挑战，并找到了一些能够帮助它们迎接这些挑战的具体商业策略。

但是在我们对上述这些具体问题进行研究的过程中，我们逐渐开始关注一个更为广泛和宏观的问题，那就是技术方面的变革是否正在改变娱乐行业的整体市场控制力分布？

从历史的角度而言，上述问题的答案似乎是否定的。100 年来，娱乐行业的市场控制力一直掌握在 3~6 家出版社、音乐公司和影视公司的手中。虽然在这 100 年中，娱乐行业的产品在创作、发行以及消费的渠道和方式上都已经发生了巨大的变化，但上述几家主流大公司仍然成功地保持了它们的市场控制力。20 世纪，我们的世界迎来了许许多多的技术创新，这些创新包括低成本的平装书印刷、以 Word 软件为基础的文字处理技术、桌面出版软件的应用、磁带录音和录影［之后磁带又被录像带、CD（光盘）、DVD 等媒介所取代］、广播、电视、多媒体影城、随身听、有线电视以及大量其他的娱乐创新技术。在所有这些变革面前，总有 3~6 家大型主流公司（并且常常是同样的 3~6 家公司）能够始终保持它们对自身所处行业的控制和垄断。

这些大型主流娱乐公司能够保持垄断地位的关键是它们能够利用自身的规模经济效应，在争夺稀缺资源的过程中拥有小型公司所不具有的天然竞争优势。通过这样的规模经济效应，这些主流大型娱乐公司成功控制了宣传和发行渠道的使用权，掌握了创作新作品所必需的技术和金融资源，并且发展出了一系列成功的商业模式来决定消费者在什么时候、通过何种渠道以及以何种形式来获得和消费这些娱乐作品。

由于上述市场特征在整个 20 世纪并没有发生本质变化，因此我们可以自然地得出结论：在计算和通信方面的单一技术变化不太可能影响娱乐行业的市场控制力分布情况。但是，如果目前的娱乐行业正面对着多重的技术变革，那么结果又会是怎样呢？如果计算和通信技术方面的革新能够同时发生多重变化，并且这些变化加起来可以从根本上改变娱乐行业中稀缺资源的性质（稀缺资源性质的改变会导致市场控制力和经济利润形式的改变），那么情况又会是怎样的呢？在此，我们不妨首先考虑一下数字技术为娱乐行业带来的一些变化。

- 过去娱乐行业内容的发行渠道是有限的：因为电视台的播出时段和商店的货架空间都属于有限的稀缺资源。然而，随着数字技术的发展，数字化的发行渠道几乎拥有无限的发行容量。
- 随着数字技术的发展，出现了全球化的数字盗版网络。这种新的情况使得娱乐产品的制造者很难人为制造出产品的稀缺性，也使他们无法像过去那样决定消费者在什么时候、通过何种渠道以及以何种形式来获得和消费这些作品。因此这些娱乐产品制造商创造利润的能力必然会有所下降。
- 过去只有极少数拥有特权的公司能够接触到生产新的大规模消费娱乐产品所必需的稀缺金融资源和技术资源。然而，随着低成本生产技术的广泛流行，大量新的娱乐作品井喷式地产生，我们也听到了更多创造性的声音。

- 随着亚马逊、苹果、网飞、YouTube等新兴发行力量的崛起，这些企业可以使用它们无限的“货架空间”来发行这些新产生的娱乐产品，因此这些公司具备了一种全新的规模经济效应，并且可以通过这种规模经济效应获得国际产品发行市场上的垄断地位。
- 随着先进的计算和存储设备的面世，上述这些强大的新型发行公司可以使用它们自己的发行平台来搜集、存储和分析大量细节极为丰富的客户数据，从而掌握个体观众的行为特点和偏好。通过这些宝贵的数据，这些公司全面控制了一种全新的稀缺资源，那就是观众的注意力。

虽然各方面的专家已经就创造性产业所面临的各种独立的变革进行了各种各样的讨论，但目前尚没有人从全局的角度分析过这些变革的总体效应，也没有人使用数据和统计手段对这种全局性的影响进行过严谨的分析和评估。我们希望这本书中的内容能够填补这方面的空白。我们相信，如果读者能够从全局的角度看待这些变化对娱乐行业的影响，并能够认真审视现有的实证证据，读者就会发现一系列共同作用的技术和经济方面的变革正在改变娱乐市场中稀缺资源的性质，因此这些重要产业中市场控制力和利润的基础结构也就必然会受到威胁和改变。事实上，这种改变目前已经发生了。

＊＊＊

这是一个对我们所有人都会产生影响的问题。如果你是影视行业、音乐行业或者出版行业的领导人物，那么你也许希望了解这些变革将如何影响你的公司，以及你的公司应该以怎样的方式迎接这些问题和挑战。如果你是一名政策制定者，你感兴趣的问题就可能是这些变革将如何影响整个社会，以及政府应该如何保持这些重要文化产业的生命力。如果你是一名娱乐产品的消费者，你就可能想知道技术变化将如何影响娱乐内容的生产市场，以及你获得和使用这些娱乐产品的方式将会发生怎样的改变。本书将回答上述所有问题。本书整合和总结了我们过去 10 年所有的研究成果，并充分参考了我们所掌握的市场数据以及我们了解的关于娱乐行业的各种内部知识。本书的分析能够告诉大家技术如何改变创造性产品的市场，并能让大家了解到为什么这些改变正在从根本上威胁着控制了娱乐行业 100 多年的传统商业模式。此外，本书还为大型主流出版商、唱片公司以及影视公司提出了一些应对这些挑战的实用策略。

是的，我希望你在阅读上一段的时候没有漏掉最关键的最后一句话。很多空谈者常常幸灾乐祸地声称，由于技术正在改变娱乐行业稀缺资源的性质，因此现存的娱乐产品生产商和目前的娱乐产品市场注定是没有前途的。对于这样的观点，我们持强烈的反对态度。根据我们的研究结果，我们对创造性娱乐产品市场未来的健康程度抱有乐观的态度。当然，信息技术的发展确实会导致某些传统商业模式的利润下降，但这些新的技术同时也使得更高程度的个性化和定制化成为可能，并向消费者提供了更丰富的选择和更多的便利。因此，这些新的技术能为娱乐公司提供更多向消费者输送价值的渠道，而这些渠道同时也是这些公司产生利润的新途径。

然而，如果你不理解娱乐行业市场控制力和经济利润的传统来源，你就不可能有效地抓住这些崭新的机会。下一节我们将讨论两个本质问题：一是，为什么创造性娱乐产品的市场呈现出目前的情形？二是，哪些因素赋予了少数公司在娱乐行业的垄断地位？

第 2 章　重回过去

不要只掷一次色子就赌上你的命运，
你要记住闪电不会两次击中同一个地方。

——Huey Lewis and the News 乐队，《重回过去》

不久之前，一位娱乐界的领军人物来我的课上做演讲。他在演讲中给我们提供了许多宝贵的信息，比如他所在的娱乐公司的性质，以及该公司目前面临的挑战等，然而他的一句看似并不重要的话让我们陷入了思考。当我们讨论互联网的兴起及其对娱乐行业的影响时，有人询问这位嘉宾互联网是否会威胁到统治了娱乐行业几十年的少数主流大公司的市场控制力，我们的演讲嘉宾驳回了这个问题。他说："我们这几个娱乐行业的主流玩家在过去的 100 年中屹立不倒，我相信这种长期的成功肯定是有原因的。"

我们觉得这位演讲嘉宾的上述说法是可以理解的，因为他所说的确实是事实，而且我们也曾经听到娱乐行业的其他高级管理人员对自己的行业表达出几乎完全一样的感情和意见。但同时，我们也觉得这样的说法透露了某些非常深刻的东西，因为这种说法否认了另一个客观存在的事实，那就是今天影响创造性行业的技术变革已经与过去的技术变革有了本质性的不同。这些技术上的变革已经威胁到了娱乐行业现存的结构，因此娱乐行业的领军人物必须充分理解这些变革的性质并积极做出应对，否则他们的公司将无法继续生存和繁荣下去。

在我们讨论这些具体的技术变革之前，首先让我们来了解一下这位客座嘉宾的上述论断背后所隐藏的市场情况。为什么在我们的娱乐行业中，如此大的市场控制力掌握在如此少的公司手中？是怎样的经济学特点导致大音乐品牌、大影视公司以及大型出版商能够在与小规模竞争者的竞争中取得压倒性的优势？为什么娱乐产品在创作、宣传和发行方面不断发生巨大的技术变革，上述这些市场特点还能够长期存在呢？

在本书的第 1 章，我们主要讨论了影视行业的情况，因此在本章我们决定把音乐行业作为讨论的重点，[1] 这样做是为了增加本书的丰富性。在这里我们希望读者能够了解，音乐行业也好，影视行业也好，这些创造性产业在行业演进方面都经历过相似的过程。在这里，我们讨论的出发点和目标都是非常本质的。要想理解技术方面的变革将会怎样影响 21 世纪的创造性产业，我们首先就必须理解这些创造性产业在 20 世纪是如何发展和演化的。

* * *

直到 19 世纪末，音乐行业事实上主要由音乐出版行业构成。如果你喜欢某首歌曲并且想把它带回家，你就只能选择购买这首歌曲的散页乐谱。这种散页乐谱就和书籍一样，由拥有版权的发行商印刷和发行。你可以在商店或摊位上购买这样的乐谱，然后在起居室的钢琴上弹奏这首乐曲——这样你就拥有了一套家庭娱乐系统！纽约市，特别是曼哈顿区的叮砰巷一带成了当时散页乐谱出版行业的中心。到了 19 世纪末，由于中产阶级的快速增长，散页乐谱的销售呈现出空前繁荣的景象。在 1892 年，仅查尔斯 · K. 哈里斯的《舞会之后》[2] 这一首歌曲的散页乐谱就售出了 200 万份。为了满足不断增长的需求，音乐出版商与能写出易上口、好弹奏、流行度高的歌曲的作曲家大量签约。音乐出版行业的前途看起来一片光明。

然而，新的变化正在酝酿之中。早在 1877 年，年轻的发明家托马斯 · 爱迪生就在试图对电报技术进行提高的过程中发明了一种能够记录、存储并回放声音的设备。这种设备由一个喇叭、一张振动膜、一根唱针以及一个由锡箔包裹的圆筒组成，它的操作原理十分简单：你只需要对着喇叭说话，同时通过手柄转动上述圆筒就可以录下自己的声音。你的声音能让振动膜振动，而这些产生的振动被唱针以刻痕的形式记录在了包裹圆筒的锡箔上。如果想要重放被录下的声音，只需要把上述过程反过来就可以：首先你要将唱针放在锡箔刻痕的起始处，然后通过手柄转动圆筒。

随着唱针沿着锡箔上的刻痕运动，振动膜会振动发出声音，最后喇叭会将这种声音放大播放出来。喇叭里播放的声音不太清晰，还有点怪异，就像是隔着墙听到你在说话一样。在发明这一设备之后，爱迪生将其命名为“留声机”（phonograph），并立刻取得了该设备的专利。然而和很多新技术刚面世时的命运一样，爱迪生当时并没有完全认识到这一发明的巨大潜力。他发明的留声机录音质量较差，并且每次只能在一个圆筒上刻录一份声音记录，因此当时这样的设备只是一个新奇的玩具，还无法创造大规模的商业价值。不到一年，爱迪生就放弃了对留声机的改进，转而研究另一种新奇的设备——电灯去了。

好在其他人并没有放弃对这一创意的研究和改进。1885 年，一项能与爱迪生的原版留声机进行竞争的设备——格拉福风留声机（graphophone）获得了专利。格拉福风留声机用涂蜡的圆筒代替了原有的锡箔圆筒来记录声音。这一变化使得爱迪生重新对留声机产生了兴趣。1888 年，爱迪生发明了一种被他称为“改良版留声机”的设备，这种设备和格拉福风留声机一样采用涂蜡的圆筒记录声音。不久，一位富有的商人同时买下了以上两项技术的专利权，并成立了北美留声机公司。北美留声机公司的商业计划是生产办公室用的口述记录仪器并进行销售。不幸的是，这一商业计划并没有获得成功，而北美留声机公司很快就面临了破产的局面。此时，爱迪生嗅到了商机，他重新买回了留声机的专利权，并终于找到了一种用留声机赚钱的方法：在娱乐场所安装能播放歌曲的投币式点唱机。

到了 1889 年，爱迪生的公司和另一家新的点唱机生产商哥伦比亚留声机公司同时开始出售将声音刻录在涂蜡圆筒上的音乐唱片，这标志着音乐录制产业的正式诞生。与此同时，新的变化又开始酝酿。同样是在 1889 年，另一种名为“唱盘式留声机”（gramophone）的录音设备出现在了市场上。唱盘式留声机由埃米尔·贝利纳发明，他在 1887 年取得了专利。唱盘式留声机与爱迪生发明的留声机以及格拉福风留声机一样通过一根振动的唱针来录入声音。但与后两者不同的是，唱盘式留声机不用圆筒来记录声音，而是采用一种扁平的、很容易复制的唱盘来作为声音的记录媒介，这种唱盘也就是我们所说的“唱片”。世界上的第一张唱片是贝利纳在 1889 年为一家玩具商店制造出来的。到了 19 世纪 90 年代中期，唱盘式留声机以及唱片开始向普通公众发售，这些发明与爱迪生的公司及哥伦比亚公司所生产的留声机和圆筒形成了直接的竞争关系。由于扁平的唱片能够被大规模生产，并且比圆筒更易于存放，唱片在这场竞争中获得了鲜明的优势。很快，形势就变得十分明朗，扁平唱片将成为音乐行业的行业标准。一场金额巨大的法律战随之打响，哥伦比亚公司宣称，贝利纳的产品侵犯了格拉福风留声机的专利权。1901 年，一位法官裁定哥伦比亚公司和贝利纳都可以生产唱片，这一判决结果被视作贝利纳的胜利。为了庆祝这一胜利，贝利纳和其他人合伙成立了胜利留声机公司。

很快，哥伦比亚公司和胜利留声机公司就共同主导了唱片产业。爱迪生则不够明智地坚持使用圆筒记录声音。当然，最终爱迪生也由圆筒转向了唱盘，并发明了一种新的录音技术，用这种录音技术生产出来的唱片的音质保真度比竞争对手生产的唱片要高出许多。然而，消费者已经接受并习惯了足够满足他们要求、价格也十分低廉的旧技术——类似情形在娱乐行业中一次又一次地重演：很多公司占据新市场的关键是它们能在很早的时候敏锐地感知到机会的存在，并抢先使用虽不够完美但已经能满足消费者需求的技术抢占市场。这些公司在刚进入市场的时候并不忙着提高技术，等到将消费者成功锁定在它们的平台之后，这些公司才会进一步提高生产技术。

在 20 世纪最初的 20 年里，胜利留声机公司和哥伦比亚公司都已经意识到，它们的主要产品是唱片，而不是播放唱片的留声机。基于这样的认知，它们决定把自己定位于市场的中游，因为在它们看来这样的定位能够让自身控制力和利润最大化。一方面，这两家公司开始雇用专业歌手灌录唱片，从而获得对所灌录的音乐的上游控制力；另一方面，这两家公司继续控制唱片的生产、发行和宣传，从而获得对音乐产品销售的下游控制力。而叮砰巷则继续履行为作曲家和词作者管理版权事务的职责。

上述商业策略取得了巨大的成功，版权费很快成了音乐行业的主要利润来源之一。在 1915 年，仅胜利留声机公司一家就创造了 1 860 万张的唱片销量，而一项统计数据显示，在 20 世纪 10 年代初全球总计售出了 5 000 万张唱片。到了 1920 年，随着第一次世界大战的结束，仅美国国内的唱片销量就达到了 1.5 亿张。音乐出版行业的前途看起来又是一片光明——直到 1923 年无线电广播电台的出现。无线电广播电台出现以后，唱片的销量连续几年下滑，甚至连业界巨头哥伦比亚公司都一度面临倒闭的风险。好在电子灌录和回放技术也在这一时间段问世了，这一技术带来了唱片音质的大幅提高，唱片的销量也因此迅速回升。到了 1929 年，“留声机热潮”席卷各地，唱片灌录产业一片欣欣向荣。

然而，紧接着，大萧条来临了。在 1929—1933 年，美国国内的唱片销量急剧下滑，从 1.5 亿张下降到了 1 000 万张。同时散页乐谱的销量也大幅下跌，并且再也没有重新成为唱片业的主要利润来源之一。为了继续生存下去，业内的公司选择了互相并购的商业策略，一大波并购重组的浪潮使得唱片业形成了真正的寡头垄断格局。2000 年哈佛大学商学院发表的一份名为《贝塔斯曼音乐集团》的案例分析报告对音乐行业格局的这种演化进行了简单清楚的描述：

爱迪生的公司破产了。因无线电广播的流行而崛起的美国无线电公司（RCA）收购了胜利留声机公司。1931 年，原来互为竞争对手的哥伦比亚公司、Parlophone 唱片公司以及英国留声机公司（Gramophone Company）合并成为以英国为主要基地的百代唱片公司（EMI）。百代唱片公司的美国部分被转卖给了另一家无线电网络公司——哥伦比亚广播公司（CBS）。在这一轮并购中诞生的各大音乐公司（如 RCA／胜利、百代唱片公司以及哥伦比亚广播公司）在接下来的几十年中成了音乐行业的领袖。事实上，在 1999 年垄断音乐行业的 5 家音乐公司中，有 3 家是由上述几家并购产生的公司为核心演化而来的。[3]

在20世纪三四十年代，一些新的唱片公司涌现了出来，其中最著名的是迪卡唱片公司。此时，音乐行业仍受到极少数大公司的紧密控制。上文提到的这份案例分析报告中写道："在1946—1952年，共有163张唱片取得了'金唱片'① 的成绩，其中158张来自最大的6家唱片公司。在美国的公告牌流行唱片榜（Billborad 's Top Pop Records chart）上RCA ／胜利公司和迪卡唱片公司出品的唱片占了67%。"[4]

这种强大的垄断力量为这些唱片公司带来了巨额利润，但同时它也使得这些公司很容易受到下一轮风潮的冲击。接下来一轮的风潮是20世纪50年代摇滚乐的风靡。一开始，各大唱片公司并没有对这种新的音乐曲风给予足够的重视，毕竟摇滚乐似乎只是一种短暂的流行风潮，而且受众只是一小撮并没有什么购买力的青少年。一位儿童发展方面的专家对《纽约时报》的记者表示，摇滚乐就和短暂流行过的查尔斯顿舞和吉特巴舞一样："它很快就会过去了，就和其他短暂的时髦风气一样。"[5]

同时，主流的听众也不是非常接受摇滚乐的音质。《时代周刊》评论道："摇滚乐对音乐的影响就像把油门加到最大的摩托车俱乐部对一个安静的星期日早晨的影响一样。"[6] 弗兰克·西纳特拉的措辞甚至更加激烈，他在接受一家巴黎杂志的采访时表示："摇滚

① 金唱片是授予销量超过100万张的唱片的一种荣誉。——译者注

乐又假又不好听。唱摇滚乐的人、演奏摇滚乐的人、写摇滚乐的人多是一些白痴和无赖。摇滚乐全是一些低能的重复内容，而歌词又是那么狡猾、粗鄙、肮脏。摇滚乐适合地球上所有留短连鬓胡子的罪犯。”[7]

西纳特拉并不是唯一一个将摇滚乐视作不道德音乐的人。在全美范围内，人们提出了一连串的关于摇滚乐的问题，《纽约时报》问道：“摇滚到底是什么东西？为什么摇滚能让青少年（主要是 12~16 岁的孩子）挣脱所有的管束，就像在参加信仰复兴运动的集会一样？到底什么东西或者谁，应该对这样的混乱情况负责任？以及，这一代的青少年是不是正在走向地狱？”《时代周刊》则对摇滚乐的黑人血统表达了一定程度的肯定，该杂志认为这种黑人血统为摇滚乐提供了一种“富有活力”的节奏感，并使得摇滚乐有一种“雨林般的持续感”。[8] 在美国南部，种族隔离主义者抓住了上述理念，于是有人声称摇滚乐是“黑人颠覆上帝赋予我们的价值的一种阴谋”。[9] 在美国北部，一位著名的精神病专家称摇滚乐是一种“食人部落式的野蛮音乐”，他认为摇滚乐是一种“传染性疾病”。[10] 全美各地的社区领袖呼吁抵制播放摇滚乐的广播电台，[11] 政府官员因为担心摇滚乐会引起混乱和疯狂而禁止摇滚音乐会的举行。波士顿市长约翰 · B. 海因斯表示：“这种表演专门吸引闹事的人和不负责任的人，我们不允许在波士顿举办这样的音乐会。”[12]

当然，并不是每一个人都同意上述观点。DJ（唱片骑士）艾伦 · 弗里德不仅回击了批评摇滚乐的声音，还主动宣传这种曲风。

他认为摇滚乐对年轻人有着天然的吸引力，并指出与其让年轻人在街上制造麻烦，不如让他们走进音乐厅听着音乐跳舞，充分释放他们的能量。艾伦·弗里德对《纽约时报》说："我认为只要年轻人对任何形式的音乐感兴趣，我们就应该感谢上帝了。因为只要他们有这种兴趣，他们就能在音乐中找到自我，随着年龄的增长，他们的眼界会变得更宽阔，也会开始欣赏和喜爱各种其他形式的音乐。"[13]

艾伦·弗里德比当时的大型唱片公司要有远见得多。当时的大型唱片公司担心接受摇滚乐会引起主要听众的不满并有损公司的名誉。这些唱片公司视摇滚乐为一种受众范围狭窄、质量低劣并且具有文化威胁性的音乐类型，因此它们决定放弃摇滚乐，继续抓牢自己的摇钱树——成人音乐市场。

当然，这是一个非常错误的判断。摇滚乐火了。敏捷的小型独立唱片公司迅速占领了摇滚乐市场，反正它们没有什么可以损失的，因为它们并不需要担心损失听众或者损害名誉。到了1962年，流行唱片榜单上已经出现了42家不同唱片公司的名字。大型唱片公司终于认识到了自己的失误，并通过与摇滚歌手签订大合约的方式试图追回在摇滚乐市场上的份额（RCA唱片公司签了埃尔维斯·普雷斯利，而迪卡公司唱片签了巴迪·霍利），但这些公司仍然为此前的一时误判付出了高昂的代价：在50年代的后半段，进入榜单前10位的147张唱片中有101张来自独立唱片公司。在50年代和60年代，大型唱片公司暂时失去了对音乐行业的控制。

然而，最终这些大型唱片公司还是重新赢得了控制权，因为音乐行业的经济结构决定了集中始终是一种优势。在音乐行业，大公司就是比小公司更容易长期生存下去。随着公司规模和复杂度的增长，唱片公司就更加需要在市场上充分发挥其规模经济效应的优势。灌录唱片和宣传歌手的前期固定成本很高，相比小公司，大公司能够更加轻松地消化这些成本。大公司可以同时展开多个项目，这样不仅摊薄了管理费用，还能集中分担风险。此外，当公司规模大的时候，大公司在与宣传渠道、发行渠道以及歌手谈判的时候也能获得更高的谈判筹码。因此，随着无线电广播成为一种重要的唱片宣传渠道，大公司拥有了一项明显的优势，它们有能力通过暗箱操作的方式让自己生产的音乐占据广播电台的宣传渠道。

到了 20 世纪 70 年代中期，几家大型唱片公司已经重新建立了定位于市场中游的垄断地位，再次能够既控制产业链上游的歌手，又控制产业链下游的一系列比较分散、市场权力也相对较小的发行商和宣传商。在 20 世纪八九十年代，几家大型唱片公司收购了不少小的唱片品牌。根据上文提到的那份哈佛大学商学院的案例分析报告，1995 年，6 家大型唱片公司控制了全球唱片灌录市场约 85% 的份额，这 6 家唱片公司分别是：贝塔斯曼音乐集团、百代唱片、索尼音乐娱乐公司、华纳音乐集团、宝丽金唱片以及环球音乐集团。

在 90 年代末，娱乐创意产业中的各种子行业都经营得非常兴旺。在音乐行业中，唱片和磁带已被 CD 取代，而后者为唱片公司赢得了丰厚的利润。这项利润到底丰厚到什么程度呢？数据很能说明问题。1995 年年末，国际唱片业协会的报告指出：“事先灌录的音乐产品的年销量达到了历史最高水平，总计约售出 38 亿张唱片，价值 400 亿美元”“唱片的销量比 10 年前提高了 80%”“全球音乐市场的实际价值在 10 年间翻了一番以上”。[14]

* * *

在 20 世纪的大部分时间里，音乐行业的基本结构并没有发生过改变。几家一开始只销售单一产品（留声机）的公司挺过了若干个动荡的 10 年，始终保持着对音乐行业的控制和垄断，而它们所控制的音乐行业在这几十年间已经从单一产品行业扩张为一个拥有大量互相竞争的产品形式的行业，这些产品形式包括不同大小和质量的各类唱片、高音质广播（高音质广播的问世首次让普通大众可以轻松地接触到大量音乐，并且改变了音乐行业中推广宣传活动的性质）、八音轨磁带（八音轨磁带让灌录音乐和播放音乐的设备变得更加便于携带）、盒式磁带（盒式磁带虽然让音乐变得更加便携，但同时让盗版复制变得更容易了）、音乐电视（音乐电视开创了一种新的宣传渠道，同时也开创了一种新的音乐消费形式）以及 CD（CD 问世以后其以惊人的速度迅速取代了唱片和磁带）。在一个充满了上述一系列变革的世纪里，除了摇滚时代的一次小小的失策，大型唱片公司在其他所有时段都保持了绝对的垄断地位。这实在是一项非常惊人的成就。那么，几家大型唱片公司是如何做到这一点的呢？大型唱片公司之所以能够长期保持垄断地位，是因为它们靠自己的规模优势高效率地完成了以下两项任务：一是很好地管理和控制了向市场投放新产品的成本和风险，二是牢牢地控制住了产业链的上游和下游。

让我们对以上两点稍微进行一点展开。首先我们来谈谈风险控制的问题。在娱乐创意产业，要预测出哪些艺人或哪些产品能获得成功是一件极为困难的事情。威廉姆·戈德曼在回忆录中反思电影产业的时候对上述问题进行了总结：“在电影行业，没有任何一个人能够准确地预测出什么样的影片会成功。每一次大家只能进行猜测，如果你足够幸运的话，你也许可以从这次猜测的过程中得到一些经验和教训。”威廉姆·戈德曼的结论十分明确，那就是：“没有人知道所有的事情。”[15]

把这样的信条付诸实践便意味着在整个 20 世纪，娱乐创意产业完全依靠“直觉”来寻找和挑选人才。唱片公司手中没有任何硬性数据，因此它们不可能科学地预测一位新歌手或者一张新唱片投放市场以后到底能获得多大的成功，它们所做出的所有预测都是非常不科学的。当然，唱片公司可以通过焦点小组访谈，或者通过研究前几场演唱会的上座率来辅助预测，但是这些研究方式的样本数量明显不足，因此要把这些研究的结论推广到更大的人群中显然会得出并不可信的结论，基于这些研究而进行的预测也注定只能是一些非常粗略和不准确的预测。因此，在大多数情况下，唱片公司只能依赖它们的 A&R 部门①。A&R 部门的工作人

① A&R 部门是唱片公司的一个部门，主要负责发掘和训练歌手或艺人。——译者注

员需要具有超人的“直觉”，当然要相信这种超人的直觉真的存在，我们也只能依靠乐观的想象了。

虽然艺人的发掘工作充满了不确定性，但是有一个成功的基本元素是所有大公司都认同的，那就是公司必须花大价钱签约和宣传新的歌手。20 世纪 90 年代，在这些大型唱片公司，一张普通新唱片的市场营销和宣传成本大约是 30 万美元[16]，如果唱片未能取得成功，这笔投资就无法收回。而在接下来的 20 年中，唱片的宣传和营销成本继续上升。国际唱片业协会 2014 年的一份报告显示，当时大型唱片公司花在每一位新签约歌手身上的“破冰”宣传费用是 50 万 ~200 万美元。这些歌手中只有 10%~20% 能够最终帮助公司收回上述投资，而其中真正能成为明星的当然就更少了。但是，只要有少数几位歌手能成为明星，唱片公司的这种宣传策略就可以继续成功地运行下去。上文提到的国际唱片业协会的这份报告还指出：“少数几个成功项目产生的大量利润让唱片公司能够继续承担发掘新歌手的投资和风险。”[17] 因此在这个方面，娱乐创意产业中的所有大型公司都是以风险投资的方式来经营自己的业务：它们进行大量风险投资，并且很清楚地知道这其中的大部分投资都会失败，但它们同时也相信其中总有几个项目会获得成功并带来巨大的收益，少数成功项目带来的巨大收益会超过公司在失败项目上的所有损失。也正是因为唱片行业的这一性质，相较于小公司，大公司拥有一项巨大的优势：如果连续一段时间运气不佳，小公司就会破产，而大公司则可以依靠庞大的规模和雄厚的资本挺过来。

此外，规模优势还能够帮助大公司吸引到产业链上游的尖端人才。因为大公司手头现金更充足，它们可以靠这一优势把有前途的人才从小公司挖走。一旦独立唱片公司旗下的艺人开始走红，大公司便会试图用诱人的合同条款把这些艺人收归麾下。这种优势可以不断循环，让大公司拥有越来越大的控制力。唱片公司旗下的明星和有前途的新星越多，其对新歌手的吸引力也就越大，同时，已经成功的明星歌手产生的利润可以用来支持宣传新歌手的高风险投资。

对唱片公司而言，发掘并签约有潜力的歌手只是任务的开始。产业链下游的宣传和发行工作也十分重要。一旦唱片公司投资签约了一位歌手，要想把他培养成明星，公司就必须继续进行一系列的后续投资，唱片公司需要付出资金让该歌手的歌曲出现在广播电台节目中，出现在唱片店的货架上，还需要付出资金让该歌手成为明星演唱会的暖场嘉宾。简单来说，唱片公司必须尽一切努力让听众注意到它们想要培养的歌手，而在这方面愿意花多少钱是决定唱片公司对其他可能加盟的新歌手有多大吸引力的一个重要的因素。大型唱片公司不仅需要发掘出有潜力的歌手，还要使用手头的所有资源和手段来把这些歌手培养成明星。当然，关于宣传和发行的一切决策都是风险巨大的赌博行为——这也就决定了小公司在产业链上游是无法与大公司竞争的。

让我们来看看在广播电台宣传一首新歌究竟要面对多少挑战。到了 20 世纪 50 年代，广播电台已经成为唱片公司宣传音乐产品最主要的渠道之一。但是这是一个非常拥挤的市场。一项估计数据显示，到了90年代几家大型唱片公司每周平均发行135首单曲和96张专辑，然而广播电台每周只会在歌单上添加3~4首歌曲。[18]因此，各大唱片公司必须使出浑身解数，想尽办法把自家出品的新歌塞进广播电台的节目中去。通常唱片公司使用的策略是承诺向广播电台提供旗下明星艺人的各项资源，包括演唱会门票、演唱会后台通行证以及采访这些明星的机会等。而作为回报，得到上述好处的广播电台必须同意在节目中播放唱片公司新歌手的作品。

此外，唱片公司为了推广新歌还常常会做一些见不得光的勾当，比如非法向能帮它们播放某些歌曲的电台或者DJ提供回扣。例如，从20世纪末到21世纪初，为了保证自己的新歌能够挤进广播电台的歌单，大型唱片公司常常向独立宣传人支付数千美元的现金，当然这类交易会以各种富有创意的宣传计划作为包装。[19]一般来说，大型唱片公司的主要公关对象是全国范围内的200~300家广播电台。这200~300家广播电台被称作“汇报电台”，因为它们每周会向公告牌榜单的数据系统提交本周的歌曲播放列表，而公告牌榜单再根据这些电台提交的列表来决定哪些唱片能最终进入排行榜。[20]2003年，未来音乐联盟的主席和创始人之一迈克尔·布莱斯对音乐行业的这种运作模式做出了令人难忘的总结：“能不能让你的歌曲频繁地出现在广播节目里和你的本地听众基础或者音乐质量一点关系都没有。唯一能起作用的因素是你能调集多少资源让这台机器运转起来，这样你的歌曲才可能通过。”[21]

然而，如果没有发行环节的话，那么宣传本身是毫无用处的。

唱片公司要想赚钱，不仅必须让听众通过宣传渠道听到它们的音乐，还得让听众能够找到购买这些音乐作品的地方。在互联网和数字时代来临之前，零售商店的货架空位是一项非常有限的资源。大部分本地唱片店的存货量都很少，一般来说有 3 000~5 000 张专辑。在 20 世纪 90 年代，即使是最大型的超级唱片店（这种超级唱片店通常有好几层，每一种曲风的专辑分别陈列在不同的房间里，而且房间做过专业隔音处理）的存货量也不过只有 5 000~15 000 张专辑。[22] 因此，和争取广播电台一样，大型唱片公司也必须设法争取这些零售店，它们通常会承诺给予零售店一些好处，这样才能让自己的音乐更多地获得消费者的关注。为了说服零售店经理冒着销售不佳的风险把稀缺的货架空间让给新唱片，唱片公司再次以手中的明星艺人作为筹码，其允许零售店对明星艺人进行店内现场访问，或者向零售店提前发售专辑、发售免费专辑以及提供其他一些好处。

于是，由于规模、控制力、资金等方面的优势，几家大型唱片公司对产业链下游的宣传和发行渠道也获得了强大的控制权。这几家大型公司拥有词曲作者和音乐，它们生产唱片、磁带和 CD，对广播电台和零售店握有垄断性权力（广播电台和零售店对唱片公司几乎没有说“不”的权力）。以上这一切又进一步让这些大型唱片公司获得了对产业链上游的艺人的控制权，因为要想让自己的作品获得必要的宣传并在发行渠道畅通无阻，和这几家大型唱片公司合作几乎是艺人唯一的选择，毕竟大部分艺人无力承担自己制作、生产并发行音乐产品的成本和风险。

在本章的一开头，我们提出过这样一个问题：为什么在 20 世纪的大部分时间段音乐行业一直被同样的少数几家唱片公司所垄断？现在，我们可以给出这个问题的答案了，原因主要有两点。第一，音乐行业的经济特点决定了大公司比小公司有优势。大公司能够更好地承担生产音乐产品的成本和风险，并且它们能够利用自身的规模优势保持对上游艺人及下游宣传发行渠道的紧密控制。第二，直到 20 世纪末，没有什么技术上的革新能够威胁到大型唱片公司的上述规模效应优势。

影视行业和图书出版行业的情况也和音乐行业类似。在 20 世纪末，6 家大型电影公司（迪士尼、福克斯、NBC 环球[①]、派拉蒙、索尼以及华纳兄弟）控制了电影市场 80% 以上的份额。[23] 而 6 家大型出版公司（兰登书屋、企鹅出版集团、哈勃 · 柯林斯出版公司、西蒙与舒斯特出版公司、阿歇特出版公司以及麦克米兰出版公司）则控制了美国大约一半的出版交易。[24] 和音乐行业的巨头一样，电影行业和出版行业的这些巨头控制了生产新作品所必需的稀缺金融资源和技术资源。（一位电影公司的经理告诉我："大家就喜欢看爆炸，拍爆炸可是很烧钱的。"）同时它们还控制着市场下游稀缺的宣传和发行资源。20 世纪发生的所有技术变革都没有能够成功地撼动这些规模优势。

到了 20 世纪 90 年代，在娱乐创意产业中上述商业模式已被建立得极为稳固，而且几家主流大公司似乎能够靠这种模式源源

① NBC 环球在 2004 年由 NBC（美国国家广播公司）和环球影业合并而来。——编者注

不断地获取利润，于是这样的商业模式已被业内人士视作和自然规律一样牢不可破的东西。也正是因为如此，甚至在 20 年以后的今天，当本章开头提到的那位业界领军来卡内基 – 梅隆大学演讲的时候，他仍然自信地宣称互联网的兴起不会威胁到其公司的市场地位。我们认为这位嘉宾的想法是错误的，在本书的第二部分中我们将详细解释其中的原因。但是在解释这一问题之前，我们首先希望用一些章节向读者解释一些你们必须理解的东西：娱乐创意产业的经济特点，以及这些经济特点如何影响对娱乐行业公司的商业模式来说至关重要的定价策略和市场营销策略。

第 3 章　只需再多几块钱

当两个猎人想要同一只猎物时，结局通常就是他们互相在对方的背后放冷枪。我们不希望互相在背后放冷枪。

——科洛内尔·道格拉斯·莫蒂默上校在《只需再多几块钱》中的台词[①]

信息有免费化的趋势，但同时信息也有越来越昂贵的趋势。信息有免费化的趋势是因为传播、复制、重组信息的成本越来越低，几乎已经不值得对其计费。而同时信息也有越来越昂贵的趋势，因为对信息的接受者而言，信息可以是无价之宝。这两种互相矛盾的趋势之间的张力会长期存在下去。

——斯图尔特·布兰德，《媒体实验室：在麻省理工学院创造未来》（*The Media Lab*：*Inventing the Future at MIT*）

在本书的第 2 章，我们讨论了娱乐创意产业的经济特点如何影响该行业中市场权力的分布。本章，我们将讨论娱乐产品本身

① 本片片名 *For a Few Dollars More*，一般译为《黄昏双镖客》，但是为了和本章标题保持一致，此处做直译处理。——译者注

的经济特点，以及这些经济特点如何影响产品的定价和市场营销策略，此外我们还将讨论在数字时代上述策略会发生怎样的改变。首先让我们把时间倒回 2009 年，当时，某大型主流出版公司的市场研究部主任来访问我们的研究小组，并向我们提出了一个简单却十分重要的商业问题："电子书是什么？"

很多年以来，出版公司一直遵循出版行业通用的营销策略来销售图书。对于同一本书，首先出版公司会推出高质量的精装本，并把价格定得比较高。然后出版公司会在 9~12 个月之后推出质量较低的简装本，并把价格定得低一些。这种营销策略早就在出版行业中稳固地建立起来了，因此这位来访的市场研究部主任对我们说："我知道应该怎样发行精装本，也知道应该怎样发行简装本。但是电子书是什么东西？在我们的发行策略中应该怎样处理电子书呢？"

在向我们咨询之前，该出版公司的发行策略是让电子书和精装纸质书在同一天发行。然而，该公司对这样的发行策略存有疑问，因为其发现若干其他出版公司宣布将把电子书的发行日期推到精装纸质书的发行日期之后，而它们这样做的目的是保护精装纸质书的销量。比如，2009 年 9 月，哈珀·柯林斯出版公司的首席执行官布赖恩·默里宣布，公司决定推迟发行萨拉·佩林的回忆录《涂脂抹粉》（*Going Rouge*）的电子书，电子书将比精装纸质书推迟 5 个月发行，同时默里还表示此举的目的是："希望在圣诞节前将该书的精装纸质版本的销量最大化。"[1] 与之类似的是，在 2009 年 11 月，维亚康姆 / 斯库里布纳集团宣布了关于推迟发行斯蒂芬·金的最新小说《穹顶之下》的电子版本的决定，该书的电子版本将比精装纸质版本推迟 6 周发行，而公司给出的理由是："这样的出版顺序能让我们将精装纸质书的销量最大化。"[2] 西蒙–舒斯特出版公司和阿歇特出版公司在这方面的做法则更为激进，它们在 2010 年年初宣布，公司将把几乎所有新出版书籍的电子版本的发行日期推迟到精装纸质版本发行后的 3~4 个月。[3]

在这样的决策背后，这些大型出版商都做了一个隐含的假设，那就是电子书是精装纸质书的替代品，而且是一种替代程度很高的替代品。因此，如果电子书与精装纸质书同步发行，那么许多本来有意购买高价精装纸质书的客户会转而选择购买定价相对低廉的电子书。[4] 从表面上看，这样的假设是非常合理的，然而要测试这样的假设是否真的成立并不是一件容易的事情，因为我们只能观察到市场上实际发生的情况，而无法观测到如果出版商改变出版策略，市场上有可能发生怎样的变化。比如，在维亚康姆公司决定推迟电子书的发行日期后，我们可以很轻易地监测到在这样的策略下《穹顶之下》一书的精装纸质版本和电子书版本的销量分别是多少，但我们无法知道如果精装纸质版本和电子书版本同时发行，两者的销量分别会是多少（经济学家将这种情况称为"反事实"的情况）。事实上，整个计量经济学科的艺术就在于通过一些创新的方法，用已知的数据估计出那些"反事实"的数据。

在上述推迟电子书发行日期的案例中，要估计出"反事实"情况下的销量，一种方法是分别选取同步发行的书和电子版推迟发行的书（两本不同的书），然后比较同步发行策略下各版本书籍的销量以及电子书推迟发行策略下各版本书籍销量的区别。此外，如果对于不同的书籍，出版商虽然都选择将电子版本的发行日期推迟，但推迟的时间长度不等（比如对某些书而言，电子版本的发行被推迟一周，而对另一些书籍而言，电子版本的发行被推迟两周，等等），那么研究人员甚至可以进行简单的回归分析，用电子书被推迟的周数（自变量）来预测精装纸质书的销量（因变量）。如果使用同步发行策略的书籍和电子版本推迟发行的书籍在其他性质方面完全一样，那么上述研究方法应该可以取得良好的结果。

然而，问题恰恰在于，使用同步发行策略的书籍和电子版本推迟发行的书籍在其他方面并不相同。当出版商相信该书的精装纸质版本会大卖的时候，其会更倾向于推迟该书电子版本的发行日期，在这样的逻辑下，我们可以得出以下结论：出版商选择同步发行策略的书籍以及精装纸质版本和电子版本不同时发行的书籍在本质上可能确实存在着一些区别。因此，即使我们监测到推迟电子版本的发行能够改变精装纸质版本的销量，我们也无法确定地知道精装纸质版本销量的变化究竟是由于电子版本推迟发行造成的，还是因为使用这两种发行策略的书本身性质不同造成的。经济学家将这样的问题称为“内源性问题”。“内源性问题”是一个统计术语，当某些无法监测到的因素（比如说某本书预期能够达到的流行程度）同时影响自变量（是否推迟发行电子版本以及推迟多久）和因变量（在这种发行策略下的销量）的时候，回归分析中就会出现内源性问题。这时，要想证明变量之间的因果关系，我们就必须找到一个新的变量或新的事件：这个新的变量或新的事件既要能够改变自变量，又要不受因变量的影响。

建立因果关系的“黄金标准”是随机实验的方法。在随机实验中，研究人员可以随机地控制自变量的数值，并能够监测到因变量随之产生的变化。比如，出版商可以将书籍随机分成若干实验组，然后对某一组中的书籍采取电子版本推迟一周发行的策略，对另一组中的书籍采取电子版本推迟两周发行的策略，对第三组中的书籍采取电子版本推迟三周发行的策略，等等。然而不幸的是，由于一系列的原因，这种完全的随机实验在现实中很难进行，我们不难想到，如果出版商决定将影响书籍作者和代理商生计的书籍的出版策略当作随机实验对象，并且这种随机实验可能导致书籍销量下降，那么作者和代理商肯定会提出强烈的反对意见。事实上，我们花了好几个月的时间试图与本章开头提到的那家出版商合作进行上述随机实验，然而由于书籍作者和代理商担心这样的实验会影响书籍的销量，最终这样设计的实验并没有真正进行。

如果随机实验是不可行的，那么次佳的选择就是在自然发生的事件中找出一些能够模拟随机实验性质的事件。幸运的是，在 2009 年，这样的事件真的发生了。有意与我们合作进行随机实验的出版商与亚马逊公司发生了定价争议，这场争议在 2009 年 4 月 1 日达到了巅峰，该出版商决定由当日起将公司的所有书籍从亚马逊的 Kindle 商店下架。虽然此举导致亚马逊无法继续销售该出版商书籍的 Kindle 电子版本，但是亚马逊仍然可以继续销售该出版商书籍的精装纸质版本。之后，亚马逊和该出版商较快地解决了两者之间的定价争端。2009 年 6 月 1 日，该出版商的电子书籍重新在亚马逊的 Kindle 平台上架，并且该出版商决定继续采用之前精装纸质版本和电子版本同步发行的策略。表 3–1 总结了该项争端进行过程中该出版商的电子版本推迟发行的情况。只要粗略地浏览一下表 3–1，我们就可以看出，在这场争端中，电子版本推迟发行的时段与我们想进行的随机实验中的情况十分相似。在争端产生的第一周（4 月 4 日所在的一周），所有新出版书籍的电子版本比精装纸质版本推迟了 8 周发行（在争端结束的 6 月 1 日发行）。同理，4 月 11 日所在周发行的书籍的电子版本比精装纸质版本推迟了 7 周发行，4 月 18 日所在周发行的书籍的电子版本推迟了 6 周发行，4 月 25 日所在周发行的书籍的电子版本推迟了 5 周发行，以此类推，一直到 5 月 23 日所在周发行的书籍的电子版本推迟了 1 周发行。更重要的是，在这次争端中，所有书籍的电子版本发行的推迟并不是因为出版商对这些书籍的流行程度有不同的预期，因此，在同步发行策略下书籍的销量能够很好地反映出“反事实”情况下的数据：那些采用推迟发行策略的书籍如果采用同步发行策略销量将会是多少。在这样的情况下，要想测试电子版本推迟发行的策略究竟对图书的销量有怎样的影响，我们只需要比较电子版本推迟发行的书籍销量（在争端期间出版的书籍）和采取同步发行策略的书籍销量（在争端之前或者之后出版的书籍）就可以了。[5]

表 3–1　2009 年 6 月 1 日某出版商在与亚马逊公司发生定价争端期间图书纸质版本发行日期和 Kindle 电子版本发行日期的比较

	纸质版本发行日期	Kindle 电子版本发行日期	Kindle 电子版本发行日期迟于纸质版本发行日期的周数
4 月 1 日以前	纸质版本和 Kindle 电子版本同步发行		0
4 月 4 日所在的一周	4 月 4 日	6 月 1 日	8
4 月 11 日所在的一周	4 月 11 日	6 月 1 日	7
4 月 18 日所在的一周	4 月 18 日	6 月 1 日	6
4 月 25 日所在的一周	4 月 25 日	6 月 1 日	5
5 月 2 日所在的一周	5 月 2 日	6 月 1 日	4
5 月 9 日所在的一周	5 月 9 日	6 月 1 日	3
5 月 16 日所在的一周	5 月 16 日	6 月 1 日	2
5 月 23 日所在的一周	5 月 23 日	6 月 1 日	1
6 月 1 日以后	纸质版本和 Kindle 电子版本同步发行		0

资料来源：Yu Jeffrey Hu and Michael D. Smith, *The Impact of eBook Distribution on Print Sales：Analysis of a Natural Experiment*, working paper, Carnegie Mellon University, 2012。

在我们讨论由上述数据产生的结论以前，首先让我们来研究一下出版商发行策略背后的经济学原理。出版商为什么不同步发行精装书和平装书？平装书的消费者为什么愿意等待将近一年的时间才阅读他们想阅读的书籍以及同一本书究竟为什么要发行精装和平装两种不同的版本？

在最高层次上，这些问题的答案都是一个非常简单的经济学基本原理：公司想要利润最大化。然而对书籍及其他以信息为基础的产品而言，要想实现利润最大化的目标就必须引入复杂的策略，这是因为这类产品具有以下三个经济学特点。第一，制作和宣传一本书的第一版的成本（经济学家把这种成本称为产品的“固定成本”）要显著高于这本书后续版本的成本（经济学家将这种成本称为产品的“边际成本”）。[6]第二，同一本书对不同消费者的价值可能有显著的高低之分。一本书的忠实粉丝可能愿意花大价钱来购买这本书，而普通粉丝则只愿意付相对较低的价钱，还有很多对这本书不怎么感兴趣的消费者可能只愿意出一点点钱买这本书。第三，在一本书刚发行的时候，消费者可能并不知道自己到底愿意花多少钱购买这本书。经济学家将书籍及其他以信息为基础的产品称为“体验产品”，也就是说，消费者必须首先使用这些产品，然后才能根据自己对产品的体验来判断产品对他们到底有多大的价值。当然，这样的情况给书籍的销售者出了一个难题。一旦消费者已经读过这本书，他们很可能就不太愿意再花钱买这本书了。因此，书籍的销售者必须在以下两方面之间进行权衡和取舍：一方面，销售者必须向消费者提供足够多的信息，让消费者能够判断出商品对自己的价值；另一方面，销售者又必须限制消费者能够获得的信息，以保证消费者仍然愿意付钱购买这些产品。

书籍以及其他以信息为基础的商品的上述性质使得这些产品的销售者在市场上面临着一系列的挑战。本章我们将着重讨论信息产品销售者面临的三方面挑战：一是如何从他们的产品中榨取价值；二是如何帮助消费者发现这些产品；三是如何避免与类似产品产生直接竞争。

榨取价值

如果同一本书对不同消费者而言有显著的价值高低之分，并且出版商多印刷一本书的边际成本又非常低廉，在这样的情况下，出版商要想从市场上榨取最多的利润，就必须说服“高价值”消费者付高价购买他们的书籍，同时出版商要保证“低价值”消费者仍然能够花较低的价格买到他们的书籍。然而，在现实世界中，每个消费者都可以自由选择他们愿意购买的商品，因此如果出版商只提供单一定价的单一商品，他们就不可能将自己的利润最大化。如果出版商只出售高单价的书籍，那么他们虽然可以从高价值消费者身上赚到钱，但是放弃了本可以从低价值消费者处获得的收入（因为低价值消费者只愿意付低价购买该商品，在高定价下他们根本不会购买该商品）。同样，如果出版商只出售低单价的书籍，虽然高价值消费者和低价值消费者都会以这一较低的价格购买这本书，但是出版商就白白放弃了本可以从高价值消费者身上获得的额外利润（因为高价值消费者愿意花更多的钱来买这本书）。

当然，上述论断不仅对书籍及其他以信息为基础的产品成立，我们还可以将其推广到任何消费者对同一产品有不同价值判断的市场上。然而，由于以下两点原因，这一问题在信息商品上比在其他商品上表现得更明显。第一，相比物理性商品而言，生产者更容易改变信息类商品的质量和可使用性。如果我们想制造一台更大的引擎或者一部更豪华的车，就必须承担更高的成本。然而印刷一本精装书的成本只比印刷一本平装书高出一点点而已。对电子商品而言，不同质量的商品之间的成本差异更是几乎为零。比如，生产一张高清电影碟片的成本和生产一张标清电影碟片的成本几乎是一样的。同样，对同一部电视剧而言，制造一个只能观看一次的版本和制造一个可以被多次下载观看的版本的成本几乎是一样的。第二，由于对信息类产品而言，多生产一个产品的边际成本几乎是零，因此相比物理性产品而言，信息类产品的市场更为开放。如果生产一辆车需要 15 000 美元的成本，那么连这 15 000 美元的边际成本都不愿意承担的消费者自然而然地会被排除在该市场之外。然而多印刷一本书的边际成本几乎为零，每个人都是这本书的潜在消费者。

对信息商品的销售者而言，找到能同时从高价值消费者和低价值消费者身上获取利润的方式就成了他们利润最大化过程中极为重要的一环。

要做到这一点，一种方法是试图说服消费者直接或间接地告诉销售者，他们愿意为这个商品付多少钱——这就需要运用一系列被经济学家称为“价格歧视”策略的工具。要想对高价值消费者和低价值消费者进行完美的价格歧视，出版商以及其他信息产品的销售者就必须准确地知道每一位消费者愿意为他们的产品付多少钱。一旦有了这一信息（并且还要保证低价值消费者和高价值消费者之间不发生套利交易），销售者就可以向每一位消费者收取他们愿意支付的最高价格，[7] 从而从该产品的市场上榨取最多的价值。经济学家阿瑟·皮古将这种理想的情形称为“一级价格歧视”。[8] 然而对销售者而言十分不幸的是，消费者通常不愿意泄露他们究竟愿意为商品支付多高的价格。[9]

由于无法从消费者处获得完全的信息，销售者还剩下另外两种不完美的选择。一种是销售者可以试图从消费者身上找到某种可观测的信号，并通过这个信号判断消费者愿意为商品支付多少，然后销售者就可以以该信号为基础，为不同组别下的消费者制定不同的价格（经济学家将这种策略称为“三级价格歧视”）。比如，很多电影院会为学生和老年人提供打折电影票，这是因为学生和老年人的购买力通常低于其他消费者群体。由于电影院可以通过消费者的身份证件清楚地知道消费者的年龄和所在院校，因此电影院可以根据这样的公开信息轻松地从人群中找出这两类消费者。

然而，“三级价格歧视”策略的效果十分有限。除了年龄和某种形式的会员组别（如学生）以外，关于消费者的支付意愿销售者能够（合法地）找到的可观测信号非常之少。而且对很多商品而言，销售者很难禁止低价值消费者将他们购买的低价产品再次出售给高价值消费者。

当销售者无法通过可观测的信号来区分不同支付意愿组别的消费者时，他们就只能采取另一种被经济学家称为“二级价格歧视”的策略。在使用“二级价格歧视”策略的时候，销售者的目标是生产不同版本的同一产品，既要让高价值消费者愿意付高价购买较高的版本，又要让低价值消费者能够以较低的价格购买较低的版本。图书出版行业内精装书和平装书分别销售的策略就是二级价格歧视的一个经典范例。通过分别出版同一本书的精装版和平装版，出版商可以对高价值消费者和低价值消费者进行价格歧视，因为相较于低价值消费者而言，高价值消费者一般愿意为质量更好（更好的纸张和装订）、使用性更强（更容易阅读的字体大小）以及问世较早（因为高价值消费者希望在书籍出版的第一时间就读到这本书）的精装书支付更多的钱。只要上述假设成立，出版商就可以通过把精装书的发行日期定在平装书的发行日期之前，来让高价值消费者自动选择以更高的价格购买这本书（虽然这部分消费者知道，如果他们愿意等待一段时间，就可以最终以较低的价格购买到同一本书的平装版本）。

成功实施上述策略（或者实施其他类型的“二级价格歧视”策略）的关键是，必须保证高价值消费者不愿意降级购买定价较低的版本。在什么样的情况下低价产品的吸引力会比较大呢？当消费者觉得两种版本的商品质量差别并不大的时候。而这正是本章开头介绍的来向我们咨询电子书出版策略的那位出版商所担忧的问题。受到出版行业传统智慧的影响，这位出版商担心，消费者会将电子书和精装纸质书看作类似的产品，因此同时发行这两种产品将会降低对出版商而言非常重要的精装纸质书的销量。然而，经过对数据的分析，我们发现在这方面出版界的传统智慧是错误的。

在上文提到的自然实验中，我们获得了大量的实验数据，其中包括83本控制组书籍（在争端期间前4周和后4周发行的书，其电子书和精装纸质书采取同步发行的策略）和99本实验组书籍（在争端期间发行的书，其电子书比精装纸质书迟发行1~8周不等）的数据。通过对上述数据的分析，我们发现推迟电子书的发行对精装纸质书的销量几乎没有产生任何影响。从这样的结果来看，似乎大部分电子书的消费者并不认为纸质书对电子书能起很大的替代作用——显然，电子书的消费者只对购买电子版产品具有较高的兴趣。换句话说，消费者似乎并不认为电子书是精装纸质书的一个质量较低的替代版本，相反他们把电子书和精装纸质书看作两种具有本质区别的不同产品。

更出乎我们意料的是不同发行策略对电子书销量的影响。我们的数据显示，电子书的消费者不仅对纸质书没有什么兴趣，而且如果当他们想买电子书却没办法买到的时候，他们就会相当容易地失去对这本书的兴趣。在研究中，我们统计了一本电子书发行后前 20 周的总销量，并发现推迟发行的电子书销量比与精装纸质书同步发行的电子书销量低 40%。这样的结果不仅说明消费者将电子书看作一种与纸质书相当不同的商品，还说明如果电子书的消费者不能够在他们想要购买电子书的时候买到，其中很多人就会放弃这本书，而不是在这本书上架以后继续回来购买。也许这些消费者只是丧失了对这本书的兴趣，也许他们找到了其他满足自己需求的产品，也许他们一开始愿意付钱购买正版书籍，但因为买不到正版书而选择并不难获取的盗版书。不管实际情况究竟怎样，我们的数据显示，虽然“二级价格歧视”策略应用在精装纸质书和平装纸质书的发行策略上十分有用，但在纸质书和电子书的发行策略中不能起到应有的效果。

图书出版商并不是唯一使用“二级价格歧视”策略的信息产品销售者，音乐行业中的唱片公司也会使用一种与图书出版行业十分类似的销售策略。唱片公司对同一张唱片通常会发售“普通版”和“豪华版”两个版本。定价较高的豪华版唱片将收录一些普通版唱片没有的内容，这样的设计既能吸引愿意为额外内容付更多钱的高价值消费者，又能保证低价值消费者可以花较低的价格买到普通版唱片。

在图书出版行业和音乐行业，商家使用的“二级价格歧视”策略是相对比较简单的，而在电影行业中，这一策略的应用则要复杂得多。图 3–1 展示了一部典型电影的放映策略，这样的放映策略直到几年前还在电影行业中被普遍使用。这一放映策略一共包括 6 个主要的产品发行窗口，这 6 个发行窗口在不同的时间段对同一部电影先后放出质量、使用性以及价格各不相同的多个版本。第一个发行窗口是让影片在电影院上映，然后，在 60 天以后，同一部电影便会开始在酒店和航空公司的飞机上播出，然后再经过 30 天，电影公司会发行影片的 DVD 版本。接着，在影片于电影院上映后 6 个月至 2 年之间，该片将会在有线电视网络上以收费点播的方式播出，然后在收费的电视网络上播出，最后在以广告收入支持的免费电视网络上播出。

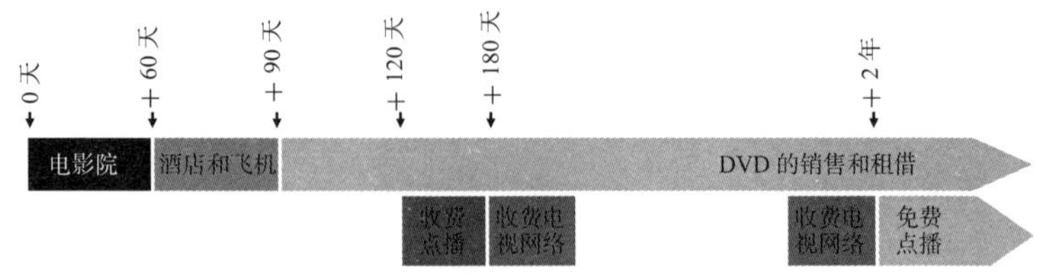

图 3–1　1998—2005 年电影的一般放映窗口
（来自业界数据和向公众开放的数据）

在上述的每一个发行窗口之内，电影公司还会通过改变产品的使用性（比如发行内容稍有不同的销售版本和租借版本，或者像上文提到的普通版唱片和豪华版唱片一样，同时提供普通版和有额外内容的加长版）和质量（比如既提供普通 DVD 画质又提供更昂贵的蓝光画质）来实施发行窗口内部的价格歧视策略。比如 2005 年，当《指环王 1：魔戒再现》（*Lord of the Rings—Fellowship of the Ring*）以 DVD 的形式发行的时候，新线影业总共推出了三个不同版本的 DVD：针对普通粉丝的 2 碟宽屏版本，每套定价 30 美元；针对忠实粉丝的 4 碟“白金系列”特别版，每套定价 40 美元；以及为骨灰级死忠粉设计的收藏版礼盒装，每套定价 80 美元。

和图书出版行业的情况一样，随着数字渠道的问世，电影行业中传统的发行窗口设计面临新的问题，该产业的发行策略也变得越来越复杂（图 3–2 向我们展示了目前电影公司在物理渠道和数字渠道并存的情况下所采用的发行策略，注意图中给出的还只是一个简化的版本）。面对这样的情况，电影公司也遇到了一些与前文提到的图书出版商同样的问题，比如：“iTunes 等数字销售渠道的出现会如何影响我们在其他渠道中的销量？”“iTunes 销售和 iTunes 租借之间的竞争关系有多强？”“iTunes 销售与网飞等网络数字流播放服务之间的竞争关系有多强？”而其中最重要的问题无疑是：“我们应该如何利用新的渠道来提高我们区分高价值消费者和低价值消费者的能力，而不是让这种新的渠道降低我们在这方面的能力呢？”

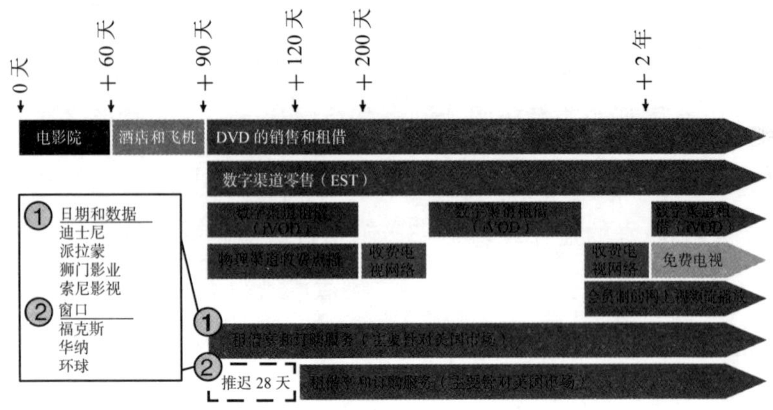

图 3–2　2014 年电影的一般放映窗口（来自业界数据和向公众开放的数据）

正如我们在为出版商分析电子书发行策略时所做的那样，我们相信解答这些问题的关键藏在数据之中。通过对数据的分析，我们可以帮助电影公司理解产品差异化策略和销售竞食[①]现象之间的相互作用。同时，这些数据还可以帮助我们理解产品差异化策略的一些其他方面的内容，比如销售者可以试图在不同的销售渠道之间建立互补的关系，这样在一个窗口中的销量不但不会挤占其他窗口的销量，反而可以增加后续窗口中的消费者需求。

让消费者发现足够多的信息

2010 年年初，我们曾为一家大型电影公司提供咨询服务，我们试图帮助该公司的决策者理解在收费有线电视频道（如 HBO、

① 销售竞食，是指公司的新产品吞噬掉已有产品的市场及销量的现象。——译者注

Cinemax、Showtime 频道）中播出电影对电影的 DVD 销量会产生怎样的影响。在进行这方面研究的过程中，我们发现不同的发行窗口之间可以产生上述互补效应。

在进行这些研究之前，不管是收费电视频道的工作人员还是电影公司的工作人员都认为，将影片在收费电视网络上播出会对影片在其他渠道中的销售（包括 DVD 的销售）起替代性的作用。事实上，HBO 非常担心影片在电子销售渠道（尤其是 iTunes 商店）上的销售会竞食该影片在 HBO 频道中的观看需求（从而影响 HBO 会员服务的订购量），因此，每次 HBO 从电影公司购买播放版权时，其都会要求电影公司在 HBO 播放期间将该电影从其他所有销售渠道下架（尤其是有线电视的点播观看服务和 iTunes 商店）。DVD 的销售是少数不受上述下架要求限制的特例之一，这主要是因为电影公司一旦将 DVD 产品寄送给零售店，就很难再要求零售商在某一时段中将该 DVD 从货架上撤下。

因此，在 HBO 播放某影片的窗口内，消费者仍然可以买到该影片的 DVD 产品，于是，我们有机会研究 HBO 的放映版权要求会如何影响消费者对 DVD 的需求。为了度量上述影响，我们选取 2008 年 1 月到 2010 年 10 月期间在美国 4 家主要的付费电视频道（HBO、Showtime、Cinemax 以及 Starz）播出的 314 部影片作为样本，并搜集了这些影片整个生命周期的每周 DVD 销量和院线票房数据。[10] 不出意料，“热门影片”的发行量占了影片总销量的很大一部分。在院线的上映窗口中，我们样本中前 10% 的影片票房占到了院线总收入的 48%，剩下 52% 的院线收入则来自后 90%

的影片（我们将这些影片称为“非热门影片”）。此外，我们的数据还显示，在 DVD 发行窗口的早期时段，影片的流行程度会以几乎不变的趋势继续保持一段时间。赢得院线 48% 收入的热门影片在从 DVD 发行的第 1 个月到影片开始在收费电视频道播放的这一窗口时段也创造了 DVD 销售收入的 48%。

为什么影院的票房和 DVD 发行初期的销量都被一小部分影片垄断了呢？也许是因为市场上只有数量很少的真正好看的影片，而销售数据的集中化趋势只是这一事实的简单反映而已；也许是因为电影的消费者具有趋同的消费习惯，大家都喜欢收看自己的朋友爱看的电影。然而，我们有理由相信，电影销量方面的集中化趋势还受到电影发行策略的影响。因为，影片的第一个发行窗口是电影院线放映，而这些电影院能播放电影的屏幕数量是有限的，因此在电影的院线上映窗口中，只有较少数量的影片可供消费者选择。然后，电影公司在决定 DVD 的营销策略时，其通常会以影片的院线表现作为决策基础。因此，首先在院线上映窗口中电影院的排片方式对观众的兴趣造成了人为的扭曲，然后这种人为的偏差会在 DVD 的早期发行时段继续保持，这就解释了我们在上述销量数据中发现的规律。

然而，在数据中我们还发现，一旦影片开始在收费有线电视窗口上映，数据就会发生戏剧性的变化，此时 DVD 的销量结构产生了明显的变化，消费者的兴趣开始从热门影片转向非热门影片（后者又被称为“长尾”部分的影片）。影片在收费有线电视频道中播出的第一个月内，非热门影片的销量上升到了总体销量的

65%（而在1个月之前，非热门影片的销量只占所有影片销量的52%）。[11]这样的结构变化是由什么原因造成的呢？

我们的数据显示，收费有线电视的播放窗口为消费者提供了新的机会，让他们能够发现一些之前无法在院线上映窗口中发现的好电影。具体说来，我们的分析显示，对大部分热门影片（即样本中院线票房排名前10%的影片）而言，当这些影片进入HBO放映窗口时，89%的潜在消费者已经知道了这些影片，因此收费有线电视窗口的开放已经无法对DVD的销量产生较大的拉升效果了。简而言之，几乎所有可能对这部电影产生兴趣的人都已经发现了这部电影。

然而，对那些不那么热门的影片（即样本中院线票房排名后90%的影片）来说，情况就和上一段描述的非常不同了。当这些影片进入收费有线电视播放窗口的时候，这些影片的潜在消费者（即我的数据分析显示可能会对这部电影感兴趣的观众）中只有57%已经发现了这部电影，而剩下43%的潜在消费者尚没有机会发现这部电影。为什么这些观众没能发现这部他们可能感兴趣的电影呢？其中一个原因是，这些电影不具有广泛的市场吸引力，因此它们此前没有能够大规模地在电影院线上映。正如我们在上文提到的那样，电影院线在同一时段只能上映有限数量的电影，于是为了将收入最大化，电影院线通常只会选择放映它们认为市场吸引力足够广泛的电影。因此，一些电影虽然对特定消费群体具有吸引力，却没有办法挤入很多院线的播放名单。

上一段的分析解释了为什么不少消费者无法在电影进入收费

有线电视播放窗口之前发现这些电影，但无法解释收费有线电视播放窗口的开放为什么会对DVD的销量产生影响。为什么在收费有线电视播放窗口，消费者发现影片的过程与之前的院线上映窗口或DVD销售窗口中有所不同呢？我们认为一个可能的原因是，在院线上映窗口和DVD销售窗口，消费者每多收看一部电影就需要单独付费，而在收费有线电视窗口，多收看一部电影并不需要额外支付费用。只要你付了收费有线电视频道的会员月费，你就可以“免费”收看该电视频道中的所有电影。由于收看电影不需要额外支付费用，收费有线电视频道的消费者有可能更愿意收看一些他们不愿意付15美元票价去电影院中观看的电影。在这样的设置下，收费有线电视窗口的开放为消费者提供了发现冷门电影的新机会，如果仅有之前的院线上映窗口和DVD销售窗口，这部分消费者就很可能永远不会发现某些非热门电影。[12]

然而，只有在各销售渠道之间的差异足够大的时候，上述信息发现的机制才可能是有价值的。比如，只有当收费有线电视频道播放的版本和DVD版本的差异足够大时，消费者才可能在看完收费有线电视的放映之后仍然有兴趣购买该片的DVD产品。如果这些产品之间的差异太小（比如，消费者可以很轻松地录下收费有线电视频道播放的高清版本影片，并能够随时再次观看这些录像），收费有线电视播放窗口就会与DVD销售窗口形成竞争关系，而无法对DVD的销量起到互补作用。这就使得我们必须转向信息产品销售者所面临的下一个市场营销挑战——控制竞争。

控制竞争

在《信息规则》（*Information Rules*）一书中，作者卡尔·夏皮罗和哈尔·范里安以 20 世纪 80 年代至 90 年代初以 CD 为刻录媒介的电话号码名录为例，向我们展示了竞争会如何影响信息产品的市场情况。在 80 年代中期，电话号码名录被几家主要的电话公司控制，它们以每张 10 000 美元的高价将 CD 售卖给一些高价值客户（比如联邦调查局和美国国税局）。然而，随着信息技术的发展，将信息数字化并翻录这些信息变得越来越容易，同时电话号码名录的超高定价吸引了很多新的竞争者。这些新的竞争者愿意投入必要的资金从电话公司购买这种昂贵的电话名录，然后手动翻录电话名录中的信息，向市场出售。然而，一旦这些新的竞争者进入电话名录的市场，由于信息产品所具有的高固定成本、低边际成本的经济学特点，该行业的标准商业模式（即将旁人无法获得的信息卖给出价最高的竞价者，并从中获得巨大的利润）就会很快被压垮。经济学的基本理论告诉我们，在一个完全竞争的市场中，如果所有产品之间不存在差异，那么产品的价格必然会下跌至边际成本的水平。因此，上述发生在电话名录市场内的故事从经济学原理的角度来看是必然的。随着新的竞争者的进入，每份电话名录的价格很快从 10 000 美元跌至几百美元，然后又跌至 20 美元以下。今天，电话公司实质上将所有关于电话名录的信息免费提供给消费者。

从一方面来看，信息产品的这种极为低廉的价格对消费者而言是十分有利的，至少在开始阶段是这样的。然而从另一方面来看，一旦产品的市场价格跌至边际成本水平，产品的生产者便不再愿意投资新的产品，因为他们担心无法收回对新产品的固定投资，长期来看，这样的情况不仅会伤害产品的生产者，同样也会伤害信息产品的消费者。[13] 事实上，为了鼓励信息产品的生产者为新产品投资，大部分现代经济体都在向信息产品的生产者提供一定程度的垄断力，这种有限的垄断力使得生产者可以在一定程度上控制产品流向市场的方式。

正是在这样的机制下，娱乐创意产业的大公司获得了有限的垄断力，并且执行着经济学理论指出的最优策略。正如我们在本书的第 2 章中讨论的那样，这些公司通过这样的垄断力来避免直接竞争，谨慎地控制产品的质量、使用性以及产品发行的时间，并通过这些手段尽可能地从消费者身上榨取最大化价值。在图书出版行业，消费者能够获得低价版或免费版图书的时间越早，出版商就越难用发行时间来分割他们的消费者市场。在音乐行业，消费者越容易获得特别收录音轨等额外信息，唱片公司就越难以质量为基础进行市场分割。而在电影行业，消费者越容易翻录和存储影片作日后观看之用，电影公司就越难以使用性为基础进行市场分割。也就是说，如果某人提出这样的问题："为什么娱乐创意产业不让它们的所有产品在所有的发行渠道同步发行呢？"他实质上是在问："为什么娱乐创意产业的公司不放弃它们目前以价格歧视和客户分割为基础的商业模式呢？"

当然，现在的问题是，从很多方面来看，信息技术已然控制了上述的这些选择。那些会弱化娱乐企业垄断力并降低对客户分割的控制力的市场特点（包括信息的快速传播、信息提取的便利性以及几乎为零的信息翻录和存储成本）恰恰是新的信息技术系统和网络的基本特点。随着信息技术的发展，这些信息系统和网络的能力还在呈指数级高速增长着。

今天，对娱乐创意产业的从业人员而言，他们面临的最大挑战是判断技术变革将会如何威胁他们的市场权力以及现存商业模式的利润率。而这正是我们在下一章将要讨论的问题。

第 4 章　完美风暴

气象学家在奇怪的事情中发现完美，当三个完全独立的气象系统咬合在一起促成一场百年一遇的事件时，这样的完美便发生了。

——塞巴斯蒂安·容格，《完美风暴：一个人类与海洋做斗争的真实故事》

（*The Perfect Storm*：*A True Story of Men Against the Sea*）

有些人见证并经历过一些他们认为人类完全无法抵御的强大力量，然而他们没有意识到，在他们见到的力量和自然真正产生的力量之间仍存在着很大的差距。

——阿尔伯特·乔纳森船长在《完美风暴》中的台词

塞巴斯蒂安·容格 1997 年的著作《完美风暴》一度畅销，几乎每个人都听过这个故事（以及其中所包含的隐喻）。《完美风暴》一书为我们详细讲述了这样一个冒险英雄的故事：1991 年秋天，马萨诸塞州格洛斯特的 6 名老水手在海上航行了几周以后，毅然决定在极为危险的风暴天气里驱船返航。这些老水手希望保护船上他们捕获的珍贵海货，他们认为既然自己过去已经成功战胜过无数次风暴，那么这次风暴应该也没有什么大不了的。但他们没有预料到的是，在海上等待他们的不是一场风暴，而是好几场风暴——这几场风暴互相作用，形成了一种不可预测的、穷凶极恶的天气，我们把这样的气象称为“完美风暴”。当风暴来临，富有经验的老水手试着用他们熟悉的求生策略来对付恶劣的天气，这些策略在过去的风暴中总能奏效，可他们发现，这次面临的情况是他们无法理解也完全不知道该怎样应对的。这场完美风暴最终吞噬了老水手的船只和求生的努力，我们的英雄不幸葬身大海。

读者应该明白我们为什么要在这里讲述这个故事吧？由于娱乐创意产业的特殊市场情况，该行业逐渐演化成由几家大公司占有垄断控制地位，很长时间以来，娱乐创意产业的这些巨头的“航行”是顺利而平稳的。虽然每隔一段时间就会有技术变革的风暴袭来，但是这些娱乐行业巨头就如经验丰富的老水手一样，他们能够胸有成竹地应对这些风暴，有时甚至还能利用这些风暴来加强自己在行业中的竞争优势。然而，到了20世纪90年代，几种性质截然不同的变革同时袭来：一是从模拟媒介到数字媒介的大规模转化，二是微型计算机和移动技术的高速发展，三是互联网的出现。这三大技术趋势的共同作用为娱乐创意产业带来了一场新型的巨大风暴，面对这样的风暴，娱乐行业巨头完全缺乏应对经验。这场技术变革的完美风暴威胁到了娱乐行业巨头现存的商业赢利模式以及他们现有市场控制力的来源。[1]

对企业而言，这种性质的变革很难预测到。尤其对在行业中占主导地位的企业而言更是如此，因为这样的企业在面临新的技术变革时通常会优先考虑这些变革能为自己现存的业务带来何种取得成功和增加利润的机会。关于这一点，我们不妨来听听豪伊·辛格讲过的一个故事。如今，豪伊·辛格是华纳音乐集团的高级副总裁和首席策略技术官，但在20世纪90年代的那场完美风暴向娱乐创意产业袭来的时候，他尚在美国电话电报公司（AT&T）就职。在那场风暴中，豪伊·辛格和他的同事拉里·米勒嗅到了大好机会的气息，并于1997年联手创立了a2b音乐公司。a2b音乐公司的主要业务是让用户可以在互联网上安全地发行压缩数字音乐。美国电话电报公司发布这一服务时宣称这只是一项试验服务，辛格和米勒却认为这是一个应用极广的大型商业机会，他们认为这一服务会成为完全改变音乐的销售和消费方式的一种革命性的商业机会。

当时，a2b音乐公司提供的确实是一项全新服务。要想充分理解这一服务的新颖性，我们不要忘了，iTunes商店是在2003年面世的，iPod（一款便携式多功能数字多媒体播放器）是在2001年首次发售的，Napster[①]（一款在线音乐共享软件）是1999年推出的，而第一款MP3音乐播放器“钻石里奥”是1998年首次出现在人们面前。显然a2b的服务抢先一步，比上述这些创新更早地出现在了消费者面前。a2b音乐公司宣称，只要连接互联网，不管消费者身在何处，他们都可以下载电子版的音乐并保存在电脑中，

① Napster是一种在线音乐共享服务，其主要功能是让人们可以通过互联网共享MP3格式的音乐。——译者注

且可以随时随地收听下载后的音乐。除此以外，a2b 音乐团队还设计推出了一款便携式的音乐播放器来配合其下载服务，这款播放器只需插入一张可插拔的闪存卡就能播放一整张专辑——当时，这可是一项了不起的技术成果。为了缓解业界对这种全新音乐发行模式的恐慌，a2b 的团队还发明了一套电子版权管理协议，并在该项服务的媒体发布会上宣布计划“在 a2b 音乐团队发展的未来阶段加入微观收费功能，同时团队将进一步研究零售渠道和市场策略相融合的新方式。相信我们的这些努力能让互联网在新兴的音乐下载应用方面发挥更有力和更高效的作用”。[2]

辛格和他的同事认为，自己的团队已经尽了一切努力，来帮助音乐行业掌控清晰可见的未来趋势：以互联网为基础发行数字音乐。他们充满热情地向各大音乐公司的高管宣传推销 a2b 的服务。宣传流程是这样的：首先，他们的开场白是“从原子到比特的革命将彻底改变音乐行业的未来”；然后，他们接着阐述，随着计算力和宽带网络的技术创新，在不久的将来，所有的音乐只能以电子形式出售发行，因此网络发行的管理水平以及电子音乐的质量都将得到大幅提高。CD 这种音乐媒介将很快成为历史。

然而这样的说辞并没有获得热烈的欢迎。在 20 世纪 90 年代，CD 的销售是音乐行业的重要利润来源之一，并且当时 CD 的销量正呈现逐年稳健上升的趋势。因此，音乐行业的高管问道：既然这项技术的设计初衷是取代我们最赚钱的业务，那我们究竟为什么要拥抱这项技术呢？一位音乐公司高管甚至表示，他认为 a2b 把音乐称为“比特”对他来说是一种侮辱。而另一位高管在听说

a2b 的服务能让唱片公司取消储存音乐的媒介，把音乐产品直接提供给消费者的时候（若干年后，苹果公司试图用 iTunes 商店建立起数字音乐销售的滩头阵地，而这种“去媒介化”的效果会让苹果公司的这一任务变得艰巨许多）回答说：“你们是不是在跟我讲外语？”

这项新技术的宣传没有取得太大的成功，在展示这一新技术的过程中，辛格和他的同事发现，他们的新技术一点儿也不得人心。在一场向某家大型唱片公司的高管演示该新技术的展示会上，a2b 的团队用一套昂贵的音响系统播放了几首该唱片公司畅销歌曲的数字文件。a2b 团队使用一种新的算法对这几首歌曲进行了译码处理，这种算法产出的音频文件比 MP3 格式的文件更小，音质却比 MP3 格式更好，几年以后，这种新的格式将成为市场的绝对主流。[3]

a2b 的团队原以为这样的展示能够赢得唱片公司高管的心，他们以为高管会对压缩后的数字文件还有这样好的音质赞叹不已，也以为高管会认同让消费者能够随身携带他们喜欢的所有音乐将产生巨大的价值。然而高管的反应和 a2b 团队的预想截然不同。实际的结果是，这家唱片公司的高管集中火力对电子版音乐的音质进行了猛烈攻击，因为电子版音乐的音质确实无法达到和 CD 同样的水平。其中一位高管在试听完电子版音乐后，用一句话全盘否定了 a2b 团队的努力，他对辛格和辛格的同事说：“没人想听这种屎一样的东西。”我想，现在这位高管一定为自己当年的那句话后悔吧！

面对这样恶劣的反响，a2b 音乐公司没能继续走下去，美国电话电报公司很快宣布停止这一试验。然而，该来的变革总是会到来，在《唱片业的全球历史》(*An International History of the Recording Industry*)(1997 年）一书中，佩卡·格罗诺夫和伊尔波·绍尼奥以做梦般的口吻写道："也许，在未来的某一天，这样的唱片将不再生产，而音乐将根据用户的需求被直接提供给消费者。从理论上来说，我们可以发明一种巨大的点唱机，通过这台点唱机，消费者可以随时选择自己喜欢的音乐，并通过电话线、电缆、无线电波等传输方式收听这些音乐。"[4] 然而，当时，对音乐行业中的大部分人来说，这样的设想听上去仍然像一个遥远的未来之梦，任何一位头脑清醒的高管都不会为了这种模糊的幻想而放弃自己手头的摇钱树。

几年以后，苹果公司踏入了电子音乐的销售领域，接着，Rhapsody、Pandora、Spotify（声田）以及许多其他同类服务相继推出，剩下的便是继续演进的历史进程了。因为拒绝了 a2b 团队的提议，音乐界的高管失去了一次本可以帮他们保住现存商业模式支柱的机会，而这根已经倒下的支柱便是对发行渠道的控制。

"没人想听这种屎一样的东西。"我们引用这句话并不是为了嘲笑说这句话的唱片公司高管。不管我们承认与否，事实上，当身处这位高管所在的位置时，大多数人会做出与他完全一样的反应。正如我们在上文中已经提到的，对市场中的领军企业而言，技术变革带来的效应和影响是难以预料的，尤其是当技术变革带来的新商业模式与企业建立市场领导地位时采取的商业模式具有根本性不同的时候——在上面的例子中，情况正是如此。即使企业能够正确地预见技术变革的来临，想出正确的应对之道也比我们想象得困难许多。在 20 世纪 90 年代，《大英百科全书》的出版商便接受过这样一个惨痛的教训。

* * *

20 世纪 90 年代正是《大英百科全书》风光无限的时代。[5] 在此前的两个多世纪，《大英百科全书》的拥有者——大英百科全书公司通过兢兢业业的努力，为《大英百科全书》赢得了世界上最全面、最权威的工具书的声誉。一整套《大英百科全书》的售价为 1 500 美元到 2 000 美元，不论是在图书馆还是在私人的起居室，其都需要整整一面墙的书架才能放得下。虽然这样的价格使《大英百科全书》成为不折不扣的奢侈品，但是公司通过积极大胆的上门推销策略，成功赢得了一小群美国消费者的心，这些消费者相信，拥有一套《大英百科全书》是教育、文化和中产阶级身份的象征。当时，生产一套《大英百科全书》的实际成本大约是 250 美元。1990 年，大英百科全书公司的年利润是 6.5 亿美元，这打破了该公司年利润的历史纪录。大英百科全书公司的前景看起来一片光明——至少当 1989 年微软公司的工作人员为推出电子版百科全书的企划做前期调查研究的时候，微软公司的高管是这样想的。在一份关于《大英百科全书》的内部战略备忘录中，微软公司的相关工作人员这样写道："《大英百科全书》的单一用户价格点不仅非常稳定，而且是业界最高的。在这一点上，纵观所有类别、所有媒介的大规模出版物，没有任何一个产品可以接近《大英百科全书》的水平。”[6]

大英百科全书公司出售的不仅是百科全书，更是一种可信的、严肃的权威光环。每一版新的百科全书在问世之前都经过了几十年的研究、计划和编纂（虽然在各个版本之间，大英百科全书公司每一年会出版有少量修改的“修订版次”，此外其每年还会发售利润极高的《大英百科全书年鉴》)。虽然其他一些公司会出版发售规模较小、价格较低、使用起来也更方便的其他百科全书，但是大英百科全书公司一点儿也不在乎这些竞争，其只希望服务于愿意高价购买业界最优秀产品的一小群客户——虽然大英百科全书公司自己的研究显示，这些客户中的大部分人事实上极少翻开他们购买的优秀产品，百简直全书被翻阅的平均次数连一年一次都达不到。一位《大英百科全书》的销售人员曾骄傲地宣称：“这套书不是用来阅读的，它是用来销售的。”[7]

在 1990 年前的几十年中，《大英百科全书》之所以能长期保持这种骄人的销售业绩，很大程度上是因为它的销售团队效率非常高。大英百科全书公司的销售人员都是经过精心筛选才被录用的，他们在上岗前经过了严格的培训。更重要的是，这支销售团队极为信奉他们负责推广的价值观。在推销的诚意和销售的业绩上，几乎没有几家直销团队能和大英百科全书公司的团队相媲美（当然，销售业绩和这支销售团队的自身利益是息息相关的，每售出一套《大英百科全书》，销售人员可以获得 500~600 美元的佣金）。

在这样的情形之下，我们不难想象，当个人电脑在 20 世纪 80 年代初问世的时候，大英百科全书公司的销售部门根本不认为这是一种威胁。1983 年，该公司的销售部门甚至专门针对这一问题为销售人员设计好了回应的策略。当时，越来越多的销售人员开始遇到这样的情况：一些潜在客户表示他们不太想要纸质版本的百科全书，而更想要电子版的百科全书。这份备忘录的开头写道："我们被问及最多的一个问题是'《大英百科全书》准备什么时候推出电子版'。不仅客户这样问我们，我们的内部人员也常常提出这个问题。而我们对这一问题的答复是'至少在未来很长一段时间中，我们没有推出电子版百科全书的计划'。"这份备忘录列出了公司不推出电子版百科全书的 4 点理由。第一，家用电脑的存储能力不足，它连《大英百科全书》的目录都装不下，更不要说整套书的内容了。第二，如果将《大英百科全书》的内容存在一台大型计算机中，然后让顾客通过拨号服务让家用电脑连上这台大型计算机获取百科全书的内容，那么这样做不仅成本高昂，而且速度极慢，很不方便。第三，家用电脑的屏幕每次只能显示一篇条目的一小部分，因此用户的阅读体验会是混乱而不连贯的。第四，在电脑中，对电子版百科全书而言极为关键的"关键词索引"功能目前非常笨拙且难以使用。

针对上述 4 点理由中的最后一点，该备忘录还要求推销员这样向客户进行解释："如果你在电脑上对电子版的百科全书进行关键词搜索，那么当你输入'橘'（orange）这个字时，电子版百科全书便会返回一大堆五花八门的词条，有橘色、水果橘子、美国加利福尼亚州的奥兰治县（Orange County）、奥兰治县的威廉（William of Orange），总之所有和‘橘’字有关的词条都会跳出来。如果想在这一大堆搜索结果中找到你想要的东西，你就得在搜索结果中仔细筛选很久，而这项费时费力的工作纸质版百科全书的编纂者已经帮你做好了。”这份备忘录还写道：“《大英百科全书》已经帮你完成了上述所有的工作，我们的目录编纂者阅读过百科全书中的所有词条，并对这些词条的内容进行分析，决定哪些词条应该进入目录。我们把水果中的橘子和颜色中的橘色区别开来，并据此将参考条目汇编成组。我们的工作人员还删去了不重要的参考条目，这样当阅读一个词条时，你就一定能找到自己所需要的重要信息。”[8] 也就是说，就算有电子版的百科全书，它也肯定没有纸质版的好用。这份备忘录最后得出了这样的结论：“在上述情况改变之前，大英百科全书公司不会把我们的出版媒介从纸质改为电子版。”[9]

然而，不管大英百科全书公司是否接受和喜欢这样的潮流，潮流确实是变了。两年后的 1985 年，《大英百科全书》收到了一份来自微软公司的提案，该提案指出，经过详细地研究，微软公司认为以 CD 为存储媒介的百科全书将成为一种“高定价、高需求”[10] 的产品，而推出这样的产品可以显著提高大英百科全书公司产品的多样性。微软提议大英百科全书公司向微软出售百科全书内容的非专属权力，微软则会在协议达成后将大英百科全书的内容用在自己的多媒体数字 CD 中，大英百科全书公司毫不犹豫地彻底拒绝了这一提议。当时，大英百科全书公司的公共关系部主任表示："《大英百科全书》完全不打算出现在家用电脑上。而且，只有 4%~5% 的家庭拥有电脑，由于这一市场十分狭小，我们不想因此损害我们的传统销售渠道。"[11]

"我们不想因此损害我们的传统销售渠道"这 17 个字为《大英百科全书》不久后的惨败埋下了伏笔。然而，在 1985 年的时候，这是一种完全合理的回应。大英百科全书公司拒绝微软公司的提议有以下几点强有力的理由。首先，大英百科全书公司担心电子版的推出会遭到公司销售人员的强烈反对，因为推销纸质版百科全书的高额佣金是销售团队养家糊口的关键。如果《大英百科全书》的电子版本以比纸质版本低很多的定价推出，那么这势必会影响纸质版百科全书的销量，并最终导致大量经过精心培训的销售人员被迫离职——而这些销售人员一向被大英百科全书公司视作公司最重要的资产之一。此外，大英百科全书公司还担心电子化会降低《大英百科全书》的正式性，从而破坏公司多年来努力经营的严肃的权威光环。当时，家用电脑被视作一种具有书呆子气的新玩意儿，大英百科全书公司并不想在这种古怪的东西上赌上自己的声誉。2009 年，美国西北大学凯洛格商学院发表了一篇名为《〈大英百科全书〉的危机》（The Crisis at Encyclopaedia Britannica）的案例分析报告，其专门分析研究大英百科全书公司当时遇到的问题。在这份报告中，作者沙恩 · 格林斯坦和米歇尔 · 德弗罗列出了大英百科全书公司拒绝微软公司提案的另一条理由：

> 大英百科全书公司没有理由和微软这样一家没有声望的年轻公司结盟并承担风险，也没有理由惧怕来自这样一家并不起眼的公司的竞争。毕竟，当时的大英百科全书公司实际上已经完全控制了百科全书市场的高端部分，和其他百科全书出版商相比，大英百科全书公司的产品价格溢价最高，公司的利润也一直稳定保持在很高的水平上。大英百科全书公司的企业文化欣欣向荣，百科全书产品也一直为公司提供着很高的收益。事实上，一位大英百科全书公司的前雇员曾经表示："任何想要杀鸡取卵的人都会被枪毙。"[12]

其实，大英百科全书公司并不是完全没有意识到电子百科全书的潜力，当然其竞争者也看到了这种潜力。1985 年，格罗利尔出版公司率先推出了自己公司百科全书的电子版，但这套电子百科全书只有文字内容，其中没有保留纸质版书中的插图。此时，微软正在努力研发以 CD 为存储媒介的多媒体电子百科全书。在拒绝微软公司的提案后不久，大英百科全书公司也开始研发自己的多媒体 CD 版百科全书，但此次研发并没有用该公司的旗舰产品《大英百科全书》。大英百科全书公司选择把旗下的另一套价格较低、声誉相对较差的《康普顿百科全书》电子化，该书是一套主要面向学校和学生的工具书。

经过研发团队的努力，1991 年《康普顿多媒体百科全书》终于面世，大英百科全书公司分别推出了适用于 PC 和 Mac（苹果电脑）的两种碟片版本。然而《康普顿多媒体百科全书》的产品定位究竟是什么？大英百科全书公司自己似乎也不是十分清楚。公司将电子百科全书的碟片免费赠送给已经购买纸质版百科全书的客户。这样的策略安抚了大英百科全书公司负责上门推销的销售人员，因为这样的产品定位说明电子版百科全书不过是一种促销用的赠品，其根本不会对纸质版百科全书的销售造成影响。然而，大英百科全书公司同时以每套 895 美元的定价向公众发售《康普顿多媒体百科全书》，这样的价格说明电子百科全书同时也被定位成纸质版百科全书的一种高端竞争产品。结果，这样的双重定位策略在两个方面都失败了。纸质版百科全书的消费者虽然从推销员那里免费获得了电子版的百科全书，却并不认为电子版有什么价值，因此也没有对电子版表现出任何兴趣。另一方面，普通消费者则认为根本不值得为了一部二流的百科全书支付 895 美元的高价。1991—1993 年，大英百科全书公司一再降低《康普顿多媒体百科全书》的价格，却始终未能激起消费者的兴趣。最终，大英百科全书公司于 1993 年决定及时止损，将《康普顿多媒体百科全书》与公司的整个新媒体部门一起卖给了《芝加哥论坛报》，并决定此后公司重点开发纸质版百科全书的网络版（这一网络版本后被命名为“大英百科全书在线”）。然而，与此同时纸质版百科全书的销量也在下降，公司收益从 1991 年的 6.5 亿美元跌至 1993 年的 5.4 亿美元。同样在 1993 年，微软推出了 CD 版本的百科全书《英卡塔》。

在被大英百科全书公司拒绝以后，微软在世界图书出版公司那里再次遭到拒绝，此后微软终于买到了严重经营不善的《芬克－瓦格诺新百科全书》。从纸质版百科全书的市场角度来看，《芬克－瓦格诺新百科全书》的内容质量远远低于《大英百科全书》，声誉也与后者相去甚远。然而，在电子百科全书的新市场上，《芬克－瓦格诺新百科全书》具有一项十分重要的优点：该书的格式高度统一，达到了近乎模版化的程度，因此《芬克－瓦格诺新百科全书》非常适合被数字化，在搜索和超链接方面，《芬克－瓦格诺新百科全书》要比《大英百科全书》容易处理得多。正因为《芬克－瓦格诺新百科全书》具有这样的优点，微软公司获得授权后很快就生产出了可向市场销售的 CD 版。在营销方面，微软决定直接放弃“芬克－瓦格诺”这个并不响亮的名头，而将重点放在产品的差异化方面。具体来说，微软通过加入插图和声音来提高文字内容的质量，其在搜索技术方面积极投入，在内容中插入链接，满足数字用户喜欢从一个主题跳到另一个主题的偏好，并频繁地根据时事的发展添加新的条目或修订已有的条目。微软没有试图在百科全书的内容质量或声誉上与《大英百科全书》竞争，而是扬长避短，利用新媒介的自然优势——视频片段、搜索、超链接以及内容的频繁更新来拓宽百科全书的传统理念，并扩大潜在的受众群体。《英卡塔》是一种可以在家用电脑上供家长和孩子共同使用的家庭产品，而且每套仅售 99 美元。这种新颖的营销策略取得了令人满意的效果。在《英卡塔》问世的第一年，微软就售出了 35 万套，在问世的第二年，《英卡塔》的销量更是达到了 100 万套。

这一次，大英百科全书公司终于感觉到了威胁的迫近，面对纸质版百科全书销量的持续下滑，大英百科全书公司终于在 1994 年决定开发其旗舰产品《大英百科全书》的 CD 版。这一决策遭到了公司销售团队的强烈反对，后者提出的反对理由仍然是：电子版《大英百科全书》会挤占纸质版百科全书的销量。于是，大英百科全书公司再次搬出当年用在《康普顿百科全书》身上的策略：一面将电子版《大英百科全书》免费赠送给纸质版《大英百科全书》的拥有者，一面以每套 1 200 美元的价格向普通大众单独发售电子版《大英百科全书》。这套在《康普顿百科全书》身上全面失败的策略在电子版《大英百科全书》这里同样没有获得成功。消费者对每套 1 200 美元的定价一点也不买账，不到两年，大英百科全书公司就被迫把电子版《大英百科全书》的价格降到了 200 美元一套。然而即使在这样大幅减价的情况下，大英百科全书公司仍然无力与微软的《英卡塔》竞争，因为相较于电子版《大英百科全书》,《英卡塔》不仅价格便宜，而且使用起来更加充满乐趣。

在内容的质量和声誉上,《英卡塔》远远比不上《大英百科全书》——至少从纸质版百科全书市场中的数据来看是这样的。但是对很多普通的用户来说,《英卡塔》的内容质量已经足够满足他们的需求了，尤其是《英卡塔》还拥有图片、声音、搜索等新的内容和功能，这些特色为用户提供了新的价值。

到了 1996 年,《大英百科全书》的年销售额已经下降到了 3.25 亿美元，这一数额仅相当于 5 年前年销售额的一半。即使是网络版的“大英百科全书在线”（这一产品具有极强的前瞻性和非常大胆的定位，团队克服了一系列技术上的障碍，将整部《大英百科全书》的 4 000 万字内容放在了互联网上）也无法阻止公司的快速衰落。1996 年，《大英百科全书》的首席执行官约瑟夫 · 埃斯波西托满怀遗憾地将大英百科全书公司以 1.35 亿美元的价格卖给了瑞士资本家雅各布 · 沙弗拉，但新一任的所有人也同样无力挽回公司走向衰亡的命运。2012 年，面对流行度日益增加的维基百科（一部内容靠用户编写，而不是靠专家或专业编纂者编写的百科全书），大英百科全书公司宣布停止生产《大英百科全书》的纸质印刷版本。《大英百科全书》200 多年的辉煌历史至此画上了句号。

* * *

在大英百科全书公司的例子中，为什么应对百科全书市场情况的变化如此困难呢？毕竟，《大英百科全书》曾是百科全书行业中无可辩驳的领导者，其品牌是全行业最受尊敬的，内容是全行业最权威的，销售团队也是全行业最好的。为什么随着一个不知名品牌（英卡塔）的进入，大英百科全书公司会如此迅速地丧失了自己市场的领导地位呢？要知道《英卡塔》不仅内容质量远远比不上《大英百科全书》，而且其完全不具备《大英百科全书》所拥有的销售团队。

我们认为，大英百科全书公司惨败的原因是，它面临的不是单一的市场情况变化，而是好几种同时出现的变化因素。这几种变化因素共同作用，它们在短时间内完全改变了现有市场控制力的来源和现有的产品营销模式。

导致大英百科全书公司失败的第一个因素是：电子版百科全书的问世改变了出版商向消费者输送价值的方式。《大英百科全书》之所以能取得傲人的成功和极大的市场权力，是因为和其他竞争者相比，它能够为消费者提供更大的价值。这种价值来自高质量的权威内容，来自内容批准过程中极为精细的编辑过程，来自能帮助用户快速检索内容的预编目录，还来自拥有一套昂贵的《大英百科全书》所代表的社会地位。当然，电子版百科全书的问世并不能完全消除上述价值，但是电子版百科全书确实严重削弱了上述价值，并引入了一套新的质量评判标准：数字化的传输、模板化的词条、容易理解的内容、各种视听材料、新内容的快速加入、超链接和数字检索功能，而新的社会地位的象征已经从拥有一套皮面书悄悄变成了拥有家用电脑。

导致大英百科全书公司失败的第二个因素是：从市场获取价值的模式发生了本质变化。获取价值的最佳模式从高利润率的直销模式变为了低利润率的零售模式。在后一种模式下，百科全书常常与一种新的产品——个人电脑捆绑销售，其甚至完全成为个人电脑销售过程中的赠品。

导致大英百科全书公司失败的第三个因素是：大英百科全书公司现存业务（销售纸质版百科全书）的成功。通常，成功的公司总是试图不断重复和保护那些帮助它们获得成功的商业模式。对大英百科全书公司而言，直销是其一直珍视和舍不得放弃的商业模式。大英百科全书公司由谁运营？又是谁最容易被提拔到重要的岗位上去？是成功的销售人员。正因如此，当一种销售百科全书的全新模式出现的时候，大英百科全书公司的领导者只会把这种新的模式视作对现行的高利润率直销模式的威胁。

导致大英百科全书公司失败的第四个因素是：市场权力的快速转移。我们应该记住一个重要的规律，那就是对市场上的主流企业而言，一般来说推迟和等待对并不是一件坏事。忙碌的经理人不断面对各种新的商业机会，有时他们不能马上抓住那些风险较高、没有确证或者质量较低（至少以目前市场的价值输送模式为衡量标准时显得质量较低）、利润率比公司的现存业务低的机会，这也是情有可原的。最近，马特·马克思、乔舒亚·甘斯和戴维·赫苏发表的一项研究显示，在大部分情况下，面对新的技术创新成果，主流公司的最佳策略是静观其变：先让市场决定哪些创新成果最有可能在未来获得成功，然后再收购拥有这些创新成果的公司或者与其达成合作关系。[13] 在很多情况下，静观其变策略的效果确实是最好的。然而，如果入侵者在新的市场中迅速获得足够的控制力，导致原主导企业的资产失去价值，那么入侵者将不再有与原主导企业合作的必要，在这样的情况下，对原主导企业而言，静观其变的策略是无法成功的，而大英百科全书公司面临的正是这样的情况。事实上，大英百科全书公司的故事有一个颇为讽刺的结尾，1996 年，当约瑟夫·埃斯波西托出售大英百科全书公司的时候，他曾询问过微软公司是否有意向提出收购议案购买大英百科全书公司的资产（此时微软公司已经是一家市值超过 600 亿美元的公司了，微软公司的编辑团队规模也是当时整个百科全书行业中最大的），而微软公司的回应是：拒绝。

上面的一切到底和娱乐创意产业有什么关系呢？关系可大了。在本书接下来的内容中，我们将讨论娱乐创意产业目前正面临的一场完美风暴。各种各样的技术变革（包括长尾市场、数字盗版、作者对内容创作和发行过程控制度的提高、发行商权力的增加以及以数据为驱动力的市场的兴起）对目前的娱乐创意产业造成了一系列的威胁，其处境与当年大英百科全书公司的处境高度相似。这些威胁包括一系列向消费者输送价值的新的方式和渠道、获取价值的新商业模式，以及娱乐行业主流企业必须在保护旧业务和探索新机会之间做出艰难的权衡和取舍。然而，更重要的是，最终这些娱乐行业的主流公司还需要面对一项终极威胁，那就是来自市场权力越来越大的新发行商的威胁。这些新发行商不仅积极参与娱乐作品的创作过程，还对消费者的偏好数据和消费者的注意力拥有相当的控制权——后两者都是娱乐市场中市场控制力的重要来源。

在上述的所有威胁中，把每一种威胁单独拿出来都不太可能对娱乐创意产业的现有结构产生巨大的影响。然而，我们认为，一旦这些威胁叠加起来共同作用，就会形成一场能对娱乐行业产生巨大冲击的完美风暴，因为在这些变革同时作用下，娱乐行业一直依赖的利润来源和市场控制力来源都会被弱化，而从目前主流娱乐企业的定位来看，它们无法很好地从变革所带来的新的利润来源和市场控制力来源中获利。然而，虽然我们使用了“完美风暴”这一比喻，但我们并不认为娱乐行业主流企业一定会像格洛斯特的老水手那样全军覆没，或像大英百科全书公司那样走向末路。事实上，对于娱乐创意产业的未来，我们是持乐观态度的：只要主流企业愿意正视眼前的挑战，并做出正确的应对，我们就相信娱乐行业的前景是光明的。在本书接下来的内容中，我们将详细讨论这些挑战的具体内容。

在讨论应对之策之前，我们必须首先深入理解这些威胁和挑战的具体性质。在下一章的内容中，我们将主要讨论某些公司在娱乐市场中取得成功的一种新的方式：通过掌握用户数据并与用户直接联系，这些公司创造了一套向客户输送价值的新的模式和流程。

II

改变

每次我都以为自己已经做到了，
可那滋味总是没有想象中甜蜜。
——戴维·鲍伊，《改变》

第 5 章　热门与长尾

在这个世界上没有几家公司能在一部电影上投资 2 亿美元。这就是我们的竞争优势。

——艾伦·霍恩，沃尔特·迪士尼公司总裁

摘自：安妮塔·埃尔伯斯，《爆款：如何打造超级 IP》[①]

我们很容易认为 YouTube 网站上面那些五花八门的垃圾视频根本无法对《黑道家族》（*The Sopranos*）这样的剧集构成威胁，然而我们必须认识到，这些制作成本只有传统电视剧一个零头的低质量作品也有它们的观众。

——克里斯·安德森，《长尾理论：为什么商业的未来是小众市场》[②]

我们上面引用的内容出自两本管理学新书，克里斯·安德森的《长尾理论》和安妮塔·埃尔伯斯的《爆款》，它们讨论了同一个广受关注的议题：技术变革如何改变娱乐行业现状，而两位作

---

① 《爆款：如何打造超级 IP》一书中文版已由中信出版社于 2016 年 2 月出版。——编者注

② 《长尾理论：为什么商业的未来是小众市场》一书中文版已由中信出版社于 2016 年 10 月出版。——编者注

者似乎在这场辩论中站在了两个截然相反的阵营中。克里斯·安德森是《连线》杂志的前编辑，他认为，由于新的网络销售渠道（即所谓的长尾）的影响力不断增加，消费者的消费模式已经从由少数热门产品主导整个市场的传统模式转向由许多成功产品共同占领市场的新模式，因此，娱乐行业的公司应该根据这样的现实对它们的商业模式和市场营销策略做出相应的必要调整。安妮塔·埃尔伯斯是哈佛大学商学院的教授，她的观点与克里斯·安德森的观点截然不同。通过一系列的案例分析、市场数据分析以及对娱乐行业高级管理人员的采访，安妮塔·埃尔伯斯在书中指出，在大部分娱乐行业中，利润的大头总是来自一小部分极为成功的产品，她认为新的技术不仅不会降低这些大热产品对整个行业的重要性，反而会增加这种重要性。

我们对两位作者的观点和意见都持高度尊重的态度。然而，我们将在本章中说明，关于技术变革将如何影响娱乐创意产业中的市场控制力分布的问题，我们认为上述两位作者所关注的问题从本质上就错了。当然，长尾产品不能构成对“爆款”商业模式的威胁！从定义上来说，长尾产品就是只有少数人才愿意购买的产品，[1] 因此我们很难创造出一种以大规模市场为目标的企业，并让该企业以生产不热门的产品为经营重点。然而，虽然长尾产品不构成对“爆款”商业模式的威胁，但是我们相信，“长尾”效应是“爆款”商业模式所面临的一个重要威胁。

以上便是本章将要讨论分析的内容要点。在讨论的过程中，我们将首先重点分析技术变革如何增加娱乐行业中消费者选择的数目，然后，我们将提出两个标准的商业问题：一是这些新的娱乐选择如何为消费者创造价值；二是企业应该如何抓住这样的价值。

* * *

网络市场如何为娱乐行业的消费者创造价值？如果你在20世纪90年代末提出这样的问题，那么答案的重点将会是互联网能够降低运营成本并增加市场竞争力，从而压低娱乐产品的价格。在1998年和1999年，我们搜集了一些数据，并通过这些数据来测试同一产品在网络上的价格是否的确低于实体店中的价格。我们与埃里克·布莱恩约弗森合作，研究了一系列同时在实体店和互联网上销售的书籍和CD在两种渠道中的差价。在超过15个月的时间段中，我们从41家不同的经销商处搜集了8 500项价格数据。通过对这些数据的分析，我们发现同一商品在互联网上的售价平均比实体店售价低9~16个百分点——这种网络和实体店之间的差价确实代表了一种向消费者输送经济价值的重要途径。[2]

虽然上述研究设计让我们能够比较同一商品在互联网和实体店中的差价，但在衡量网络零售业向消费者提供的总体价值的规模方面有一项重要的不足之处。在我们的研究中，网络零售商几乎持有市面上所有书籍和CD的存货，而实体书店通常只在市面上的230万种纸质书中选取流行度较高的4万~10万种进货。同样，1999 年的实体唱片店通常会从市面上的 25 万种 CD 中选取最流行的 5 000~15 000 种进货。对实体店不销售的商品，我们无法比较网络零售价和实体店零售价之间的差异，因此我们不得不在上述研究中剔除了所有在实体店中无法找到的商品。因此，事实上我们的研究只衡量了流行度相对较高的商品的网络和实体零售差价给消费者带来的价值，而忽略了为消费者提供价值的一个更加重要的渠道：由于互联网零售业的出现，消费者可以找到数百万种原来在实体店中无法找到的书籍和 CD 产品。

这些以前无法从实体店买到的非热门书籍和 CD 究竟为消费者带来了多大的价值？也许很多人会说，价值并不大。也许消费者对实体店提供的有限的商品已经感到满意。毕竟，一个众所周知的事实是，书籍、音乐以及电影等产品在实体渠道中的绝大部分销量来自一小部分非常热门的产品。也许，这样的现象反映出的是消费者偏好的一种自然的聚集现象，又或者这样的现象反映出的是娱乐产品的一种经济学上的特点：很多人认为，娱乐行业对“超级爆款”的产品一直有着天然的偏好。

罗伯特 · 弗兰克和菲利普 · 库克在 1995 年的著作《赢家通吃的社会》（*The Winner-Take-All Society*）中提出了一个观点：许多市场（包括娱乐市场）存在一种正反馈的循环，正是这样的循环导致流行的产品越来越流行。罗伯特 · 弗兰克和菲利普 · 库克认为，造成这种正反馈循环的因素主要有以下三个：第一，人们总是自然地被更高超的才华吸引；第二，人们希望和自己的朋友及同伴消费同样的产品和内容；第三，当销售数量足够多的时候，高固定成本、低边际成本的产品更能为商家带来利润。威廉·麦卡菲在其 1963 年的著作《大规模行为的正式理论》（*Formal Theories of Mass Behavior*）中提出了一个十分类似的观点，麦卡菲认为：流行的商品具有一种天然的优势，而冷门的商品则在市场上面临双重劣势，这种双重劣势使得冷门产品很难变得热门起来。具体来说，冷门产品面临的双重劣势是：首先，大部分消费者根本不知道冷门商品的存在；其次，在知道冷门商品存在的消费者中，有很大比例的人是这方面的专家，这些专家知道该领域中存在比这些商品更好的商品，并且知道那些更好的商品在哪里，因此他们也就不会选择购买这些非最佳的商品。

然而，从另一方面来看，即使过去的娱乐市场确实被一小部分超级热门的商品所主导，这并不意味着这样的趋势在未来一定会继续存在。也许，过去市场上存在的这种天然聚集现象实际上并不是来自消费者偏好的限制，而是由物理销售渠道的限制造成的。毕竟，任何消费者都不可能购买他们根本买不到的商品。随着互联网零售业的发展，消费者能够从更多的商品中进行选择，也许很快我们就会看到，消费者的兴趣和品位事实上比我们过去想象的要更加多样。从这样的角度来看，不管是麦卡菲的理论，还是弗兰克和库克的理论，当广泛应用于娱乐市场时，它们都存在重大的限制和缺陷。现在，让我们来讨论一下产品差异化策略的问题。经济学家认为，产品差异化策略的类别主要有两种：一种是横向产品差异化策略；另一种是纵向产品差异化策略。在纵向产品差异化市场中，存在着一种公认的产品价值排序（比如宝马汽车优于雪佛兰汽车，希尔顿酒店优于假日连锁酒店，精装书优于平装书等）。在娱乐产品中，我们可以认为存在一定程度的纵向差异化现象，比如詹姆斯·乔伊斯①优于E.L.詹姆斯②，感恩至死乐队③优于死牛奶工乐队，汤姆·汉克斯优于很多演员。不过即使是上述几组比较对象的优劣也不是每个人都同意的。

这正是我们想要指出的重点：许多（可能是绝大部分）娱乐产品之间并不存在公认的优劣排名。因此，这些娱乐产品之间的差异化属于横向产品差异化的范畴。在弗兰克和库克的理论中，消费者会被“更伟大的才华”所吸引，在麦卡菲的理论中，专家知道“更优秀的产品”在哪里，然而这些概念并不完全适用于娱乐行业的产品，因为没有人有权利说你喜欢的书、电影或者音乐比我喜欢的要“更好”或者“更坏”。[3]

此外，当我们讨论技术变革可能对娱乐产品的消费产生怎样的影响时，弗兰克和库克列举出的第二点和第三点理由也同样不太成立。虽然人们希望能和自己的朋友消费同样的产品，但是同时网络社交媒体的出现使我们能够从更广泛的朋友圈中获得对娱乐产品的推荐，这样的情况能够开阔我们的视野，让我们发现更多以前我们不曾注意到的娱乐作品。就第三点而言，虽然热门产

---

① 詹姆斯·乔伊斯 ,20 世纪最伟大的作家之一，著有《尤利西斯》《都柏林人》等作品。——译者注

② E·L·詹姆斯，通俗情色小说作家，著有《五十度灰》，我们通常认为其作品质量不高。——译者注

③ 感恩至死乐队，著名美国摇滚乐队，入选过《滚石》杂志“史上最伟大艺人”，并获得过格莱美终身成就奖。——译者注

品天生具有高固定成本和低边际成本的优势，数字技术的发展却能降低生产许多种娱乐产品所需的固定成本，使得某些产品只需要达成很少的销量就能产生利润。

当相关的理论无法给出确定的结论时，我们应该怎样做呢？我们应该把眼光转向对数据的分析。这正是我们的团队在 2000 年所采取的方法。我们与埃里克·布莱恩约弗森和友·杰弗里·胡合作，以数据分析的方法对上述问题展开了研究，并得到了相当清晰的答案。研究显示，通过向消费者提供许多他们以前无法买到的产品，互联网零售业为消费者创造了巨大的价值。

我们研究的起点是马德琳·施纳普提出的一套方法。当时，马德琳·施纳普是奥莱利出版公司的市场研究部主任。此前，对于一系列奥莱利出版公司的书籍，马德琳·施纳普分别从亚马逊网站搜集了它们的周销量数据及销售排名数据。通过对上述两项数据进行分析，马德琳·施纳普创造出一个模型，根据这一模型，我们只要知道任何书籍在亚马逊网站上的销量排名情况，就能准确预测出该书籍的周销量。我们的团队将一种类似的实证方法运用到了某匿名出版商提供的数据组中，并成功重复了马德琳·施纳普的研究结果。我们有强有力的证据表明，网购书籍的消费者对冷门的书籍具有很强烈的兴趣。根据研究结果，在样本时段，亚马逊网站的书籍销量有 1/3~1/2 来自非常冷门的书籍，这些书籍即使在规模最大的实体书店也很难找到。

为了计算这些冷门书籍的网上销售究竟给消费者带来了多大的经济价值，我们采用了杰里·豪斯曼和格雷戈里·莱昂纳德发明的一套度量“新产品”价值的方法。这一方法的最主要优势是，该方法不依赖于对消费者行为的任何理论解读，也不需要判断主流书籍和冷门书籍之间的相对价值关系。该方法关注的重点是消费者购买了哪些书这一经济现实，并通过这一经济现实来推算消费者愿意为这些书籍支付多高的价格。

我们将上述方法经过改进后应用到我们的数据分析之中。通过分析我们发现，2000 年这些冷门书籍的网络销售为消费者带来的经济价值是 7 亿 ~10 亿美元。这一价值大约是网络零售的低价格给消费者带来的经济价值的 10 倍左右。[4] 换句话说，互联网零售业给书籍消费者带来的主要价值并不是让消费者可以用低几块钱的价格买到他们在实体店中也能买到的书籍，而是互联网零售业让消费者能够发现、评价、消费数百万种被实体店商业模式排除在外的冷门商品。

在 21 世纪，上述价值还在不断提高。2008 年，我们的团队用新的数据重复了 2000 年的分析。在 2008 年的研究中，我们发现网络零售业带来的更为丰富的图书品种为消费者创造的经济价值与 2000 年相比又有了显著的提高。这种提高主要有以下三个来源：第一，互联网图书销售在总体图书销售中所占的比例大幅提高了，2000 年时，网上销售仅占图书销售总额的 6%，而到了 2008 年，这一比例已经上升到了近 30%。第二，与 2000 年相比，2008 年的消费者更愿意购买冷门书籍。第三，2008 年可供消费者选择的图书种类变得更多了。在 2000 年时，每年新出版的图书大约有 12.2 万种[5]，而到了 2008 年，每年新出版的图书已经达到了

56 万种。[6] 我们的研究显示，由于以上的三项变化，2000—2008 年之间，网络零售业通过增加产品的多样性为消费者提供的价值提高了 5 倍。2008 年时，产品多样性的提高为消费者带来的经济价值为 40 亿 ~50 亿美元。而路易斯·阿吉亚尔和乔尔·沃德弗格最近的一项研究显示，网络零售业通过提高产品的多样性带给消费者的价值事实上应该比上述估计数值更大。[7] 这是因为，正如我们在第 2 章中提到过的那样，没有人知道究竟哪些商品最终会在市场上变为热门商品。因此出版商、唱片公司和电影公司只能尽自己最大的努力去预测哪些产品能够创造销量佳绩，然而这个预测的过程本身是非常不完美的。因此，当技术的变革使许多此前被忽略的作者的作品能够成功进入市场，这其中的一些作品（甚至可能是很多作品）必将给娱乐行业的守门人带来巨大的惊喜——这些作品可能会最终出现在销量分布的头部而非尾部。

为了检测上述理论是否准确，路易斯·阿吉亚尔和乔尔·沃德弗格对音乐产品产生价值的过程进行了分析。首先，他们观察到，技术变革导致了新的音乐作品的爆炸式产生，在 2000—2010 年之间，新问世的灌录音乐产品的数量增至三倍。然后，他们通过将自己的理论应用到音乐产品的例子，估计出这些新问世的音乐产品所产生的经济价值在此期间大约为原来的 15 倍，这一结果考虑了长尾中的一些音乐作品成为热门产品的可能性。

对此，人们可能会提出这样一个疑问：上述结果能否被推广到销量分布的尾部中的尾部？比如说，那些在二手书店的货架上放了几年都卖不出去的、非常冷门的书籍。从某种意义上来说，根据麦卡菲的理论，这些商品是不可能产生价值的。显然，本章开头提到的《爆款》一书的作者安妮塔·埃尔伯斯也同意麦卡菲的这一判断。在2008年发表于《哈佛商业评论》（*Harvard Business Review*）杂志的一篇名为《你应该向长尾进行投资吗？》（Should You Invest in the Long Tail）的论文中，安妮塔·埃尔伯斯这样写道（其中引用了麦卡菲的话）："'虽然我们可能愿意相信，即使是那些最冷门的书籍也至少可以为能发现它们的消费者提供一些愉悦'，然而在现实中，一本书越冷门，它被消费者所赏和喜爱的可能性也就越小。"[8]

那么，数据是否支持安妮塔·埃尔伯斯的这种说法呢？格林·埃里森和莎拉·费希尔·埃里森最近发表的一篇实证论文可能为我们提供一些回答这一问题的依据。在这篇论文中，他们研究了网络二手书市场产生的经济价值，该项研究最初的灵感来自其中一位作者寻找一本非常冷门并且已经停止印刷的二手书的经历。文中写道：

> 几年前，我们两人中的其中一个想要寻找一本关于制药业市场的学术书籍，这本书是30年前出版的，现在连在麻省理工学院的图书馆里也找不到这本书了。这本书已经停止印刷很久了，要想在实体店中找到这样一本二手书，和大海捞针没有什么区别。然而，你只要在Alibris上输入关键字，就能迅速找到这本书的四五本公开出售的二手书。我订购了其

> 中一本，只花了 20 美元，并且这本书很快就寄到了。在这本二手书封面的内页上，用铅笔写着 0.75 美元的定价，然后这个定价又被橡皮擦掉了。显然，这本书在某家二手书店的货架上闲置了很多年，虽然定价只有 0.75 美元，但是没有任何一个客户发现并愿意购买这本书。一位急需这本书的研究者高兴地花 20 美元买到了这本书，事实上，他甚至愿意为得到这本书支付比 20 美元高得多的价格。[9]

为了检测同样的情况是否也发生在其他冷门书籍上，格林·埃里森和莎拉·费希尔·埃里森对网上书店和实体书店的一些二手书的价格进行了研究，并搜集了一组详细的数据。通过分析这组数据，他们发现，网上书店使得消费者可以在数百万种不同的冷门书籍中迅速找到所需书籍，仅这一点就为消费者和书籍销售商带来了巨大的经济价值。简而言之，大部分消费者无法欣赏的冷门产品仍然可以为某些消费者提供巨大的“愉悦”（经济学家将这种“愉悦”等同于经济价值），这其中的关键点就是要让这些冷门产品被正确的消费者发现。[10]

* * *

如果找到符合他们品位的冷门产品确实能够为消费者提供巨大的价值（上述研究证实了这一点），这就为那些能够帮助消费者完成这种配对任务的商家提供了巨大的商业机会。然而，要想抓住这样的价值，企业首先必须找出产生上述经济价值的具体商业流程。随着信息技术的发展，市场可以让消费者发现并享受那些实体店有限的货架空间装不下的冷门产品，那么这样的市场究竟具有哪些经济学方面的特点呢？为了回答这个问题，我们与阿尔詹德罗·詹特纳和库内德·卡亚合作进行了研究。阿尔詹德罗·詹特纳和库内德·卡亚从几家主要的录像租赁连锁店的实体店和网店分别获取了一些数据。这些数据显示，在实体店中，100部最流行电影的DVD租赁收入占到了全店总收入的85%，然而在网店的总销售额中，这100部电影所贡献的份额只有35%。这种区别背后的原因是什么呢？为什么网店客户的品位更偏向于那些冷门的电影？这是因为网店提供的电影选择比实体店更多并且搜索更容易吗？还是仅仅因为选择在网上租DVD的人和选择在实体店租DVD的人偏好确实有所不同呢？为了回答这个问题，我们需要找到这样一个事件：这个事件会导致消费者从实体店租DVD转向去网店租DVD，而这一事件又不能与消费者对冷门产品的偏好相关联。幸运的是，当一些DVD租赁商开始关闭本地的实体租赁店时，我们找到了完全符合我们要求的事件。

由于连锁租赁店关闭某家实体店的选择与本地客户对产品丰富性的偏好并无关联，[11]因此，当本地的实体租赁店关闭，客户被迫从可选DVD种类有限的实体店转去存货极为丰富的网店，我们便可以孤立地观测到他们消费习惯的改变。我们的数据显示，当消费者面对更宽泛的产品选择时，其消费行为会发生很大的改变，这两者之间的因果关系是很强的。在消费者从实体租赁店转去网上租赁店后，他们租借热门影片的概率大大下降，而租借那些在实体店货架上根本找不到的冷门影片的概率则大大增加。

然而，我们认识到这一变化既可能是由供给情况的改变造成的（转去网店后消费者可以租借以前无法在实体店租到的影片），又有可能是由需求情况的改变造成的（网店的搜索工具更方便，消费者能够更轻松地发现新的产品）。要想将上述两种效应分离开来，我们就必须将供给和需求两个因素的其中一个固定下来，让另一个因素随机变化，然而我们的数据没有办法让我们做到这一点。幸运的是，我们的合作者布莱恩约弗森、胡和西梅斯特通过研究另一组数据的情况完成了上述任务。[12] 他们研究了一家女装零售店的网购客户和通过目录购买产品的客户之间在消费行为上的差异，这家女装零售店放在网店中的商品种类与列在目录中的商品种类是完全相同的（即供给一侧情况固定）。这项研究显示，冷门产品消费量的上升很大一部分是来自需求一侧的变化——在供给一侧情况保持不变的前提下，网络零售市场的一些技术特点能提高消费者对冷门产品的兴趣。

后续的研究进一步详细监测了网络零售市场可能促进冷门产品消费的一些具体技术特点。比如，其他客户的评价有助于消费者评判冷门产品的效用，从而提高他们在冷门产品上的消费。有些学者曾经认为，客户评价机制会导致产品销售呈现更加集中化的趋势，因为先尝试产品的客户会通过留下评论影响后续客户的消费选择，使得市场更倾向于“赢家通吃”的热门产品。然而，正如我们在上文中讨论过的那样，客户评价也能够帮助后续消费者更好地发现新的产品，并最终鼓励他们更多地购买冷门产品。盖尔·奥斯特瑞彻—辛格和阿伦·桑德拉拉詹从亚马逊网站搜集了一些关于产品评价的数据，并对其进行了分析，他们的研究证实了客户评价对冷门商品消费的鼓励作用。他们搜集的这组数据涵盖了亚马逊网站上在售的超过 200 个品类的图书产品，通过这组数据，他们分析了这些图书产品的相对流行程度，并发现在受用户评价内容影响较大的品类中，消费者的消费行为比在其他品类中更为多样化。具体来说，如果用户评价对产品销售的影响程度翻番，那么最不受欢迎的 20% 的产品利润会上升约 50%，而最受欢迎的 20% 的产品利润则会下降约 15%。[13]

另一个减少“赢家通吃”产品的消费份额的因素是在网络市场上消费者能够获得的产品信息的数量。当消费者缺乏关于产品的独立信息的时候，人们常常选择从众消费，即购买那些别人也在购买的产品。这种行为被社会学家称为“羊群”行为，在学术文献中，“羊群效应”被广泛记载和认同。

然而上述的这些实验和研究都是在人为设定的条件下进行的，消费者对他们想要评估的商品无法获得外界的信息。因此，我们决定研究羊群效应在现实市场上是否也会出现。现实市场与上述人为设定环境的最大区别是，在现实市场中消费者可以比较容易地针对他们想要评估的产品搜集到外界的信息。为了进行这项研究，我们与一家主流的有线电视公司进行合作，并使用其销售平台进行了一项实验。我们在该公司的点播服务中加入了一份新的目录，这份目录根据消费者评价的高低列出了目前市面上最流行的一些电影。在初始设置中，这份目录包括 15 部流行电影，而这 15 部电影的排列顺序是按之前观众喜爱程度由高到低排列的。然后，在实验进行过程中的某一特定时间点，我们将目录中的两部电影的顺序对调。如果总体人群的意见对消费者的消费行为有显著的影响，那么我们就应该看到在这两部电影的顺序对调以后，消费者会依靠这种虚假的信息改变他们的消费行为，而排位被人为提升的那部电影将继续保持评价较高的位置，甚至会因为获得了更多的关注度和点播数量而变得更加流行。

2012 年，我们花了 6 个月的时间进行了上述实验，在这一时间段中，超过 22 000 名用户从我们的实验目录中点播购买了电影。在我们的实验结果中，我们并没有观察到支持长期羊群效应存在的显著证据。不管我们如何人为地增加或减少一部电影的点赞次数，后续观众的消费和评价行为都会很快使该电影回到原先的排位。此外我们还发现，著名电影[14]恢复原先排位的速度比非著名电影恢复原先排位的速度更快。[15]简而言之，我们的实验结果显示，当消费者可以获取关于产品的外界信息时，消费过程中的羊群效应会显著减少，而在现实世界中，网购用户能够比较容易地获得关于数百万种不同产品的充分的外界信息，因此，我们认为在实际市场上，消费者行为的羊群效应并不明显。

更丰富的产品选择、更好用的搜索工具、能为消费者提供消费推荐的搜索引擎、其他客户的评价以及更充分的产品信息，网络消费的这些特点都能让网购的消费者更倾向于购买冷门产品。除了上述因素之外，我们还需要考虑另一个因素，那就是网上交易的匿名性是否会通过降低消费者的心理禁忌压力而改变消费者的消费行为?

艾维·戈德法布、瑞恩·麦克德维克和布瑞恩·西尔弗曼对这一效应进行了研究和分析。他们主要对两种情况进行研究:一是消费者购买酒精饮料的行为,二是消费者订购比萨的行为。[16](我们知道酒精饮料和比萨不是娱乐商品,但这并不影响实验的结论。)这几位研究者发现,网购酒精饮料与在实体店直接向店员购买酒精饮料相比,消费者更倾向于选择名称较难发音的产品。与此类似的,与电话订购的情况相比,当网上购买比萨的时候,消费者更倾向于订购卡路里较高的产品,并更倾向于购买自选配料更为复杂的产品。这几位研究者认为,消费者之所以会在网购的时候更倾向于购买名称难读的产品,是因为在当面交易的时候消费者害怕“自己不标准的发音被误解,或因此显得知识不足”,而消费者在电话订购时较少选择配料复杂、卡路里较高的比萨则可能是因为他们担心这样的行为会造成“对他们的饮食习惯的负面社会评价”以及“认为他们是奇怪、难搞的顾客的负面社会评价”。

那么对酒精饮料和比萨的购买究竟与娱乐产品的消费有什么关系呢?除了消费需求的互补性,我们很容易看出,在网上消费时,社会压抑程度可以影响消费者对娱乐产品的选择。凯瑟琳·罗斯曼曾于2012年在《华尔街日报》上发表过一篇名为《当没有人能看到封面时女性读者在阅读什么》(Books Women Read When No One Can See the Cover)的文章,文章中记载了最近某些种类的书籍在女性读者群体中需求上升的现象。凯瑟琳·罗斯曼在文中写道："情色类书籍曾经是很难买到的。虽然连锁书店和独立书店可能会备有几种情色类书籍的存货，但这种书通常会被放在很不起眼的地方，并且存货的数量也非常有限。"然而在 Kindle 和其他电子书阅读平台出现以后，这些平台的匿名性使得上述现象发生了很大的变化。这其中最著名的例子便是 E.L. 詹姆斯所著的《五十度灰》这一长尾产品获得的巨大成功。

当然，我们理解你在读到上一段最后一句话时的震惊心情。毕竟，在很多人的心目中，《五十度灰》根本算不上是一个长尾产品。这本书已经被翻译成超过 50 种语言，全球的总销量超过 1 亿本，甚至还推出了同名改编电影。这分明是一本典型的热门畅销书呀！当然，你这么说没有错，然而从另一方面来看，你说得并不对。从很多角度来看，《五十度灰》都是一本非常典型的长尾书籍：在出版发行的过程中，多家传统出版社拒绝出版该书，最后这本书是以独立出版的电子书形式，而不是以著名的出版商发售的纸质书的形式问世的。如果不是这本书的粉丝在各种网络社区中不遗余力地宣传这本书，我们今天根本不可能知道并且谈论这样一本书。

问题就在这里，与现在的很多其他产品一样，《五十度灰》同时具备了长尾产品和热门产品的特征。这种全新的现象向我们展示了以产品为重点而不是以流程为重点的商业模式的限制和缺陷。如果我们想要理解技术变革对娱乐行业的影响，那么首先我们必须抛弃这种僵化的传统思维。

* * *

在 2000 年我们进行有关网络零售市场如何向消费者输送价值的研究时，我们关心的重点并不是销售额的分布情况，也不是冷门产品的销售额究竟占总体销售额的份额。我们对这些问题的研究，只是手段而不是终极目标，我们研究的终极目标是：衡量网络销售模式究竟能为消费者创造多大的价值（这种新模式的出现使得消费者能够发现并购买到他们之前无法在实体店的货架上找到的产品）。

然而，现在讨论的重点已经从模式转向了商品本身。2004 年安德森在《连线》杂志上发表的关于长尾的文章用了很大篇幅讨论了在某一个月的时间段至少售出一份的产品在所有产品中所占的比例。2008 年安妮塔 · 埃尔伯斯在《哈佛商业评论》杂志上发表的文章则针锋相对地指出，娱乐产品的销售额呈现高度集中的特点，绝大部分销售额来自流行度最高的前 10% 甚至前 1% 的产品。此后，安德森和安妮塔 · 埃尔伯斯在《哈佛商业评论》杂志上展开了辩论，辩论的主要议题是究竟应该如何定义长尾产品：是以在实体店上架的所有书作为对象总体，还是以在网上能找到的所有书作为对象总体。[17]

然而，正如我们在本章的开头就提到的那样，在娱乐行业目前对长尾市场效应的评估过程中，应该重点关注的不是产品，而是模式。销售分布的尾部究竟有多长，或者有多大比例的销量是源于分布的长尾部分，这个问题真的重要吗？我们认为并没有那么重要。我们究竟应该以市场上所有可供购买的产品的绝对数量还是相对数量来定义长尾产品，这个问题真的那么重要吗？我们同样认为这并不是那么重要。我们认为真正应该抓住的重点是：冷门产品能为消费者提供价值，而输送这种价值所必需的商业模式与娱乐行业过去和目前所采取的商业模式（即主要从少数热门产品中榨取价值）具有本质的区别。

正如第 2 章我们讨论过的那样，目前娱乐行业获取价值的模式是这样的：由一些专家来决定哪些商品可能在市场上获得成功，在听取了这些专家的意见以后，娱乐公司便开始通过它们对宣传和发售渠道这两种稀缺资源的控制，将它们的产品推向大规模市场。简而言之，这种获取价值的过程主要依赖于筛选（即决定哪些产品将被推向市场）能力和控制（对宣传和发行这些产品所必需的稀缺资源的控制）能力这两大能力。

而在长尾商业模式中，获取价值的模式与上述传统模式是截然不同的。这套全新的模式（亚马逊公司和网飞公司已经在使用这种模式）的两个关键因素是客户的选择（通过建立一个综合的平台，让消费者可以在丰富的产品中自行选择）和满意度（通过数据、推荐引擎以及客户评价来帮助消费者在极为丰富的选择中发现他们想要消费的产品，并允许他们在想要消费这些产品的时候进行消费）。这种新的商业模式抛弃了原来靠专家筛选产品内容的模式，并用一系列靠技术驱动的流程把哪些产品优先上架的决定权交给了用户。亚马逊公司和网飞公司等新型公司之所以能够采取这种新的商业模式，是因为货架空间和宣传能力现在已经不再是稀缺的资源了。在这个崭新的商业模式中，企业之间需要竞争的稀缺资源是消费者的注意力以及对消费者偏好的了解，而这与传统商业模式中的情况具有本质的区别。

在这里，我们希望澄清的一点是，我们并不认为长尾产品将取代热门产品的地位。事实上，长尾产品并不会取代热门产品的地位。但我们相信，在目前的市场情况下，长尾模式不仅可以被用来创造长尾产品，还可以被用来创造热门产品，并且我们相信，娱乐公司应该充分运用长尾模式完成上述任务。比如，网飞公司不仅通过在线播放平台让消费者看到被大部分人遗忘的冷门电影，同时也创造出了《纸牌屋》《女子监狱》等属于自己的热门影视剧。网飞公司和其他一些运用相似商业模式的公司通过建立能为用户提供大量丰富产品的综合数字平台牢牢抓住了消费者的注意力。此外，它还根据合理的数据预测出哪些内容能够在市场上获得成功。它与用户之间建立起了前所未有的直接联系，这种联系是一项巨大的优势，网飞等公司可以运用这种联系以最直接的方式向潜在观众群宣传推广影视作品。如果你是出版行业、音乐行业或者影视行业的一位领导，那么长尾现象带给你的风险并非来自那些销售不佳的产品。长尾现象带来的真正风险是在长尾产品方面有优势的公司能够优化改进它们的模式（包括平台、数据以及与顾客之间的联系），使得你所在的公司无法像过去那样通过热门产品从市场上获取价值。

那么，长尾模式究竟是怎样对热门产品的商业模式造成威胁的呢？要回答这个问题，我们必须考虑以下 4 种技术变革共同作用造成的效应，在接下来的 4 章中，我们将对这 4 种技术变革的效应分别展开详细讨论。

1. 数字盗版现象的出现削弱了靠价格歧视策略销售单个娱乐产品的商业模式的利润空间。同时数字盗版现象还导致客户希望（并且需求）能在同一个平台上方便地消费各种不同类型产品（比如，在网飞网站上收看各种视频流节目，在 iTunes 商店和 Spotify 网站上消费各种音乐，在亚马逊网站上购买各种书籍等）。

2. 技术的发展使得之前被忽视的作者和艺人能够通过新的渠道接触到他们的受众，并给予他们新的创作机会，这导致消费者能够选择的娱乐产品数量发生了爆炸式的增长。

3. 长尾平台已经发展出了一套复杂高效的、以数据为基础的模式，这套模式能帮助这些平台了解消费者的偏好，并帮助消费者发现符合他们独特需求的产品和内容。这样的模式使这些长尾平台获得了大量的忠诚客户群体和很大的市场权力。

4. 上述数据和模式已经成为娱乐行业中的两项非常重要的资源。这种资源不仅能帮助娱乐公司判断哪些产品将会在市场上取得成功，还能帮助娱乐公司高效地向观众群体宣传公司的产品。因此，控制了这两项资源的公司在与其他公司的竞争中拥有了非常重要的优势。

第 6 章　在抢劫中成长

你永远不可能杜绝盗版，因此你所能做的就是同盗版竞争。

——史蒂夫·乔布斯[1]

我们知道盗版现象永远不可能完全消失，至于与盗版做斗争的最佳方式究竟是什么，我们常常会有不同的看法。但我们都同意，数字娱乐行业的未来在于为观众和作者提供更好的服务，同时数字娱乐行业的未来在于减少盗版现象的发生。

——鲁斯·韦特尔和蒂姆·利格，《盗版是如何伤害独立电影的》（*Here's How Privacy Hurts Indie Film*），Indiewire[2]

20 世纪 80 年代，如果你生活在印度的一个小乡镇里，那么想要看到一部电影并不太容易：你需要等上两三个月，这部电影才会在大城市上映。电影上映以后，你可以去本地的小电影院购票观看（本地的电影院通常条件简陋，只有一个银幕，最多只能同时接待 1 000 名观众）。如果这部电影不在你所在的乡镇上映，或者如果你不幸错过了电影的上映时段，那么你便失去了观看这部电影的机会。你唯一可以做的就是期待这部电影几年以后在电视上播出。

然而，在 80 年代中期，录像带的出现改变了这一切。各种影片的录像带迅速传播开来，录像带租赁店遍地开花，拥有大量录像带资源的“迷你影院”开始以很低的费用向民众开放。对印度的消费者而言，虽然这些录像带的质量只能算是三流的，但这些变化还是给人们的生活带来了快乐和光芒。有了录像带以后，人们可以随时观看最新的电影或者喜欢的老电影。在印度，几乎所有的录像带都是盗版的，但是那又有什么关系呢？这种盗版现象不会损害任何人的利益，不是吗？

＊＊＊

在西方世界，盗版绝不是一种新兴现象（在 19 世纪的时候，美国是欧洲盗版书籍的最主要来源地）。然而，在 20 世纪，随着娱乐创意产业的发展，世界上的富裕国家共同制定并执行了一套保护版权的法律体系，并把这一体系发展得越来越严密，这么做的目的之一就是与威胁娱乐行业的盗版现象做斗争。总体上来看，这个版权保护系统发挥了良好的作用，至少在美国和欧洲情况是这样的，因为这两个地区的大部分消费者愿意遵守法律，也愿意为质量明显更高，也更容易获得的正版产品支付相应的费用。然而在相对贫穷的国家，大部分民众根本不具备寻找和购买正版产品所需的资源，因此盗版产品完全主导了这些国家的市场。

娱乐行业对这样的现象表示了强烈的抗议。然而，只要这些娱乐公司的版权在发达国家得到了保护，并且发达国家的市场已经为它们创造了强劲的赢利势头，这些公司的高管就还是乐意保持高枕无忧的状态的。毕竟，唱片、电影拷贝和书籍仍属于物理性质的商品，就算是进行盗版复制，也需要一份一份地慢慢复制。生产盗版产品的过程需要耗费时间和金钱，因此盗版复制在速度上和质量上都存在着一些天然的限制，此外，盗版产品的发行和传播过程也会受到各种各样的限制。从娱乐公司的角度来说，虽然盗版是一种令人讨厌的非法现象，但是盗版产品毕竟不容易找到，而且质量也总是不如正版产品，因此盗版现象能对娱乐行业在经济上造成的损害是有限的。

然而，正如我们在第 4 章讨论过的那样，在接下来的 90 年代，技术方面的变革——数字媒体的高速增长、微计算和移动技术的巨大突破以及互联网的蓬勃发展，共同为娱乐行业带来了一场“完美风暴”。突然之间，生产和传播一份数字文件的完美拷贝变成了一件几乎完全免费、完全不费力的简单工作，于是非法的盗版拷贝一下子变得无处不在。上一段中提到的所有“天然的限制”条件突然都不存在了，一夜之间，盗版成为一种高度关联的全球现象。1999 年，端对端（P2P）音乐共享网站 Napster 的出现对娱乐行业而言简直是灾难性的事件，因为有了这个网站，全世界的用户就可以免费交换音乐文件了，对娱乐创意产业的未来而言，这无疑是一个不祥之兆。根据一些研究的估计，在 Napster 网站问世后的 10 年内，音乐行业的收入下降了 57%，[3] 而自 BitTorrent 网站在 2004 年流行起来以后，DVD 产品的收入在其后 5 年内下降了 43%。[4]

音乐行业巨头认为，数字盗版现象对该行业的生存造成了致命的威胁，因此它们启动了一场法律战争，要将 Napster 网站彻底关闭。这场法律战争在 2001 年终于取得了胜利。在这场胜利及其他一系列法律战争胜利的鼓舞下，[5] 娱乐创意产业通力合作，成功说服美国的立法者加入这场反盗版的斗争之中。2011 年，得克萨斯州的众议院代表拉马尔 · 史密斯提出了《禁止网络盗版法案》（Stop Online Piracy Act，SOPA），这一法案包括一系列针对盗版现象的限制和惩罚措施。拉马尔 · 史密斯称，这些措施能够“阻止娱乐行业收入流向非法网站，并能够保证美国创意行业的利润被美国的创新者所享有”。[6] 然而，《禁止网络盗版法案》最终并未获得通过，因为该法案出乎意料地遭到了技术公司和互联网积极支持者的强烈抵制和反对。然而，在此之后，娱乐行业仍坚称数字盗版现象对该行业造成了极为严重的威胁，并认为坚决打击盗版现象是其重要任务之一。

对娱乐行业的上述看法，许多互联网的积极支持者以及技术公司的领导者都持反对态度。确实，全世界范围内的很多观众目前正在收看免费的盗版电影或收听免费的盗版音乐。然而反对打击盗版的人们提出了一个问题：有什么证据能够证明盗版行为确实在伤害娱乐行业的利益呢？也许，娱乐产品销量的下降实际上是由消费者偏好的变化和其他娱乐选择的增多造成的。虽然美国唱片业协会声称，2005—2010 年，共有 300 亿首歌曲被盗版，[7] 然而在下载这些盗版歌曲的用户中，大部分人也许在任何情况下都不会选择购买正版音乐，如果情况是这样的话，那么下载盗版音乐似乎并没有损害任何人的利益。相反，盗版增加了娱乐产品的曝光率，并且可能让艺人的作品被更多潜在的粉丝发现，从这个方面来看，盗版对艺人甚至可能是有利的。很快，主流媒体开始对上述论调发出赞同的声音。2013 年，CBC（加拿大广播公司）新闻总结了未来技术研究所发表的一篇被广泛引用的关于盗版的论文，[8] CBC 新闻写道："娱乐行业已经开始认识到，电影和音乐产品的网络共享行为能够在市场营销方面产生好处，从而提高产品的销量。盗版的这种正面效应往往能够完全抵消非法分享娱乐作品给娱乐公司带来的收入损失。"[9]

一些早期的学术研究成果印证并加强了上述观点。早期的理论模型显示，盗版产品能够为娱乐行业带来的好处有：将对价格最敏感的消费者从市场上移除，帮助娱乐作品建立最初的客户基础，在市场上提高娱乐产品的传播速度和消费者对产品的认知度。[10] 在著名的学术杂志《政治经济学》（*Journal of Political Economy*）上，曾发表过一篇关于盗版现象对娱乐行业影响的论文，这篇论文是该领域内最早的实证论文之一。这篇论文的结论是：音乐盗版现象没有对正版音乐产品的销售产生显著的影响。[11]

这样看来，也许盗版确实并不是一件那么坏的事情。我们确实需要考虑这样的可能性：也许盗版现象实际上对娱乐产品的总体消费起到了促进作用。盗版产品产生这种正面效应的途径可以有许多，比如为娱乐产品创造前所未有的轰动效应，帮助娱乐公司吸引更多的观众去观看演唱会或者购买周边产品，在全球范围内帮助娱乐公司极大地扩大受众基础，并至少鼓励其中的一小部分观众购买他们免费收看过的娱乐产品的正版产品。事实上，还可能存在这样的情况，那就是盗版不仅是一种能帮助观众发现娱乐产品的很有用的机制，同时还能迫使娱乐创意产业中的经营者降低产品的售价，并让观众更容易接触和购买他们的产品。如果情况是这样的，盗版现象不就能帮助娱乐公司提高销售额并给整个社会带来好处吗？ iTunes 商店的推出和数字下载渠道的开放不就产生了上述这些正面效应吗？更重要的是，娱乐创意产业的经营者永远在抱怨新技术所带来的产品分享行为将会摧毁他们的利润空间，而事实上他们的利润空间不是一直很大吗？那么现在的情况跟以前又有什么不同呢？

以上所有的问题事实上都是同一个问题的不同表现形式，这个问题就是：盗版真的有害吗？本章接下来的部分将对这一问题展开详细讨论，首先我们将研究盗版现象如何影响生产者和消费者的利益。

盗版会伤害生产者吗？

从表面上来看，这个问题的答案似乎是十分简单和明显的。如果消费者可以通过盗版的渠道免费获得电影和音乐，那么他们当然会因此减少对正版产品的购买。在 Napster 网站推出以后，音乐产品的销售出现了急剧下降的趋势，难道不正是因为这个因素吗？为了回答这个问题，让我们来看看从 2006 年阿尔詹德罗·詹特纳的论文中摘录的这幅图（图 6–1）。它向我们展示了 1990 年到 2003 年之间全球音乐产品销量的波动情况。

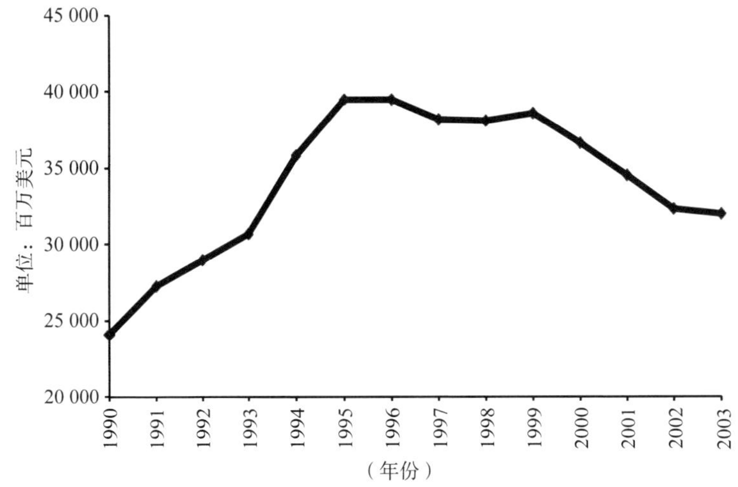

图 6–1　1990—2003 年全球音乐产品销量的波动情况

资料来源：Alejandro Zentner，"Measuring the Effect of File Sharing on Music Purchases，" *Journal of Law and Economics* 49，no.1（2006）：63–90。

从图中我们可以很明显地看出，1999 年发生了一些重要的变化。从 1999 年开始，音乐产品的销量连续 4 年大幅下跌，这 4 年间收入的总跌幅约为 25%（从峰值时的 400 亿美元下降到了 4 年后的 310 亿美元）。我们有一定的理由相信，这种销量下跌的现象可能是由数字盗版现象的盛行造成的，因为销量开始下降的时间点（1999 年）恰恰也是 Napster 网站开始流行的时间点。

然而，虽然 Napster 网站的盛行和音乐行业收入的下降之间存在关联关系，但这并不能说明数字盗版现象就是音乐行业收入下降的原因。音乐行业收入的上升和下降可能是由多种原因导致的，在世纪之交，除了数字盗版的盛行以外，还有大量其他潜在的理由可以解释音乐行业收入的下降。比如说，1999—2003 年，宽带网络的用户大幅增加，这就为消费者提供了大量新的娱乐选择。由于宽带网络的出现，消费者首次能够轻松地在家浏览网页、玩网络游戏、在网上与朋友和陌生人聊天、加入在线社交网络以及享受其他许多网络娱乐活动。这些活动当然会占去消费者的许多空余时间，因此这些消费者听音乐、读书、看电影的时间自然就变少了。也许图 6–1 显示的音乐产品销量的下降仅仅是因为消费者处理闲暇时间的方式变了，而与他们如何获得音乐产品并无关系。又或者，造成音乐产品销量下降的原因是音乐产品的销售模式从整张专辑捆绑销售慢慢转向单首歌曲的数字销售。谁又敢说如果没有盗版，这些消费者就一定会购买更多的正版音乐产品呢？在下载盗版音乐的群体中，学生占了相当大的比例，然而盗版行为本来就是学生群体中的一种典型行为（因为学生拥有大量的空余时间和较强的技术能力），考虑到学生群体的收入极为有限，即使没有盗版产品，他们也很可能不会花钱购买正版产品。如果情况是这样的，就会产生这样一个论点：既然学生可以通过免费共享文件帮助媒体公司进行全球范围内的市场营销活动，我们为什么要干涉他们的盗版行为呢？

读者可能会觉得上述讨论十分烦人，那是因为我们讨论的问题本身就是十分烦人的。在某些研究中，我们可以从理论上有力地证明盗版现象会导致正版产品销售下降，然而在另一些研究中，又有充分的理论证据显示，盗版现象对正版产品的销售并无影响，甚至还可以增加正版产品的销售。我们必须认识到，用数据来分析盗版现象对正版产品销售的影响是一项十分困难的工作。我们可以很容易地观察到在 Napster 网站流行之后，音乐产品的销量确实出现了下降，然而要想证明 Napster 网站的流行就是销量下降的原因，就必须对“如果没有盗版产品，销量会是多少”这一问题进行估计——这正是我们在本书第 3 章中讨论过的“反事实”估计。为了得到这种“反事实”的估计结果，最理想的方法是进行随机实验。然而在现实中，随机实验几乎是不可能的——我们无法完全控制一组随机的产品（或者一群随机的客户），让这组产品的盗版现象在一段时间内完全消失。

既然无法进行随机实验，我们就只能对不同产品和不同客户群体的表现进行比较了。比如盗版猖獗的产品，其正版产品的销量是否低于其他产品？大量下载盗版产品的消费者是否在正版产品上花的钱少于其他消费者？不幸的是，这些方法会产生我们在本书第 3 章中讨论过的内源性问题。在研究销量问题时，盗版猖獗的产品与盗版现象不那么严重的产品之间存在系统性的本质区别，而大量下载盗版产品的消费者与不下载盗版产品的消费者之间也存在系统性的本质区别。因为这样的原因，我们观测到的盗版现象较少的产品的销量并不能帮助我们准确地对“如果没有盗版产品，这些盗版猖獗的正版产品销量会是多少”进行“反事实”的估计。同样，我们也无法准确地对“如果没有盗版，现在大量下载盗版产品的消费者群体会怎么做”进行“反事实”估计。

虽然面对上述种种障碍，研究者仍然设计并进行了各种各样的研究，来帮助我们理解盗版现象对正版产品销售可能产生的影响。这些研究中有不少用无关联的事件（即被计量经济学家称为“工具变量”的事件）来模拟随机实验的效果。一个合格的工具变量必须能够显著影响盗版的难易度，同时又不能与正版产品的销售产生直接的关联。比如，在上文提到过的那篇发表在《政治经济学》杂志上的论文中，作者菲利克斯·奥伯霍尔策–吉和科尔曼·斯特鲁莫夫就把德国学校的假期作为工具变量，来研究盗版现象对 2002 年美国音乐产品销量的影响。为什么要通过德国学校的假期来研究盗版现象对美国市场的影响呢？作者的逻辑是这样的：当德国的学校放假时，德国的学生就有更多的时间上传盗版音乐文件与美国用户共享，而在其他方面，德国学校的假期与美国的音乐产品销售情况没有产生任何关联性，因此德国学校的假期是一个很好的工具变量。在其他一些研究中，研究者还使用过其他工具变量（比如，某些城市中宽带网络的推广、某家电视台的电视节目内容在 iTunes 商店中的上架情况或者在某一特定国家中反盗版管理措施的实施）来研究盗版现象对正版产品销量的影响。

当然，上述所有的研究都不可能是完美的。所有的实证研究都会受到统计方法及数据样本的限制，此外我们应该考虑到一组数据所产生的结果未必能够被推广到其他设置上去。因此，了解学术文献对盗版问题所做出的结论的最佳方法，就是阅读尽量多的相关发表结果，并判断在不同的环境中相同结果产生的频率究竟有多高，这正是我们与布雷特·丹纳赫合作发表的两篇论文的核心内容。我们与布雷特·丹纳赫合作撰写了《创新政策与经济》（*Innovation Policy and the Economy*）一书的其中一章（美国国家调查局于 2014 年出版了该书的一个修订版本）[12]，并在 2015 年 11 月向世界知识产权组织提交了另一篇合著论文。[13] 在这两篇论文中，我们分析评估了我们能够找到的所有经过同行评审的相关学术论文（关于盗版现象对正版产品销售的影响的学术论文）。我们一共找到了 25 篇这样的论文，[14] 其中 3 篇的结论是盗版现象没有对正版产品的销售产生影响，而另外 22 篇的结论是盗版现象对正版产品的销售产生了显著的负面影响（我们在本章的附录部分将这 25 篇论文的结果全部列在了表格中）。

虽然盗版现象对正版产品销量的影响是一个非常复杂的问题，但是当 25 篇学术论文中的 22 篇都得到了同样的结果时，我们有理由相信学术界关于这一问题的答案是相当统一和明确的。[15] 不管出于什么样的目的，显然学者对这一问题已经给出了明确的答案。在绝大多数研究中，盗版现象确实产生了我们预期的效果——通过向消费者提供免费的娱乐产品，盗版现象降低了消费者对正版付费产品的消费。

然而，盗版现象对正版产品销量的影响只是问题的一部分。至少从娱乐行业的角度来看，更重要的问题是，盗版不仅降低了正版产品的销量，还使娱乐行业难以从余下的消费者身上获取价值。这是因为，盗版现象为消费者创造了一些全新的选择，现在娱乐公司不仅需要在价格上与盗版产品竞争，还要在时间、质量、可用性等其他因素方面与盗版产品进行竞争，而这些因素正是娱乐行业目前的商业模式所依赖的基础条件。正如我们在本书第 3 章中讨论过的那样，娱乐行业赚钱的关键之一是保持对产品何时发行以及以何种形式发行的控制能力。然而有了盗版产品，消费者所面临的选择就变得和以前大不相同了。本来，在影片从院线下档后，消费者可能需要再等上好几个月，才能在 iTunes 商店中买到这部影片（标清版本的售价是 10~15 美元，而高清版本的售价是 15~20 美元）；然后消费者还需要再等上几个星期，才能够租借到该片的 DVD（DVD 的租借费用是 3~5 美元）。然而，现在这些消费者可以在网上轻松地获取高清、免费的电影文件，这些盗版文件几乎可以在任何设备上观看，而且其通常能与正版产品几乎同步出现（有时盗版文件甚至比正版产品早 1~2 周发行）。这样的情况使得娱乐产品的生产者不得不降低产品的售价并改变他们的发行策略。

当然，从消费者的角度来看，盗版似乎是一件对他们有利的事情。他们不再需要经过几个月的漫长等待，就可以轻松地获得想要观看的影片（而且可以选择想要的形式，如高清版本）。他们不再需要花高价购买一些再生产成本几乎为零的产品。这样看来，虽然盗版现象对生产者而言是件坏事，但是对消费者而言这显然是一件好事。然而，情况真的是这样吗？

盗版会伤害消费者吗

这个问题的答案是复杂的。从很多方面来看，“盗版是否会伤害消费者”比“盗版是否会影响正版产品的销量”要复杂得多。很多学者认为，虽然盗版现象会降低正版产品的销量，但是这种销量的降低仅仅反映了一种价值从生产者向消费者转移的过程，因此他们认为，如果我们只关注盗版现象对正版产品销量的负面影响，就会忽略盗版可能提供的潜在好处，其中最重要的好处是，盗版产品使得消费者能够接触和使用到他们原来不会购买的产品。确实，如果我们能够证明盗版现象不会影响新产品的生产，我们就可以得出这样的结论：盗版现象给消费者带来的好处大于盗版现象给生产者带来的坏处。[16]

然而，请注意这里的前提条件是我们必须能够证明盗版现象不会影响新产品的生产，这可是一个相当大的前提条件。如果盗版产品通过降低生产者销售某些内容的收入，使得某些类型的产品不能再为生产者产生利润，那么这样的现象难道不会伤害消费者吗？国际唱片业协会曾经指出“音乐行业是一种投资密集型的商业行业”，因此盗版现象“会使得整个行业难以继续为发掘人才进行大量常规投资”。[17] 显然，如果唱片公司、电影公司以及出版社知道，盗版会使得它们在某些类型作品上的投资回报率下降，它们在这些类型的作品上的投资意愿就会相应降低。如果娱乐行业因为盗版而降低了对新作品的投资，那么长期看来，这必然会伤害消费者的利益。

从我们的直觉上来说，上述论点十分有道理。然而，现实中，由于一系列的原因，我们很难对上面这种说法进行准确的衡量。首先，我们很难把盗版对投资的影响从其他效应中分离出来，因为促成盗版的技术创新同时也降低了生产成本，并为个体艺术家带来了更多新的创作机会，后面的两点都可能增加整体的投资并提高整个娱乐行业的产出。其次，我们很难找到一个可靠的变量来度量娱乐行业中的“投资”情况。在某些行业（比如制药业和生物技术业）中，我们可以通过研究每年颁发的专利数量来衡量公司的创新程度，然而娱乐创意产业与上述这些行业有着很大的不同。从总体上来看，在娱乐行业中，我们只能通过每年发行的新书数量、新电影数量或者新唱片数量来非常粗略地衡量整个行业的创新程度。然而在娱乐行业，数量本身并不是一种非常有用的衡量工具，尤其是当我们考虑到分布中的长尾部分正变得越来越重要的时候——长尾本身也在衡量方面带来一些问题。因此，我们所能做的就是把眼光放在那些娱乐行业一直在努力产出的高质量、高流行度的娱乐作品上，并尽量精确地去衡量这些产品在生产方面出现的变化。

不幸的是，要衡量这些高质量作品在生产方面的变化也是很困难的。因为在衡量这种变化的过程中，我们必须根据产品质量来对生产的数量进行合理调整——这样的任务从本质上来看非常难以完成。然而，在 2012 年，乔尔·沃德弗格在一项研究中直接化解了上述困难。乔尔·沃德弗格这篇论文的主要内容是研究 1999 年以后（Napster 网站于 1999 年创立）网上盗版内容对音乐作品的供给、创作及质量产生的影响。[18] 他的这项研究极具启发意义，我们在此对这一研究的具体内容做一点展开。

为了衡量音乐作品的“质量”这一非常主观的指标，乔尔·沃德弗格决定依靠群众的智慧。具体来说，他从 88 种不同的回顾“最佳”唱片排行榜（比如“滚石杂志评选：历史上最伟大的 500 张专辑”排行榜）中获取专业乐评人对音乐作品质量的评价信息。图 6–2 中的指数覆盖的时间范围是 1960—2007 年，涵盖的内容包括美国、英格兰、加拿大及爱尔兰地区的超过 16 000 种音乐作品。从图 6–2 中我们可以看到该指数向我们展示出的一些规律，音乐质量在 1960—1970 年有所上升，而在 1970—1980 年有所下降，90 年代中期音乐质量再次上升，而 90 年代后期又一次回落，2000 年之后的音乐质量总体来说相对平稳。这一指数显示，早在 1999 年 Napster 网站创立之前很久，音乐作品的质量就已经进入了下降过程，而在 Napster 网站创立之后，音乐的质量保

图 6–2　根据专业乐评人意见得到的质量指数

资料来源：乔尔·沃德弗格，“Copyright Protection，Techno-logical Change，and the Quality of New Products：Evidence from Recorded Music since Napster，” *Journal of Law and Economics* 55（2012），no.4：715–740，figure 3，page 722。

持在比较稳定的水平，乔尔·沃德弗格认为从他的数据来看“没有证据显示在Napster网站创立之后发行的音乐作品质量有所下降。”[19]除了研究专业乐评人的意见，乔尔·沃德弗格还通过电台播放情况和唱片销量等不同的角度构建了其他衡量音乐作品质量的指数，这些指数也同样印证了Napster网站没有降低音乐作品质量的结论。

我们应该怎样解释这个结论呢？为什么当音乐行业的收入大幅下跌的时候，行业制作的音乐作品的质量却能够保持稳定呢？收入降低不是应该导致投资降低，从而拉低音乐作品的质量吗？

一种比较合理的解释是：在1999—2008年，盗版并不是影响音乐行业的唯一因素。在20世纪90年代末发生了一场技术革命，这场技术革命通过大幅降低音乐作品的创作、宣传和发行成本，从本质上改变了音乐行业的基本特征。今天，歌手可以直接购买相关软件来进行歌曲的灌录，而这些软件产出的作品质量完全可以达到过去只有昂贵的专业录音棚才能达到的灌录质量。技术的革新不仅消除了音乐制作环节的垄断现象，还消除了大型唱片公司对音乐宣传环节的控制——如今Pandora、Last.fm等渠道让各种类型的艺人以较低的成本对自己的作品进行宣传。在发行方面也是一样。正如我们在第2章讨论过的那样，在CD的年代，唱片的发行市场被几家大型唱片公司和大型零售商垄断，艺人要想推广发行自己的作品，就必须与这几家大公司合作。而今天，艺人几乎可以以零成本在iTunes商店等渠道上发行自己的作品。

简而言之，在Napster网站创立后的时间段同时发生了两种变化：一是盗版音乐内容更容易获得了；二是技术革新使得生产、宣传和发行音乐作品的成本大幅降低了。因此，当我们研究 Napster 网站创立以后音乐作品质量的变化时，我们只能看到上述两个因素共同作用的结果，而无法将盗版的影响单独分离出来。我们无法知道如果这一时间段音乐的生产、宣传和发行成本保持不变的话，盗版是否会对音乐产品的供给产生伤害。为了寻找这个问题的答案，让我们更深入地看一看电影行业的情况。电影的制作成本比唱片的制作成本要高得多，因此如果电影行业的收入大幅下降的话，我们应该会看到电影的生产和供给随之严重下降——降幅应该远大于音乐行业。这种横向的对比能够帮助我们更好地把盗版对娱乐产品供给的影响单独分离出来，但是我们仍然面临乔尔·沃德弗格研究（对 1999 年之后盗版对音乐作品销售所产生的影响的研究）中所面临的问题。撼动了音乐行业基础的商业扩张过程和技术变革在这一时段也同样引起了电影行业的地震，这些重要变化出现的时间段恰好与盗版盛行的时间段重合。

我们的研究真正需要的设定是这样的：某种新的技术使盗版变得更容易，而同时这一技术变革并不能显著改变娱乐行业的其他方面。为了找到符合这两个条件的情况，我们需要回到 80 年代中期，看看录像带的出现在印度引起了怎样的结果。

20 世纪初，印度就已经是世界电影的主要产出地之一。在印度，进行电影制作的主要动机是对利润的追求，而电影生产商也可以比较自由地进入或退出电影市场。在录像带出现之前，对电影进行盗版是非常困难的，因此盗版现象几乎不存在。也就是说，只要监测 20 世纪 80 年代至 90 年代初印度电影市场的变化，我们就可以看出以录像带为基础的盗版行为如何影响电影的供给和需求——因为在上述时段，印度并没有出现能显著改变电影制作和发行成本结构的技术变革。

那么在这个时间段的数据中我们可以看出些什么呢？2014 年，我们与乔尔·沃德弗格合作进行了一项研究，我们一起对 1985 年之前印度电影行业的数据和 1985—2000 年间印度电影行业的数据进行了比较。通过比较我们发现，由于以录像带为媒介的盗版现象的盛行，印度电影业的利润出现了大幅下滑——这一结果并不难预料，毕竟盗版总是会拉低正版的销量，这是学术界研究者的共识。但同时我们的这篇论文还分析了同一时段印度电影行业产出的变化，在这一点上我们得出的结果相当出乎意料，并且其足以让持“盗版只是一项没有受害人的犯罪”观点的人哑口无言。我们的数据显示，1985 年以后，印度电影的发行数量显著下降（如图 6–3 所示），同时印度电影的质量也发生了显著的滑坡（我们以 IMDb 网站评分作为电影质量的评判标准，结果如图 6–4 所示）。[20]

我们认为，对上述结果的最佳解释是：盗版录像带的盛行是印度电影发行数量和质量双双下滑的罪魁祸首。这样的解释又为我们带来了一项重要的新发现：盗版确实会降低娱乐公司创造新产品的动力，至少在 1985—2000 年的印度是这样的。

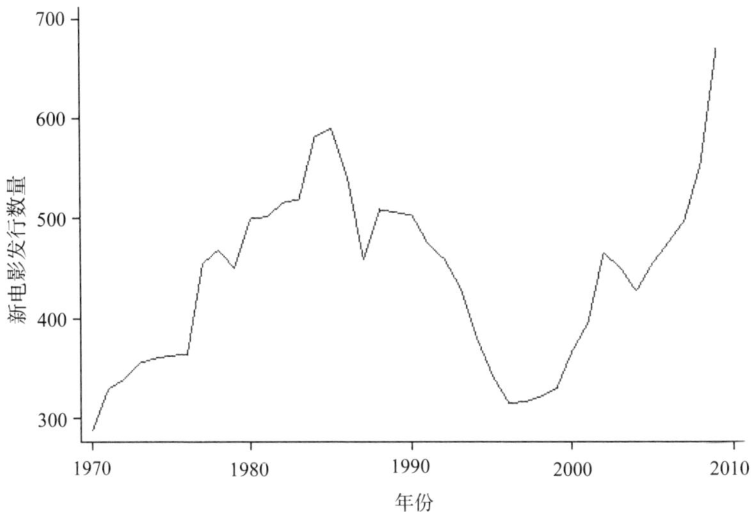

图 6–3　印度电影的年度发行情况

资料来源：IMDb 网站，1970–2010 年。

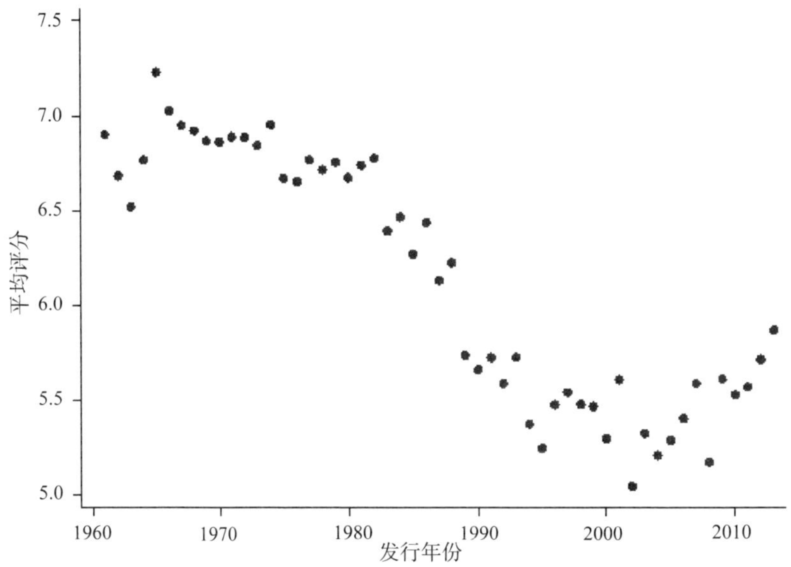

图 6–4　IMDb 网站用户对印度电影的评分情况

* * *

于是，这又将我们带回到本章的开头。对20世纪80年代在印度长大的人而言，甚至对20世纪80年代在华盛顿郊区长大的人而言，我们很容易认为盗版现象并不会伤害任何人。然而，很多年以后，在对手头的数据进行仔细分析后，我们不得不面对与之相反的结论：盗版不仅会伤害生产者，也会伤害消费者（如果盗版导致某些类型的作品不再能为生产者产生利润的话）。

那么如何解决这一问题呢？首先要看你对“解决”的定义是什么。如果你认为“解决问题”意味着完全消除电子盗版现象，那么很遗憾这个问题恐怕是无解的。只要娱乐产品能被数字化，人们就总会找到这样那样的方式来复制这些文件，并在网上把这些文件与朋友或陌生人分享。由于完全消灭数字盗版现象的方法是不存在的，因此有的人可能会认为，政策制定者应该干脆放弃在这方面的努力，把重点转到另一个方向上去，即如何让收入在不同行业之间实现再分配。《纽约时报》的科技联络员尼克·比尔顿就曾在2012年提出过上述观点。[21] 尼克·比尔顿在一篇名为《网上盗版永远会赢》（Internet Pirates Will Always Win）的社论对页版中清楚地指出：与盗版做斗争是毫无意义的。比尔顿写道：“打击网上盗版就像是一场世界上最大规模的打地鼠游戏，打下去一只，还会有无数只继续冒出来。地鼠冒出来得很快，而我们的锤子又重又慢。”这是一个颇具感染力的比喻，而且也确实有一定的道理。盗版者总是能够找到骗过内容识别系统的办法，关闭一些盗版网站以后总会有另一些盗版网站前赴后继地冒出来，而新的文件共享协议也确实会让监控盗版行为变得更加困难。然而，在发表上述观点的时候，尼克·比尔顿显然没有参考过网络价格竞争的历史。在 1998 年的时候，传统智慧告诉大家：互联网的推广会让消费者轻松地找到商品全网的最低价。对这一观点，罗伯特·库特纳在 1998 年 5 月 11 日的《商业周刊》(*Business Week*) 上做了如下总结："互联网市场是一个几乎完美的市场，因为信息可以瞬间传播，而且买家可以对全球范围内的所有卖家进行比价。这样的情况必将导致极其激烈的价格竞争，减少产品差异性，并且使得消费者对品牌的忠诚度不复存在。"[22]

显然，在当时看来，库特纳上述的观点很有说服力。要是你能很轻松地找到更低价格的话，为什么还要花高价购买某个产品呢？然而，这样的观点忽略了一个重要的因素，那就是产品的差异性。如果商家可以在可靠性、便利性、服务、质量或时效性等方面让自己的产品区别于其他产品，那么即使消费者知道可以在别处以更低的价格买到类似商品，他们也常常愿意愉快地多掏腰包购买价格稍高的产品。

比如，在我们与埃里克·布莱恩约弗森合作发表的一篇论文中，我们分析了比价网站（又称"购物机器人"）上的消费者行为。[23] 通过对数据的分析，我们能够看到比价机器人用户（我们有理由相信，使用购物机器人的消费者可能是网上消费者中价格敏感度最高的用户群）在面对一系列报价结果时的行为模式。数据显示，当亚马逊网站和其他知名度较低的书籍零售网站（如

1Bookstreet、AltBookstore、BooksNow等）同时出现在报价结果中时（显示在同一网页上，都能够一键转链），消费者仍然愿意多花几美元在亚马逊网站购书。

那么这一结果和反盗版管理有什么关系呢？关系可大了。让我们来考虑数字媒体空间的情况。娱乐创意产业的公司及其合法网络发行伙伴扮演的正是上述例子中亚马逊网站的角色，而盗版网站的角色相当于那些知名度较低的书籍零售网站（如1Bookstreet、AltBookstore、BooksNow等）。如果娱乐企业能够合理运用产品差异化策略（比如，娱乐生产商可以利用iTunes商店或Hulu提高产品发行的便利性、质量以及可靠性），有一部分消费者就可能愿意通过合法渠道购买娱乐产品（即使他们知道免费盗版产品的存在）。

但是，“如果……就可能……”的论断显然只是一种推测，而不能当作证据。那么，有没有证据显示，在iTunes、Hulu等渠道上发行正版产品确实能够促使某些消费者放弃盗版产品而进行正版产品的消费呢？我们在两种不同的设定下对这一问题进行了研究，并得到了肯定的答案。

为了研究iTunes渠道发行所产生的效应，我们与某大型电影公司合作，分析了这样一个问题：当电影公司将一些比较老的“目录”影片放到iTunes商店时，这些影片的盗版行为会发生怎样的变化？我们的样本中包括48个国家或地区的超过1 000部“目录”影片，这些影片于2011年2月—2012年5月期间在iTunes上发行。我们的研究结果显示，与控制组的相似影片（没有在 iTunes 上架或下架的影片）相比，在 iTunes 商店发行的这些影片的盗版需求量下降了 6.3%。

通过研究 ABC（美国广播公司）将电视节目加入 Hulu 网站（这一事件发生于 2009 年 7 月 6 日）后盗版情况的变化，我们发现 Hulu 渠道的情况和 iTunes 渠道的情况是相似的。在这项研究中，实验组的产品是 ABC 电视台于上述日期放上 Hulu 网站的 9 部电视剧，而控制组的产品是并没有在 Hulu 网站上架或下架 62 部的电视剧。此项研究的结果如图 6–5 所示。图 6–5 比较了 2009 年 7 月 6 日前后 4 周中实验组电视剧和控制组电视剧的盗版情况。[24] 从图 6–5 中我们可以看出，在 2009 年 7 月 6 日之前的 4 周中，实验组和控制组电视剧的盗版率差不多，而在 ABC 电视台将实验组的 9 部电视剧放上 Hulu 网站之后，实验组电视剧的盗版率与控制

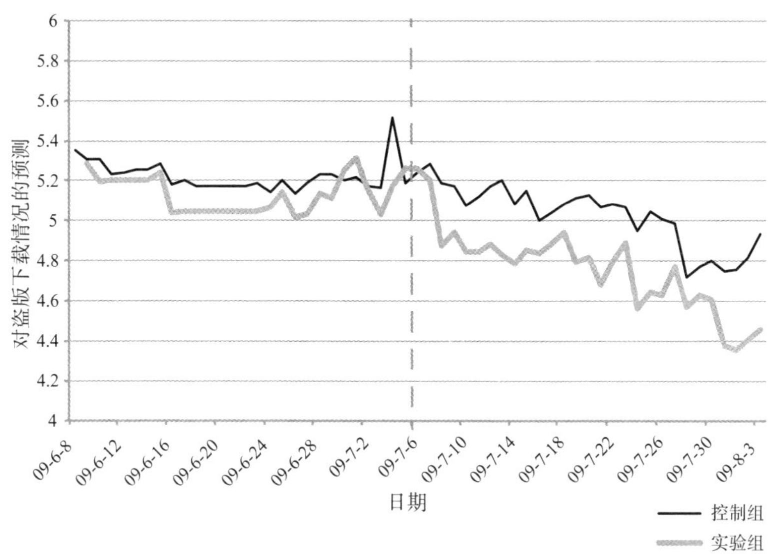

图 6–5　ABC 电视台将节目内容放在 Hulu 网站之前与之后的盗版情况对比

组电视剧的盗版率相比显著下降。实验组的电视剧在 Hulu 网站上架以后，盗版率下降了 16%。

简而言之，正像亚马逊网站可以通过提高服务质量、便利性以及可靠性来让自己的产品区别于其他低价竞争者的产品一样，娱乐公司也可以用同样的方式来与免费盗版产品竞争，而竞争的重点应该放在可靠性、便利性以及消费合法正版产品带给消费者的满足感上。

* * *

在与盗版做斗争的过程中，娱乐创意产业手中还有另外一件重要的武器。它不仅可以控制自身产品的差异性（就像亚马逊网站在与其他图书销售网站竞争时可以控制自己的产品和服务那样），还可以与政府合作加强反盗版力度，使得消费盗版产品变得更困难，或者法律风险更大。通过加强反盗版措施的力度，娱乐公司可以努力降低盗版竞争者的产品的便利性、质量以及可靠性，这是扩大正版产品和盗版产品差异性的另一条途径。

既然娱乐公司有能力拿起法律武器与盗版现象做斗争，这就引出了本章的最后一个重要问题：各种形式的反盗版干预措施究竟能不能促使消费者放弃盗版产品，转而消费正版产品呢？为了回答这一问题，我们对三类非常不同的反盗版干预措施的效果进行了研究，这三类反盗版措施分别是：针对盗版需求侧的警告发送系统，针对盗版供给侧的网站关闭措施，以及同样针对盗版供给侧的网站屏蔽措施。我们的研究发现，上述三类措施都能够有效地促使消费者放弃盗版产品，转而进行正版消费。

比如，2012 年我们研究了法国 2009 年通过的一项反盗版法律的效果，该法律的主要内容是给盗版消费者发送警告，这一法案通常被称为“HADOPI 法案”。HADOPI 法案只对法国的消费者有影响，因此我们可以把法案实施后 iTunes 商店在法国的销售情况（实验组）和 iTunes 商店在其他统计上与法国类似的国家的销售情况（对照组）做对比，从而将该法案对消费者行为的影响从其他因素的影响（比如季节性因素、苹果产品的发布因素等）中分离出来，因为其他的这些影响因素不仅会影响法国的消费者，也会影响对照组国家的消费者。我们的数据显示，上述反盗版法案的实施造成法国的音乐产品销售额比对照组国家提高了 20%~25%。[25] 此外我们还发现，盗版现象严重的音乐类型（比如说唱、嘻哈、摇滚）在上述法案实施后销量增幅大于盗版现象不严重的音乐类型（如古典、爵士、民谣、基督教音乐），这一结果和我们的预期是一致的，显然说唱、嘻哈、摇滚等音乐类型的消费者受上述法案的影响更大。这些结果说明，通过提高消费者消费盗版音乐的法律风险，这一法案成功地促使了一些消费者放弃盗版产品，转而购买正版产品。

2014 年，我们又研究了另一种反盗版措施的效果，这类措施主要通过将盗版网站整体关闭来影响盗版的供给侧。我们研究的主要内容是 Megaupload 网站关闭后产生的效应。Megaupload 网站为大量盗版内容提供存储服务，在被关闭之前，该网站存储了超过 25 拍字节[①]的严重侵权内容，其流量占到了互联网总流量的 4%。[26]经过由美国司法部领导的极为复杂的法律诉讼和执行过程，Megaupload 网站终于在 2012 年 1 月被完全关闭。在我们的研究中，Megaupload 网站的关闭是对网上盗版内容获取难易程度的一个自然冲击。

然而，由于 Megaupload 网站在全球范围内被同步关闭，我们无法比较受此影响的国家和不受影响的国家在销量变化方面的区别（这是我们在研究 HADOPI 法案的效应时所采取的方法）。然而，我们知道这样一个事实，那就是 Megaupload 网站在某些国家的流行程度要远远超过在另一些国家的流行程度。基于上述事实，我们可以设置这样一个假说：如果 Megaupload 网站的关闭确实能够影响消费者的行为，那么在 Megaupload 网站比较流行的国家，消费者行为的变化幅度应该大于 Megaupload 网站不流行的国家中消费者行为的变化幅度。通过对数据的分析，我们确实发现了上述变化幅度方面的区别。

在这项研究中，我们分析了 Megaupload 网站关闭后 12 个国家中数字电影的销售数据。我们发现，相较 Megaupload 网站使用强度较小的国家而言，对 Megaupload 网站使用强度较大的国家中，电影销量（对比历史正常值）在网站关闭后的上升幅度更大。[27]我们利用这样的结果进一步估计，发现在我们的样本中，Megaupload 网站的关闭导致数字电影的销售额上升了 6.5%~8.5%。

---

① 1PB=1 024TB。——编者注

于是，我们可以得出这样的结论：关闭大型盗版网站确实能够让一些消费者放弃盗版产品，转而购买正版娱乐产品。

然而，要将一个盗版网站完全关闭是非常困难的，尤其是当盗版网站使用境外服务器的时候更是如此。比如，Megaupload 网站的关闭靠的是 9 个国家的执法部门的精诚合作，以及 20 项搜查令的同步实施。[28] 鉴于关闭网站的执法难度太高，很多国家采取了一种相对简单的反盗版措施：屏蔽本国用户对盗版网站的访问权限。一旦某网站通过法庭程序被鉴定为促进盗版现象，该国的执法机构就可以要求国内的网络服务供应商禁止用户访问该网站，这就是网站屏蔽法令起效的机制。然而，技术水平较高的用户总是能够找到这样那样的方法绕过屏蔽，继续访问这些盗版网站。这就引出了这样一个问题：既然网站屏蔽措施无法完全杜绝对盗版网站的访问，那么这样的措施到底能不能对消费者的行为产生显著影响呢？为了探索这一问题的答案，2015 年我们研究了英国的一些网站屏蔽管理条例的效果。在这项研究中，我们主要搜集了两方面的数据：一是用户访问被屏蔽的盗版网站的数据；二是用户访问合法网站的数据。我们采用的研究方法和研究 Megaupload 网站关闭效应的方法类似：如果网站屏蔽措施确实能够影响消费者的行为，那么经常访问被屏蔽网站的用户行为的变化幅度应该大于较少访问这些网站的用户。[29] 我们的数据显示，上述假说中的情况确实存在，但这次的情况和 Megaupload 网站关闭效应中的情况稍有不同。我们发现，在英国政府 2012 年 5 月完全屏蔽一个流行度很高的盗版网站以后，该举措对合法网站的访问情况并无影响，也就是说，以前访问该盗版网站的用户并没有转而访问合法网站，而是转向了其他盗版网站。我们的研究还发现，在2013年年末19家盗版网站被同步屏蔽以后，用户对正版电影视频流网站的访问次数上升了12%。正如我们预期的那样，在经常访问盗版网站的用户中，这一增幅（23.6%）大大高于偶尔访问盗版网站的用户（3.5%）。因此我们的研究结果显示，网站屏蔽措施虽然是不完美的，但其仍然可以产生正面效应。当获取盗版内容变得足够困难时，一些原先使用盗版内容的消费者会转而购买正版娱乐产品。

如果要用一句话概括上述所有内容，那便是：乔布斯是对的。我们永远不可能完全杜绝盗版，因此我们所能做的就是同盗版竞争。而我们的数据和研究结果进一步告诉我们，与盗版进行竞争的形式有两种：一是让收费的正版产品变得更容易使用、更方便、更可靠；二是让盗版产品变得更难以使用、更不方便、更不可靠。对娱乐产品的生产商而言，这显然是一个好消息。如果盗版是娱乐创意产业面临的唯一威胁的话，那么这些反盗版、支持市场行为的策略应该能在很大程度上保证大型娱乐企业的商业模式在未来几年中继续健康地存在下去。然而，在我们对“长尾”问题的讨论中已经提到过，盗版并不是大型娱乐创意行业面临的唯一威胁。在下一章，我们将继续讨论大型娱乐创意行业面临的另一项重要威胁：艺人创作和发行作品的新渠道和新机会，以及随之而来的“自制”娱乐产品的井喷现象。

附　录

表 6–1 总结了一些经过同行评审的论文，这些论文的结论是“盗版现象在统计上对正版产品的销售无显著影响”。表 6–2 则列出了另一些经过同行评审的论文，这些论文的结论是“盗版现象确实对正版产品的销售起到了负面影响”。

表 6–1　认为“盗版现象在统计上对正版产品的销售无显著影响”的经过同行评审的论文

	主要数据	结论
Oberholzer-Gee and Strumpf（2007，*J. of Political Economy*）	2002 年 OpenNap 网站的音乐下载量，2002 年美国流行音乐专辑的销量	在我们的样本中，文件的共享行为对专辑的平均销量没有造成统计上显著的影响
Smith and Telang（2009，*MIS Quarterly*）	2005—2006 年亚马逊网站 DVD 的销量排行，以及同一时段 BitTorrent 网站电影文件的下载量	（电视节目）是否有盗版版本可供下载不影响节目播出后的 DVD 销售收入
Andersen and Frenz（2010，*J. of Evolutionary Economics*）	2006 年一项针对加拿大消费者的文件共享行为和 CD 购买行为的调查问卷	P2P 文件下载数量与 CD 销售数量之间不存在统计上的联系

表 6–2　认为“盗版现象确实对正版产品的销售起到了负面影响”的经过同行评审的论文

	主要数据	结论
Hui and Png（2003，*Contrib. to Economic Analysis & Policy*）	1994—1998 年国际唱片业协会的全球 CD 销量数据，以及物理盗版率	盗版数量的上升导致市场对音乐 CD 产品需求的下降，这说明盗版的偷窃效应超过了盗版可能带来的正面效应

（续表）

	主要数据	结论
Peitz and Waelbroeck（2004，*Rev.of Econ.Res. on Copyright*）	1998—2002 年全球 CD 销量数据，IPSOS 关于盗版下载的调查问卷数据，1997—2002 年关于音乐销量和宽带使用的国家层面数据	在 1998—2002 年，根据我们的数据估计，由于 MP3 文件的下载现象，CD 产品的销量下降了 20%
Zentner（2005，*Topics in Economic Analysis and Policy*）	1997—2002 年关于音乐销量和宽带使用的国家层面数据	互联网及宽带渗透程度较高的国家音乐产品销量的下降幅度更大
Stevens and Sessions（2005，*J.of Consumer Policy*）	1990—2004 年消费者在卡带、黑胶唱片及 CD 产品上的花费	2000 年以来 P2P 文件共享网络的流行导致各类音乐产品的销量下降
Bounie et al.（2006，*Rev. of Econ.Res.on Copyright*）	2005 年法国几所大学对电影购买和盗版情况的调查	“盗版现象对正版录影产品（录像带和 DVD）的销售收入和租赁收入产生了显著的（负面）影响”，但对院线的票房收入没有产生统计上显著的影响
Michel（2006，*Topics in Economic Analysis and Policy*）	1995—2003 年美国劳工部对微观消费者支出的调查数据	由于盗版现象的盛行，“电脑的拥有率与音乐产品购买之间的关系变弱了”，这一效应导致 CD 的销量下降了 13%
Rob and Waldfogel（2006，*J. of Law and Economics*）	2003 年针对美国大专院校学生正版消费及盗版使用行为的调查	在我们的样本中，每一次的专辑下载会导致音乐购买下降 0.2，而盗版产生的实际负面影响可能比这一估计数值还要高得多
Zentner（2006，*J. of Law and Economics*）	2001 年针对欧洲音乐正版消费及盗版使用行为的调查	盗版行为或许可以解释消费者购买音乐产品的可能性下降幅度为 30% 的原因
Bhattacharjee et al.（2007，*Management Science*）	1995—2002 年告示牌排行榜 100 榜单数据，WinMX 文件共享发布量 2000	P2P 文件传输技术导致“除了那些一开始就高居排行榜前列的唱片，其他唱片在排行榜上持续存在的概率显著降低”
DeVany and Walls（2007，*Rev.of Industrial Organization*）	某部未透露具体名称的电影的票房收入及该片的盗版供应情况	盗版现象导致这部由某大型电影公司出品的电影票房收入快速下降，该片的总体收入损失约为 4 000 万美元

（续表）

	主要数据	结论
Hennig-Thurau，Henning，Sattler（2007，*Marketing Science*）	2006 年对德国电影购买和盗版意图的调查问卷	在德国，盗版现象导致了影院票房收入和 DVD 租赁及销售收入的显著下降，每年造成的总收入损失达到 3 亿美元
Rob and Waldfogel（2007，*J.of Industrial Economics*）	2005 年对宾夕法尼亚大学学生的电影购买及盗版使用行为的调查问卷	首次不付费的盗版消费行为使得正版消费下降了约 1 个单位
Liebowitz（2008，*Management Science*）	1998—2003 年关于宽带网络使用和音乐购买行为的统计数据	我们在 1998—2003 年间观察到的唱片销售数量的整体下滑似乎完全是由文件共享现象造成的
Bender and Wang（2009，*International Social Science Rev.*）	1999—2007 年国家层面上的年度灌录音乐产品销量	盗版率每上升 1%，音乐产品销量就会相应下降 0.6%
Danaher et al.（2010，*Marketing Science*）	2007—2008 年 BitTorrent 网站电视节目的下载数量	将 NBC 台的电视节目从 iTunes 商店中移除导致这些节目的盗版数量上升了 11.4%
Waldfogel（2010，*Information Economics and Policy*）	2009—2010 年对沃顿商学院学生音乐购买及盗版使用行为的问卷调查	每增加 1 首盗版歌曲会导致这首正版歌曲的销量下降 1/6~1/3
Bai and Waldfogel（2012，*Information Economics and Policy*）	2008—2009 年对中国大学生观影行为的问卷调查	中国学生的电影消费行为中 3/4 是不付费的盗版消费。每 1 次盗版消费行为取代 0.14 次付费正版消费行为
Danaher et al.（2013，*J.of Industrial Economics*）	2008—2011 年法国及其他欧洲国家的 iTunes 商店音乐销售额度	与控制组（的国家）相比，法国 HADOPI 反盗版法的实施导致法国 iTunes 商店的音乐销量上升了 22%~25%
Hong（2013，*J.of Applied Econometrics*）	1996—2002 年美国劳工部消费者支出调查问卷中的数据	在 Napster 网站运行期间，影片总体销量下降 20%，文件共享行为可以对这一现象进行解释。这种文件共享行为主要由拥有 6~17 岁孩子的家庭的下载行为驱动
Danaher and Smith（2014，*International J. of Industrial Organization*）	2011—2013 年 12 个欧洲国家中三大主要电影公司电影产品的销售和租赁数据	Megaupload 及其附属网站的关闭使得三大主要电影公司的数字销售收入上升了 6.5%~8.5%

（续表）

	主要数据	结论
Ma et al.（2014，*Information Systems Research*）	2006 年 2 月—2008 年 12 月，所有大规模发行影片的票房收入	与电影发布后的盗版行为相比，电影发布前发生的盗版行为导致电影收入下降了 19.1%
Adermon and Liang（2014，*J. of Economic Behavior & Organization*）	瑞典、挪威、芬兰这三国在 2004—2009 年间的音乐销量（包括电子版的音乐产品和物理版的音乐产品）	在瑞典的 IPRED 版权改革措施推行的前 6 个月中音乐销量上升 36%。由此，我们可以看出盗版音乐对正版音乐的销售具有很强的替代作用

第 7 章　权力属于人民

到目前为止，我们这些拍电影、电视剧的人一直等着人才来找我们。我们手中握有王国的钥匙，任何人要想让观众看到他们的作品，就必须带着作品来我们这里。但现在，这样的情况已经开始发生改变，并且改变的速度非常之快。

——凯文·斯佩西，2013 年詹姆斯·麦克塔戈特纪念演讲，《卫报》爱丁堡国家电视节

正如我们在本书第 2 章中讨论过的那样，曾经作家、音乐家、演员都需要看几家大型娱乐公司的脸色来生存。要想获得创作作品所必需的资金和专业制作团队，要想获得向观众发行自己的作品所必需的稀缺的宣传和发行渠道，他们唯一的方法就是与几家大型出版商、唱片公司和电影公司签订合同。然而，正如凯文·斯佩西所说的那样，这样的情况现在正在飞速地改变，产生这些变化的原因有以下几点。

第一，由于制作娱乐作品的成本已经降到了很低的水平，现在普通大众也可以自费产出具有专业品质的娱乐产品。对很多类型的娱乐作品而言，艺人已经不再需要昂贵的设备来支持他们的创作了。比如说，奥斯卡金像奖获奖纪录片《6 号小姐：音乐把我拯救》（*The Lady in Number 6*）就是由摄影师基兰 · 克莱利用一台佳能 5D Mark Ⅲ相机拍摄出来的，一台这样的相机在亚马逊网站上仅售几千美元。[1] 很多发行的主流影片——包括 2010 年和 2011 年金像奖最佳剪辑奖的获奖影片都是用一种名为 Final Cut Pro 的视频编辑软件剪辑完成的，而这种软件的售价仅为 300 美元。[2]

第二，专业制作设施的成本也已经大幅下降，因此现在许多艺人都有能力租用具有专业水平的制作设施。在 YouTube 网站上，任何订阅人数超过 5 000 的创作人都可以加入 YouTube 网站的伙伴合作项目，并且可以使用一套名为“YouTube Space”的制作设施。洛杉矶、纽约、东京、伦敦、柏林、孟买以及圣保罗等城市都有这套制作设施，在那里 YouTube 上的创作人可以使用具有专业品质的制作和剪辑设备，他们还可以参加化妆、设计、摄影方面的培训课程。

第三，现在雇用自由职业的各种创作人才推进和完成创作项目已经变得越来越容易了。浪漫小说家芭芭拉 · 福里希就是通过这样的方法在国际范围内发行了她的几本绝版小说。在发行这几本小说的过程中，芭芭拉 · 福里希没有求助于出版公司的职员，而是使用了 Elance 网站。在 Elance 网站上人们可以轻松地找到提供各种专业服务的自由职业者，芭芭拉 · 福里希就是在这个网站上雇用了自由职业的译者和编辑，通过他们将自己的小说翻译出版了德文版、西班牙文版以及法文版。[3]

在生产环节以外，一些创作者也试图使用各种技术手段将作品的创作过程众包出去。被称为“印度广播界的花衣魔笛手①”的尼乐什·米斯拉就是使用众包的方法制作自己主持的广播节目《记忆白痴盒》（*The Idiot Box of Memories*）的。《记忆白痴盒》节目在印度拥有4 200万名听众，并且最近这一节目播出的渠道扩展到了脸书和YouTube网站。[4]《记忆白痴盒》节目于每周的5个工作日播出，其主要内容是15~20分钟的关于印度人每日生活的故事。在一年的时间里要寻找到200多个故事的创意，这显然是一项非常艰巨的任务。那么尼乐什·米斯拉从哪里寻找这些在节目中播出的故事呢？当然是从他的听众中寻找。尼乐什·米斯拉在印度各地出资筹办了各种写手俱乐部，这些俱乐部的成员会为他写出数千个各式各样的故事并且一一读给他听，尼乐什·米斯拉则会从中挑出最精彩的故事在他的广播节目中播出。

新的技术变革还使得普通大众能够更容易地接触到各种各样的作品销售平台，比如苹果公司的iBooksStore、亚马逊网站的Kindle直接出版项目（书籍出版项目）、BandCamp、PledgeMusic、亚马逊网站的Artist Central（音乐出版项目）以及YouTube的合作伙伴项目（视频类内容出版项目）。数字发行技术所具有的灵活性使得创作者能够挣脱唱片、电影、电视剧以及书籍创作的传统

① 花衣魔笛手：在德国的民间故事中，有一位穿着花衣的魔笛手，只要他吹起手中的魔笛，人和动物就会跟着他走向任何地方。——译者注

模式。比如，奥利弗·布劳迪的回忆录《圣徒》讲的是与一位甘地纪念品收藏家一起旅行的故事，这本书的字数约为 28 000 字，在杂志上发表显得太长，单独成书又显得太短。然而这本在传统图书发行市场上很难占有一席之地的作品在亚马逊的 Kindle 平台上获得了不俗的销量。[5]

此外，在融资方面，创作者也面对着越来越多的机会。2012 年，为了筹集《伊卡洛斯的骗局》（*The Icarus Deception*）一书的出版资金，塞思·戈丁在 Kickstarter 网站上发起了众筹。不到 4 小时的时间他就获得了 4 万美元的资金，[6] 整个众筹项目共获得资金 28 万美元。[7] 一年以后，同样是在 Kickstarter 网站上，电视剧《维罗妮卡·玛斯》（*Veronica Mars*）的创作团队在不到 10 小时的时间里筹集到了 200 万美元的资金，[8] 该众筹项目筹集的资金总额达到 570 万美元。[9] 此前，《维罗妮卡·玛斯》一剧未能从 UPN 和 CW 两家网络电视台那里获得第四季的续约权，而该剧的制作团队用上述众筹资金制作了一部关于维罗妮卡·玛斯的加长版电影。[10]

对娱乐行业而言，上述的所有变化究竟意味着什么呢？为了更好地回答这个问题，让我们首先讨论一下这些变化不意味着什么。首先，这些变化并不意味着电影公司、出版商以及唱片公司不再有存在的价值了。这些大型娱乐公司仍将继续为艺人提供制作设施和专业技术方面的支持，它们也将继续为艺人提供宣传作品所需的资金和发行渠道。但是，尽管如此，我们仍然有理由相信，上述的这些变化已经威胁到了大型娱乐公司长期持有的市场权力和利润份额，因为在娱乐作品的生产和发行环节，越来越多的 DIY（自己动手做）元素会改变这些大型娱乐公司与艺人、消费者、现存商业伙伴以及发行商的关系，从而使这些大型娱乐公司的影响力有所下降。在本章接下来的内容中，我们将逐一讨论大型娱乐公司与以上四组人群之间的关系。首先我们要谈到的是大型娱乐公司与艺人的关系。现在，在新技术的帮助下，艺人拥有了作品创作和向受众推广作品的很多全新的机会，因此他们已经不一定需要这些娱乐行业“守门员”的帮助了。

艺人

如果你和你的朋友具有歌曲创作和即兴喜剧创作方面的天赋，你们想要以两位重要历史人物的对决为主题创作一系列幻想音乐剧的话，那么你们准备怎么办呢？如果你的兴趣是创作浪漫吸血鬼小说，你希望自己的作品能被年轻读者读到，那么你准备怎么办呢？又如果你对舞蹈动作的设计以及嘻哈小提琴音乐有一些独特的见解，那么你准备怎样让公众接触到你的这些见解呢？就在不久以前，除非你是一位知名艺人，否则你几乎不可能有机会说服娱乐行业的“守门员”接纳你的创意，也不可能把你的这些创意带到观众面前。然而，今天，你实现这些梦想的概率已经大大增加了。事实上，上面我们所描述的这几种情境都是根据现实世界中的成功故事改编而来的。

首先让我们来讲一讲彼得·沙科夫和劳埃德·埃奎斯特的故事。他们创造了“音乐家对决”这种娱乐形式，并掀起了一股音乐家对决的网络热潮。两人的合作始于20世纪90年代末，当时劳埃德·埃奎斯特将彼得·沙科夫招入了他的即兴喜剧团队“即兴任务”。“即兴任务”喜剧团主要在各大校园以及小型喜剧俱乐部中巡回表演，他们表演的常规项目之一是请观众随意挑选两名历史人物，然后表演者进行这两人之间的即兴说唱对决。到了2009年，彼得·沙科夫已经拥有了自己的YouTube喜剧频道，他相信“即兴任务”喜剧团的说唱对决表演非常适合以事先录制的形式制作，因为这样他和劳埃德·埃奎斯特就能有更多的时间研究角色、设计舞台互动并且加入更加复杂、专业的音效和视觉效果。彼得·沙科夫和劳埃德·埃奎斯特决定把这一想法投向市场。

那么，他们具体是怎么做的呢？他们首先需要考虑的问题是资金的来源。在20世纪90年代末期，制作专业的视频节目需要租用专业设备和非常昂贵的制作设施。然而到了2009年，每一位智能电话用户的口袋中都放着现成的高像素录像镜头，而专业的视频剪辑和音频制作软件也只需要几百美元就可以得到。因此，彼得·沙科夫和劳埃德·埃奎斯特只用了50美元的预算，就制作出了他们作品系列中最初的三个视频。[11]

同样，在2009年的时候，新技术已经为娱乐行业引入了新的发行渠道，因此彼得·沙科夫和劳埃德·埃奎斯特既不需要将他们的创意硬塞入30分钟的标准电视剧播出时段，也不需要把他们的点子推销给电视台的行政管理人员。用户可以在2005年创立的YouTube网站上传几乎任意长度的视频。

那么制作方面的专业技术和创意支持又来自哪里呢？彼得·沙

科夫在 YouTube 网站上找到了一些关于视频制作的教学视频，他通过观看这些视频精进自己的视频制作能力。[12] 而在创意支持方面，彼得 · 沙科夫和劳埃德 · 埃奎斯特并没有雇用写手团队，而是向订阅他们 YouTube 频道的观众征求相关创意。当其中一位粉丝建议他们表演约翰 · 列侬和比尔 · 奥莱利之间的对决时，“史诗级说唱对决”的娱乐形式便正式诞生了。

在第一场“史诗级说唱对决”中，沙科夫（艺名“友善的彼得”）扮演列侬，埃奎斯特（艺名“史诗劳埃德”）扮演奥莱利。这场表演于 2010 年 9 月 26 日在沙科夫的 YouTube 频道上播出，仅在最初的两周中就成功获得了 15 万次点击观看。在表演的结尾，演员抛出了这样的口号：“谁赢了？下次的对决双方是谁？由你来决定！”于是，各种各样的创意如雪片般飞来，“史诗级说唱对决”的良好口碑使得他们制作的第二个视频（2010 年 11 月发布的达斯 · 维达对阿道夫 · 希特勒的表演）在发布的前 5 天就获得了 100 万次的点击量。[13] 沙科夫和埃奎斯特的 YouTube 频道流行度大增。到 2015 年，“史诗级说唱对决”推出了第 4 季，50 场精彩的对决总共吸引了 17 亿次观众点击。他们在 YouTube 上的“史诗级说唱对决”频道共有 1 220 万名订阅用户，是整个 YouTube 网站上流行度排名第 16 位的热门频道。[14] 除了 YouTube 平台，他们创作的所有“史诗级说唱对决”节目还在 iTunes 商店出售。这些“史诗级说唱对决”节目中的 10 个（包括达斯 · 维达对阿道夫 · 希特勒、马里奥兄弟对莱特兄弟、史蒂夫 · 乔布斯对比尔 · 盖茨以及巴拉克 · 奥巴马对米特 · 罗姆尼）甚至被美国唱片业协会授

予了金唱片荣誉。[15, 16]

接下来我们再来讲一讲靠自费出版一系列浪漫吸血鬼小说而名利双收的阿曼达·霍金的故事。阿曼达·霍金在奥斯汀市长大，早在青少年时代，她就是一名针对年轻读者创作超自然小说的高产作者了。然而到了25岁，除了17本没有出版的小说和一大沓传统出版公司写给她的拒信以外，阿曼达·霍金的努力并没有给她带来任何东西。除了喜欢吸血鬼小说，阿曼达·霍金还非常喜爱吉米·亨森的木偶剧《莫比特历险记》，这便是她的一系列有趣经历的开端。2010年4月，阿曼达·霍金听说《莫比特历险记》的公演将于11月举行，然而，当时的她在一家为残疾人服务的疗养院工作，每年的薪水只有18 000美元。这笔微薄的收入勉强能够维持她的日常生活，但从奥斯汀飞去芝加哥观赏《莫比特历险记》公演所需的费用已经远远超出了她的经济能力。为了观赏这场公演，阿曼达急需筹到300美元的路费和住宿费，因此她决定把自己的小说放到亚马逊网站上出售。当时阿曼达想，在接下来的6个月时间里，她一定能够通过亚马逊的自出版平台筹到300美元的旅费。事实证明，阿曼达的想法一点儿也没错。在她的小说上传至亚马逊平台的前6个月，阿曼达已经筹到了20 000美元，而在接下来的14个月中，她又靠卖书获得了额外的250万美元。[17]

除了阿曼达·霍金，林德赛·斯特林也有一个类似的故事要分享给我们。她通过网络以舞蹈嘻哈小提琴手的身份出了名。

什么叫嘻哈小提琴手？舞蹈嘻哈小提琴手又是什么东西？林

德赛在接受《华盛顿邮报》的采访时说："我去选秀机构试镜，我去找各种各样的经纪人，然而没有人理解我头脑中的这种创意。他们一遍又一遍地告诉我，这种东西根本没有市场价值。"在另一次采访中，林德赛又说："他们告诉我，你的这种东西我们碰都不想碰一下。"[18] 2007 年，林德赛靠兼职打工的收入支付自己的大学学费，当她发现（用她自己的话来说）"想要在音乐行业中试试身手就需要数十万美元的支出"[19] 时，她沮丧极了。于是，林德赛决定试着把一段自己的音乐视频放到 YouTube 网站上，结果，她现在已经拥有近 700 万名订阅观众，而她的 YouTube 频道获得的总点击数量已经超过了 10 亿次。[20] 到目前为止，林德赛已经发行了两张专辑，这两张专辑总共在"公告牌"200 榜单上停留了 127 周之久，最高排名分别达到了第 23 位和第 2 位。2015 年，林德赛完成了 55 个城市的世界巡回演出，在红石剧场和中央公园夏季舞台等著名场馆都留下了自己的身影。

从上面的这些故事，我们可以清楚地看到，娱乐行业所面临的变革是非常明显也是非常重要的。越来越多的艺人可以绕过大型娱乐公司，直接与他们的受众接触。在通过自我营销取得成功以后，这些艺人与大型娱乐公司签订合约的时候就获得了更强的谈判权力，如果没有一系列网络平台的存在，那么这样的谈判权力是根本不可想象的。面对这些全新的选择，很多独立艺人选择始终保持独立的状态，他们不再接受大型电影公司、唱片公司以及出版商提供的捆绑服务，而宁愿选择更适合自己需要的单项服务。

比如，我们上文提到的彼得·沙科夫和劳埃德·埃奎斯特目前就正与一家专业制作数字短片的工作室马克工作室合作。他们表示，之所以选择马克工作室，而不选择与大型电影公司合作，是出于艺术方面的考虑。埃奎斯特表示："马克工作室的创作哲学是，在我们现在这样的时代和环境中，在 YouTube 的市场上，个人的创意必须是纯粹和独特的。马克工作室为我们提供了各种我们所需要的结构、资源和支持，但他们并不会帮助我们剪辑视频的内容。"[21]

我们上文提到过的艺人林德赛·斯特林也没有选择与大型唱片公司签约，而是选择签在了嘎嘎小姐（Lady Gaga）的经纪人特洛伊·卡特的旗下。特洛伊·卡特鼓励林德赛继续以独立艺人的身份在 YouTube 网站上发表作品，卡特表示："她在 YouTube 网站上获得的关注远远超过了她能在广播或电视表演中获得的，我们希望以引导其他艺人的方法引导林德赛的职业之路，我们希望她继续保持独立艺人的身份。"[22] 此外，卡特还表示，她计划引入一家私人发行商"来促进实体商品的销售"。卡特的这番话向我们展示了一个非常重要的事实，那就是曾经被认为完全由大公司垄断控制的发行渠道如今在卡特等人的眼中已经是一种可以独立购买的普通商品了。

当然，并不是每一个艺人都会选择坚持独立艺人的道路。很多以独立艺人身份出道的艺人会在适当的时间选择脱离独立状态，并与大型音乐公司、电影公司或者出版商签订合约。然而，大型娱乐公司所面临的一个新问题是，当这些独立艺人决定脱离独立状态的时候，他们手中有了更多的选择，因此在与大型娱乐公司的谈判中他们就有了更多的谈判筹码。事实上，在 2011 年 4 月，正是这样的谈判权力让阿曼达·霍金与几家大型出版公司打响了一场竞价战争。据报道，最终阿曼达·霍金的 4 本即将出版的小说的英文发行权获得的竞标价超过了 200 万美元。[23] 对一个一年前还没有任何出版作品，只有一鞋盒来自各大出版商的拒信的新作者而言，这可真是一个不低的价钱。这个鞋盒里的拒信，有不少正是来自这些现在为了阿曼达的作品竞相出价的出版商。

到目前为止，我们只谈论了这些新的选择如何影响刚出道的新艺人。事实上，这些技术变革也同样赋予了已经成名的艺人更多的选择。因此，这些已经成名的艺人在与大型娱乐公司的谈判中也同样获得了更高的谈判权力，他们也与新艺人一样拥有一些可以完全绕过大型娱乐公司的机会。比如，在 2003 年与百代唱片公司的合约到期后，收音机头乐队决定不与百代唱片公司续约。收音机头乐队的主唱汤姆·约克表示："我们挺喜欢百代唱片公司的人，然而现在已经到了这样的时刻，歌手都会问问自己，我们究竟为什么需要一家唱片公司呢？"[24] 2007 年，收音机头乐队推出了他们的又一张专辑《在彩虹中》(*In Rainbows*)，这张专辑采取独立发行的方式，通过乐队的官网 Radiohead.com 将专辑内容直接向粉丝发行。这张专辑没有采取传统的每张唱片 10~15 美元的固定价格，而是让粉丝自由决定他们愿意为唱片支付的金额。粉丝可以选择不付任何费用下载这张专辑，也可以支付任何他们认为合适的价格购买这张专辑。结果，收音机头乐队发现，粉丝相当慷慨大方，并且摆脱中间商的决策为他们自己带来了许多好处。在一次由《连线》杂志组织的讨论中，汤姆·约克告诉戴维·布赖恩："从收入的数字来说，我们这张专辑的利润超过了以前所有收音机头乐队发行专辑的利润总和。"[25]

2011 年，喜剧演员路易斯·C. K. 也通过实验发现了直接发行的巨大力量。路易斯·C. K. 在自己的一篇博客文章中对这项实验进行了如下描述："我推出了一个全新的脱口秀特别表演，并且把价格定得非常低（只要 5 美元）。我尽量保证观众能够非常容易地购买、下载以及观看这场表演，并且不受任何限制。通过这样的方式，一个人到底能赚到多少钱呢？"[26] 答案是，在最开始的 12 天里，路易斯·C. K. 就赚了 100 万美元。扣除视频生产和网站开发的费用（约 25 万美元），剩下的净利润大约有 75 万美元。在这 75 万美元中，路易斯·C. K. 把其中 25 万美元支付给了他的员工，作为一笔"丰厚的奖金"，把其中的 28 万美元捐给了各种慈善机构，他自己保留了剩下的 22 万美元。[27] 在此之后，路易斯·C. K. 还在自己的网站上推出了另外三部喜剧表演节目。虽然 2015 年 1 月发行的《喜剧店现场秀》（*Live at the Comedy Store*）节目并没有获得像 2011 年的表演那么多的媒体关注，但是仅在该节目发行 4 天后，路易斯·C. K. 就表示："这一节目的销量比其他任何节目在 4 天内的销量都好。"[28]

然而，要说自发行界的皇后，那还是要数 J.K. 罗琳。通过与出版商的谈判，J.K. 罗琳保留了对所有《哈利·波特》系列作品电子版的所有权利。在这样的协议之下，J.K. 罗琳创立了网站

Pottermore.com。网站 Pottermore.com 是一家网上商店，也是《哈利 · 波特》电子书的唯一网上销售商。即便是控制了 90% 电子书销售量的巨头亚马逊在 J.K. 罗琳女王面前也不得不低头。当消费者想要在亚马逊网站上购买哈利 · 波特电子书的时候，亚马逊会将客户搜索链接至 Pottermore.com，并从该网站的销售额中抽取一定的佣金。这种网站直销的形式使得 J.K. 罗琳能与消费者保持直接联系，这也有助于增进粉丝参与感和建立用户忠诚度。Pottermore.com 共首发了超过 18 000 字的从未被出版过的哈利 · 波特内容，用 J.K. 罗琳自己的话说，这样的设定使得哈利 · 波特和他的世界“能够存在于一种独特的媒介上，而在我开始创作此书的时候，这种媒介还根本不存在”。[29]（我们忍不住要和读者分享一个极为讽刺的有趣故事：致力于重塑整个图书出版行业的亚马逊公司曾让各大主流出版商俯首称臣，谁能想到这样一家公司有一天却不得不对一位单枪匹马的作者俯首称臣。亚马逊不得不允许 J.K. 罗琳保持对读者的直接控制，对于这样的情况，菲利普 · 琼斯在《卫报》上评论道：“‘幸灾乐祸’一词根本不足以形容我的心情。”[30]）

当然，并不是所有成功的艺人都使用上述方式直接与消费者接触。然而，即使这些成功艺人不这样做，这些新的选择的存在本身也会让他们在与大型娱乐公司谈判的时候拥有更多的筹码，这势必导致大型娱乐公司利润的降低。对大型娱乐公司而言，这样的变化显然是件麻烦事，因为，正如我们在本书第 2 章中指出的那样，娱乐行业的赢利模式是靠少数成功艺人带来的巨额利润来补贴那些不太有名的艺人带给公司的风险。

消费者

技术的变革不仅改变了大型娱乐公司与艺人的关系（以及这种关系中的利润空间），也改变了大型娱乐公司与消费者之间的关系。在新的技术变革的帮助下，现在有了许多新的娱乐消费形式可供消费者选择。

很多娱乐界的业内人士都表达了对自产娱乐内容的轻视态度，他们认为这些自产娱乐内容在质量上完全没有办法与专业生产的娱乐内容相竞争，业余的素材、靠自费出版作品的写手以及翻唱其他音乐作品的乐队艺人。然而我们相信，这种轻视的态度说明这些业内人士对娱乐行业中竞争的性质存在本质上的误解。在市场经济中，决定哪些产品能够参与竞争的不是卖家，而是买家。专业产品的质量再好，或者再符合业界的既成规范，也不能保证它们在竞争中获得优胜。只要你的消费者没有选择你的产品，就说明他们把票投给了你的竞争对手。大量证据显示，目前娱乐行业的情况正是这样。根据尼尔森音乐统计公司（Nielsen Soundscan）搜集的数据，整个唱片行业中独立艺人所占据的份额已经从 2007 年的 25.8% 上升到了 2014 年的 34.5%，并且独立艺人所占据的行业市场份额已经超过了任何一家大型唱片公司所占据的份额。[31] 在图书出版行业，我们也看到了类似的情况。乔尔·沃德弗格和伊姆克·赖默斯的研究显示，在 2006—2012 年，自出版发行的图书数量上升了 300%，并且已经超过了传统渠道发行的图书数量。[32] 除此之外我们还看到，在亚马逊网站上出售的 350 万种电子书产品中，有 200 万种来自 Kindle 直接出版平台上的独立作者。

然而，消费者的消费习惯变化最剧烈的产业还要数电影行业。尤其是千禧一代他们更偏向于消费自产的娱乐内容，而对专业生产的娱乐内容并没有那么感兴趣。《华盛顿邮报》最近对这样的现象进行了报道，报道称专业生产的娱乐产品看起来“越来越像是为老年人服务的了”。最近进行的一系列研究和调查问卷中的数据足以让我们清醒地认识到问题的严重性：在 2013—2014 年中，所有电视节目观众的年龄中位数是 44.4 岁，而大型电视网络观众的年龄中位数是 53.9 岁，这两项数据分别比 4 年前上升了 6% 和 7%。[33] 在 2002—2012 年，年轻人去电影院观看电影的频率下降了 40%。[34] 在 2002—2011 年，黄金时段直播电视节目在 18~49 岁的观众群中的收看率下降了 50%。[35] 在千禧一代的人群中，平均每 4 个人中就有 1 个停止了对有线电视节目的订购，而每 8 个人中就有 1 个人从来没有订购过有线电视服务。[36] 2010—2015 年，在 18~24 岁的人群中，电视节目观众的比例下降了 32%（而在 50~64 岁的人群中电视节目观众的比例仅下降了 1%）。[37] 2014 年，只有 21% 的 18~24 岁年轻人表示他们的“生活无法离开电视”，而在整体人群中，声称生活不能没有电视的人则达到了 57%。[38]

那么这些放弃电视的年轻观众究竟转向了什么样的娱乐内容呢？那便是网上的娱乐内容。在 2014 年，YouTube 网站在 18~34

岁人群中的覆盖率首次超过了任何一家有线电视网络。[39] 而在18~24岁的人群中，声称“他们的生活无法离开智能手机”的人从2011年的22%上升到了2014年的50%。[40]

商业伙伴

对大型娱乐公司而言，上述消费者行为的变化不仅代表着威胁，也同样象征着机会。正如我们将在本书的第10章和第11章中进一步讨论的那样，我们认为，这些大型娱乐公司完全可以通过多种多样的方法利用网上发行渠道，创造与消费者群体产生联系的新方式。同样，这些大型娱乐公司也可以通过各种各样的方法在经营活动中对新的技术和更低的成本加以利用。然而，在很多情况下，要想用好这些新的机会，这些公司现存的商业模式及其商业伙伴就会产生沉重的压力，而如何应对这种压力对娱乐公司而言注定是一项艰难的任务。

反映这种压力的最明显的例子是下游发行技术的变化。新的发行技术不仅能让艺人绕过业界“守门员”直接与受众接触，也同样能让娱乐网络在消费者想要的时间和地点为消费者提供他们所需的网络服务。这样的情况听上去似乎挺不错，然而，这些新的发行渠道的流行对娱乐企业现有发行渠道的利润率产生了严重的威胁。目前，娱乐行业的管理人员面临着一项非常困难的抉择，即在现存的商业模式（这通常与他们的工资和奖金挂钩）与新模式之间应该如何取舍。

新的商业机会的产生还使大型娱乐公司与上游合作伙伴之间的关系变得更为复杂。比如，要想把大众自产的娱乐内容融入娱乐公司现存的经营流程中并不像看起来那么简单，这一变化也很难以无缝对接的方式完成。在很多情况下，网友希望以某些特定的方式获取某些娱乐内容，并希望进行一定程度的参与和互动，然而对大型娱乐公司而言，在现有的经营结构下为消费者提供这样的服务是非常困难的。2008 年，当 ABC 电视台买下流行网络剧《为母之道》（*In the Motherhood*）的时候，它便面临了这样的困境。网络剧《为母之道》始创于 2007 年，该剧的创作初衷是生产一部“由妈妈创作，为妈妈创作，并完全以妈妈的生活为中心”的网络连续剧，并建立起一个相关的育儿社区。《为母之道》的创作前提非常简单，正如该剧的网站上写明的那样，“妈妈希望发出自己的声音，分享所有妈妈共同拥有的感受和经验”（比如说说你的孩子最令你抓狂的行为等）。所有妈妈都可以登录该网站提交关于自己真实生活的故事，而每一则故事都可能被“网络妈妈社区”提名，“然后经过润色加到网络剧的内容中去”。[41]

《为母之道》的第一季在网络上播出后，制作团队得到了丝华芙和斯普林特两家公司的大力支持，并吸引到了不少知名人士，包括导演彼得·劳尔，代表作有《发展受阻》（*Arrested Development*）《马尔科姆一家》（*Malcolm in the Middle*）《查普尔秀》（*Chappelle's Show*），以及演员珍妮·麦卡锡、切尔西·汉德勒和利娅·瑞米妮，她们共同塑造了三个闺蜜妈妈“超级疯狂但又充满幽默的生活”。《为母之道》一剧在 MSN 网站 in the motherhood.com 上独家播出，第一季成功吸引到了 550 万次点击播放。[42] 该剧的网上社区成了育儿网站中点击量排名第 15 位的热门网站，[43] 总计获得了 3 000 次故事提交和 6 万次网友投票。[44]

ABC 电视台看到了《为母之道》一剧的巨大潜力，于 2008 年 9 月购买了这部剧的版权。[45] 在第一次签订的合同中，ABC 电视台共订购了 13 集新剧，并准备在自己的电视网络上播出。2009 年 3 月 11 日，为了保持该剧的创作内容与网上社区的紧密联系，ABC 电视台邀请妈妈网民通过 ABC 电视台的网站提交自己的育儿故事。[46] 此事引来了美国编剧工会的介入。美国编剧工会认为，ABC 电视台的这一举动实质上是在让观众免费为其提供故事，而 ABC 电视台与工会签订的合约中规定所有为该电视台创作剧本的写手都必须以美国编剧工会成员的同等身份获得相应的报酬。美国编剧工会的发言人尼尔·沙查罗表示："我们的合同不允许这种形式的故事征集。我们的目标并不是限制实验行为的进行，但是人们付出了劳动就应该得到相应的报酬。"而这种"相应的报酬"的标准是，每一则故事的提交者至少应该获得美国编剧工会规定的最低报酬——7 000 美元。

两周以后，ABC 电视台宣布停止通过网站向观众征集故事，并把编剧权交给了电视台内部的专业编剧。然而，这些专业编剧的才华和努力无法取代真实故事所带来的能量，也无法取代真实观众的参与。该剧的首播集观众寥寥，ABC 电视台最终在该剧第一季播出的过程中取消了整部剧集。

发行商

我们认为，仅仅是新作品数量的增加就足够改变娱乐公司与网络发行商之间的关系了。21 世纪以来，由于新技术的产生使得创作者和艺人可以自主产出娱乐作品，每年娱乐作品的产出数量发生了井喷式的增长。比如，每年出版的新书数目从 2000 年的 12.2 万种[47]增加到了 2010 年的 310 万种。[48]在 2000—2010 年，同样的时间段内新唱片的发行量涨了三倍。[49]现在，在 YouTube 网站上，平均每分钟有 300 小时时长的视频被上传。[50]那么在这些浩如烟海的娱乐作品中，消费者如何发现自己喜欢的内容呢?

过去，发现和筛选的权力掌握在大型娱乐公司手中，在消费者看到娱乐作品之前，娱乐公司已经根据消费者的偏好进行了判断，消费者所能接触到的都是娱乐公司筛选过的内容。但是这种自上而下的模式目前已经发生了变化。发现和筛选的过程越来越多地发生在下游的发行平台上，这些平台把大量娱乐作品汇集在一起，通过分析掌握消费者的偏好，直接向消费者推荐他们可能感兴趣的内容。然而，由于现存商业模式的限制，大型唱片公司、电影公司和出版商还没有充分做好准备去挖掘和利用这些新的机会，于是这些新的机会便被一群新兴网络发行商抢占，其中最响亮的名字当然要数亚马逊网站、网飞公司、YouTube 网站和 iTunes 商店。为什么说这对大型娱乐公司而言是一种威胁呢? 我们在下一章将对这一问题进行详细讨论。

第8章　书呆子的复仇

这些书呆子是对我们的生存方式来说是一种威胁。

——斯坦·盖博，《书呆子的复仇》

2007年8月31日，由于NBC环球集团拒绝与苹果公司续约，苹果公司宣布NBC环球集团的电视剧将不会继续在iTunes平台上销售。外界并不清楚造成这项争端的具体原因，但大多数消息来源称，谈判破裂的主要原因是苹果公司拒绝了NBC环球提出的三点要求：第一，NBC要求苹果公司提高iTunes平台上的定价弹性；[1]第二，NBC要求苹果公司加强反盗版措施，让用户向iPod设备上传盗版内容变得更困难；[2]第三，NBC要求苹果公司向NBC环球上缴部分iPod销售收入。[3]然而，在这些要求的背后，我们看到了一个更深层次的问题。iTunes 影视商店正迅速获得大量市场权力，这一情况已经引起了娱乐行业的警觉和担忧。同年秋天，NBC 环球的首席执行官杰夫·朱克告诉雪城大学纽豪斯新闻与传播学院的学生："在定价方面，苹果公司已经摧毁了整个音乐行业。如果我们不把控制权抢回来，那么影视行业也会被毁掉。"[4]

NBC 环球拒绝与苹果公司续约的原因有三点。

第一，NBC 环球认为自己在这场争端中占有先手。毕竟，NBC 环球是苹果公司 iTunes 商店的主要影视作品供应商，相关数据显示，苹果公司的影视作品销量中 40% 是 NBC 环球的产品。[5]

第二，NBC 环球认为当时的时间点正是与苹果公司开战的绝佳时机。当时，苹果公司正准备推出增加了视频播放功能的新一代产品 iPod Touch，其媒体发布会日期已经定在了 2007 年 9 月 5 日。[6] 如果消费者发现以后将无法在 iTunes 平台上收看 NBC 环球的电视剧，那么这显然会给 iPod Touch 的销量造成巨大的打击。鉴于这样的情况，当时弗雷斯特研究公司的詹姆斯·迈克奎文曾表示："苹果公司非常依赖 NBC 和其他娱乐生产公司，没有这些公司的产品，苹果公司的视频播放设备也就没有价值了。"[7]

第三，NBC 的观众已经不再需要依赖 iTunes 平台在网上收看 NBC 的节目了。即使 iTunes 商店不再发售 NBC 的节目，消费者仍然可以从许多零售商那里购买到 NBC 产品的盒装系列，并且可以从 NBC.com 和 Hulu.com 网站在线观看 NBC 的某些节目。9 月 4 日以后，观众将可以通过亚马逊网站的数字下载服务购买 NBC

节目的数字版本。此外，NBC 很快还将为观众提供一个新的选择，它计划于 11 月推出自己的平台 NBC Direct，这一平台的设计目的之一就是替代某些原本由 iTunes 平台提供的服务。NBC Direct 平台推出后，观众将可以在该平台上免费下载部分 NBC 节目（但这些节目包含商业广告），并在与该平台兼容的 Windows 系统的电脑上观看，不久以后（2008 年年初），该平台还将与苹果公司的 Mac 电脑兼容。NBC 环球还计划于 2008 年中期推出更新版本的 NBC Direct 平台，新版本的平台将允许消费者付费购买无广告的电视节目（这是 iTunes 一直提供的一项服务）。[8]

从 NBC 环球的角度来看，这项计划似乎是十分安全的。要是消费者无法在 iTunes 商店里买到 NBC 的节目，去其他合法数字平台上买不就行了，而苹果公司为了保证 iTunes 影视商店和 iPod 产品线的健康发展，不久就会向 NBC 低头。电影公司用撤走产品的方式来对零售商施加压力早有先例。就在一年前，沃尔特·迪士尼公司便用类似的策略解决了与连锁超市塔吉特的一次争端。塔吉特是迪士尼电影 DVD 产品的主要零售商之一。[9] 由于对迪士尼公司开始在 iTunes 商店销售数字版本电影不满，[10] 塔吉特宣布停止出售迪士尼的许多电影作品，它不仅把成箱的 DVD 退回迪士尼，还把迪士尼的一些宣传装饰品从店内移除了。然而塔吉特的这种示威行为很快就给自己带来了麻烦。11 月末，迪士尼公司威胁塔吉特不授权其售卖一部最新的假期大电影《加勒比海盗之聚魂棺》（*Pirates of the Caribbean: Dead Man's Chest*），而这部电影的销售权对塔吉特而言极为重要。[11] 在迪士尼的这一威胁之下，塔吉特选择了让步。

如果迪士尼公司可以通过收回一部电影的销售权来威胁塔吉特乖乖让步，NBC 环球就有充分的理由相信，撤回其占 iTunes 销售总额 40% 的产品一定能给苹果公司一个大大的教训。然而，苹果公司也有自己的判断，某些理由使苹果公司相信自己一定能在这场斗争中占得先手。当被《今日美国报》问及 NBC 的撤出会给苹果公司和 iTunes 商店带来怎样的影响时，史蒂夫 · 乔布斯十分牛气地回答道："总的来说，影响应该是零。"

那么，是 NBC 的看法正确，还是苹果公司的看法正确呢？是苹果公司更需要 NBC，还是 NBC 更需要苹果公司呢？在 NBC 的观众无法在 iTunes 商店购买 NBC 的节目以后，他们采取了怎样的行动？在 NBC 撤出 iTunes 商店以后，我们立刻对上述问题中的最后一个问题展开了调查和研究。许多娱乐行业的高级管理人员相信，即使是在瞬息万变的数字商务世界中，他们的公司仍然能够对网络零售商施加可观的控制力，然而我们的研究结果恐怕要给这些高管带来不小的打击了。事实证明，NBC 手中的控制力并没有它想象的那么大。在 iTunes 停止出售 NBC 节目以后，iTunes 上的这批 NBC 观众并没有转去 Hulu、亚马逊等其他合法渠道，而是大批地转向了盗版，而且这批流失的观众大部分再也没有回头。我们是如何得到上述结论的呢？在这项研究中，我们搜集分析了 NBC 节目的 DVD 销量以及 NBC 节目在 BitTorrent 网站上的盗版情况，并与对照组的情况进行了对比（对照组是 NBC 的直接竞争对手 ABC、CBS 和福克斯出品的节目）。首先，我们研究了 2007

年 12 月 1 日 NBC 从 iTunes 撤出以后盗版情况的变化。我们的研究结果如图 8–1 所示。从图 8–1 中我们可以看出，在 12 月 1 日之前，NBC 节目的盗版情况与 ABC、CBS 及福克斯节目的盗版情况十分类似。然而在 12 月 1 日之后，NBC 节目的盗版数量立刻大幅上升。与对照组相比，NBC 节目的盗版数量上升了 11.4%。[12]

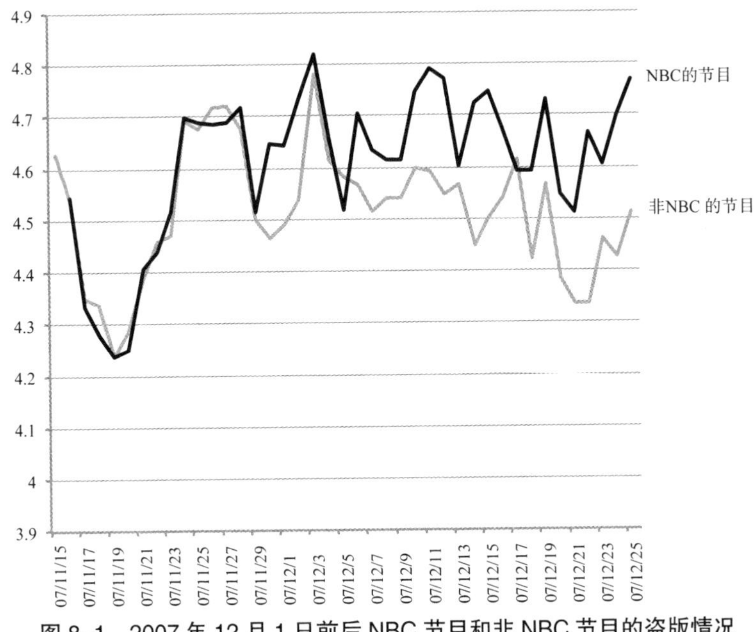

图 8–1　2007 年 12 月 1 日前后 NBC 节目和非 NBC 节目的盗版情况

虽然盗版百分比的上升已经足够惊人，但从某些角度来看，盗版绝对数量的上升显得更加触目惊心。我们通过研究发现，在 12 月 1 日之后的一周内，BitTorrent 网站上的盗版 NBC 节目的下载量增幅达到了 12 月 1 日前 NBC 节目在 iTunes 上的单周总销量的两倍。为什么会出现这样的情况？我们在一篇发表在《市场营销科学》（*Marketing Science*）学术期刊上的论文中[13]给出了一种解释：一旦本来在 iTunes 商店购买正版 NBC 节目的观众学会了使用 BitTorrent 网站，他们便会一下子免费下载整季的 NBC 电视剧，而原先在 iTunes 平台上，他们可能只会选择性地购买电视剧的某几集。

对想用撤出策略威胁苹果公司重新开始谈判的 NBC 来说，原来消费正版产品的观众居然转投了盗版的怀抱，这实在是一个始料未及的坏消息。然而，坏消息还不只这一条。不仅原先的 iTunes 客户大批转向盗版网站，而且上述行为还继而导致其他盗版商更容易从 BitTorrent 网站上获取 NBC 的节目内容。

为什么盗版需求的增加会导致盗版供给随之增加呢？要想回答这一问题，我们首先必须理解这样一个事实：BitTorrent 协议的特点是，上传和下载同一内容的用户越多（这些用户俗称为“种子”），这一协议的效率就越高。正是因为 BitTorrent 协议的这一特点，在 2007 年 12 月 1 日之前，NBC 的很多比较老的电视剧在 BitTorrent 网站上根本找不到。当用户可以从 iTunes 购买 NBC 节目的时候，他们不需要从 BitTorrent 下载这些节目，因此对一些流行度不高的 NBC 剧集而言，需求不足导致没有足够的“种子”来支持盗版内容的存在。然而在 12 月 1 日之后，我们观察的 147 集 NBC 老电视剧出现了很多新的“种子”，这 147 集电视剧中包括整季的《救命下课铃》（*Saved by the Bell*）和《战士公主西娜》（*Xena*：*Warrior Princess*）。[14]

以上内容解释了 NBC 撤出 iTunes 商店以后盗版情况的变化。那么正版产品的消费又发生了怎样的变化呢？这方面的消息恐怕更加糟糕。通过对销量数据的分析，我们发现，NBC 节目的盒装 DVD 销量并没有的增加。我们还发现，虽然在 NBC.com、Hulu.com 以及亚马逊的数字下载服务等平台上 NBC 节目的在线播放和下载量稍有增加，但其增幅只相当于之前 iTunes 平台上 NBC 节目消费量的一个很小的部分。简而言之，在消费者不能从 iTunes 商店购买 NBC 的节目以后，大部分消费者转向了盗版，而不是去其他合法渠道继续消费 NBC 节目的正版产品。

显然，这样的情况使得 NBC 在与苹果公司的谈判中优势尽失。然而，NBC 撤出 iTunes 商店的决策不仅为自己带来了麻烦，可能还给竞争者带来了一些意想不到的困难。我们的数据显示，2007 年 12 月 1 日在 NBC 撤出 iTunes 商店以后，ABC、CBS 以及福克斯频道的节目盗版率立刻上升了 5.8%。如果 NBC 没有撤出 iTunes 商店，那么这些非 NBC 节目的盗版率会发生怎样的变化，我们无法对此进行精确的“反事实”估计。然而，这些 NBC 的竞争者所面临的盗版率上升的问题有一个最显然也最可信的解释，那就是曾经在 iTunes 平台上合法消费 NBC 正版节目的观众在 NBC 撤出 iTunes 平台后转向了 BitTorrent，其中很多人在学会使用盗版网站以后，也开始下载 ABC、CBS 以及福克斯频道节目的盗版产品。以下的事实可以印证我们的上述猜测，一位供职于 NBC 主要竞争台的管理人员曾告诉我们，在 NBC 撤出 iTunes 商店以后，他们立即观察到本台节目在 iTunes 商店中的销售量突然发生了反常的大幅下降。

简而言之，我们的数据显示，NBC 撤出 iTunes 商店的决策对 NBC 自身的伤害远远大于对苹果公司的伤害。NBC 的大量观众因此转向盗版渠道，虽然 iTunes 商店的销售量也确实受到了冲击，但这些前 iTunes 用户并没有转向其他的正版销售渠道。以上两点事实解释了为什么 NBC 选择在 2008 年秋季让自己的节目内容重新在 iTunes 商店上架，并接受了苹果公司提出的各项要求（这些合同条款基本上与 NBC 不到一年前拒绝的合同条款完全一致）。[15] 当然，NBC 的这一行动又向我们提出了一个新的问题：当消费者可以再次在 iTunes 商店购买 NBC 节目的正版产品时，NBC 节目的盗版情况又发生了怎样的变化呢？

我们的数据显示，2008 年 9 月 8 日 NBC 的节目重新回归 iTunes 商店以后，NBC 节目的盗版数量下降了 7.7%，这一降幅不管是在绝对值上还是在相对值上，都远远小于 2007 年 12 月 NBC 撤出后节目盗版数量的增幅。显然，NBC 的前后一系列策略总体来说是得不偿失的。将节目撤出 iTunes 平台不仅导致 iTunes 上的前客户大量转向盗版渠道，而且这些用户一旦学会了使用盗版网站 BitTorrent，再想吸引他们重归 iTunes 渠道就变得极为困难了。

那么，NBC 失败的原因究竟是什么呢？为什么迪士尼能用这样的方式惩戒重要的实体零售商塔吉特，NBC 却没有办法用这样的策略从苹果公司占到便宜呢？为什么市场权力从大型电影公司、唱片公司、出版商转向了零售商呢？

* * *

在研究过程中，我们发现，互联网对娱乐行业的威胁并不仅仅表现在长尾模式、盗版现象以及创作者权力的上升。互联网对娱乐行业的威胁还在于它创造了一系列网络零售平台，而在这些网络零售平台上，市场权力很快被聚集在了少数主流玩家手中。

当然，从某一层面来看，这些新的网络零售商为娱乐行业提供了一定的帮助。亚马逊帮助出版商卖出了很多书籍，而且从很多方面来看，我们可以说亚马逊是电子书产业的缔造者。同样，也有很多人认为，iTunes 商店拯救了唱片行业，而网飞公司则为我们打开了影视剧制作的新黄金时代。然而，亚马逊、iTunes、网飞等平台在其所在市场中的垄断地位，意味着大型电影公司、唱片公司、书籍出版商已经不能再继续使用传统策略，通过谈判让零售商自相残杀了。事实上，从很多方面来看，这样的情况现在已经完全反了过来。

让我们来考虑一下书籍出版商（特别是小型书籍出版商）在与亚马逊谈判的过程中会面临怎样的情况。一开始，小型出版商是亚马逊所提供服务的最大受益人之一，因为亚马逊网站为他们出版的书籍提供了足够的曝光机会，而在主流的连锁书店，小型出版商通常是争取不到这样的曝光率的。然而，这些小型出版商对亚马逊的依赖不可能不给他们带来相应的代价。随着小型出版商越来越依赖亚马逊网站的服务，到了 2004 年，亚马逊已经做好了充分的准备，要从这种依赖关系中榨取权力和价值。在《万有商店》（*The Everything Store*）一书中，布莱德·斯通向我们披露了这样的事实：在亚马逊内部，员工将与小型出版商的谈判计划称为“羚羊计划”。这个名字来自杰夫·贝佐斯的建议：“亚马逊应该像猎豹捕食生病的羚羊一样对待小型出版商。”[16] 虽然，亚马逊的律师后来将这一极富攻击性的名字改成了较为温和的“小型出版商谈判计划”，然而这一策略的实质并没有发生改变，亚马逊要做的就是将这些无处可逃的小型出版商逼入绝境，进而榨干他们的最后一点价值。亚马逊压榨这些小型出版商的方式之一是要求他们支付合作广告费用。在实体零售业中，出版商和其他娱乐公司常常会向零售商支付合作广告费用，而收受了这些费用的零售商会在店内为该公司的产品提供特殊的展销货架或者其他宣传设施。而亚马逊把这种收费机制又向前推进了一步，亚马逊要求出版商将毛销售额的 2%~5% 作为合作广告费用支付给亚马逊，而作为交换条件之一，亚马逊会让这些出版商的产品出现在亚马逊网站的搜索结果中。[17]

这项费用对小型出版商而言是一项沉重的负担。梅尔维尔出版公司的所有人之一丹尼斯·乔纳森决定站出来反抗亚马逊的这种压榨。在 2014 年《纽约客》杂志第一篇文章中，丹尼斯·乔纳森写道：“对于亚马逊的这一做法，我的态度就是三个字，‘去你的’，它根本就是在虚张声势地吓唬人，而我偏要跟它干到底。”[18]

不幸的是，乔纳森的判断是错误的，亚马逊并不是在虚张声势地吓唬人。2004 年 4 月 1 日，在乔纳森在《出版人周刊》（*Publishers Weekly*）上发表了他的文章并公开批评亚马逊的恐吓策略后，亚马逊在自己的网站上取消了所有梅尔维尔出版公司书籍的购买键。由于梅尔维尔出版公司在激烈的竞争环境中所保有的利润空间已经十分有限，加上无法通过其他零售渠道弥补在亚马逊上损失的销量，最终梅尔维尔出版公司不得不向亚马逊网站屈服。在梅尔维尔出版公司同意支付合作广告费用以后，亚马逊才恢复了该出版公司书籍的购买键。[19] 事后，乔纳森依然对此事愤愤不平，在接受《纽约时报》的一次采访时，他曾表示："这种行为怎么能说不是敲诈呢？你知道，要是黑帮做这种事情，那肯定就是违法的。"

许多出版公司也和梅尔维尔出版公司有着同样的命运，它们收到的要求是它们无法拒绝的，而提出这些苛刻要求的是它们不敢得罪也不能失去的商业伙伴。各项报道显示，不管是在与大型出版商的谈判中，还是在与小型出版商的谈判中，亚马逊都将合作广告费用作为谈判的重点之一。并且，亚马逊公司对合作广告费用的索价正在变得越来越高：2004 年，亚马逊还只要求出版商支付销售额的 2%~5%；[20] 而到了 2014 年，在与大型出版商的谈判中，亚马逊已经要求对方支付销售额的 5%~7% 作为合作广告费用，而对于小型"羚羊"出版商，亚马逊的索价更是高达 14%。[21] 贸易杂志《图书零售商》（*The Book Seller*）的编辑菲利普 · 琼斯用一句令人印象深刻的话总结了亚马逊在图书行业中的双重地位，他告诉 BBC："对图书出版商而言，世界上最可怕的事情便是被亚马逊抛弃。而第二可怕的事情便是亚马逊的垄断地位进一步上升。"[22]

对图书出版商而言，亚马逊既是天使又是恶魔，显然图书出版行业并不是唯一被网络零售商控制的行业。在音乐行业中，大家普遍相信 iTunes 商店是整个唱片行业的救世主，正是 iTunes 把整个行业从 Napster 网站和唱片公司过度依赖 CD 销售的危险中拯救了出来。美国唱片业协会主席嘉里·舍曼曾说："通过推出 iTunes 软件和其他平台，苹果公司使得人们再次愿意为音乐付费，也让人们购买音乐变得更容易了。"[23] 然而，与此同时，苹果公司手中的市场权力也为自己提供了独裁的力量，就连最强大的几家唱片公司也不得不屈服于苹果公司的控制。在《自我毁灭的欲望：唱片行业的华丽垮塌》（*Appetite for Self-Destruction*：*The Spectacular Crash of the Record Industry*）一书中，史蒂夫·克诺佩尔讲述了这样一个令人震惊的故事：百代唱片公司发现，苹果公司在销售酷玩乐队的专辑《玩过头》（*A Rush of Blood to the Head*）的时候，不是按照合同规定以每张 12.99 美元的价格发售，而是将价格定为每张 11.88 美元。当百代唱片公司致电苹果公司投诉这一违反合同的定价行为时，苹果公司的代表不仅没说要修改定价，还嚣张地回应道："怎么，你要我们把这张专辑下架吗？"

在提高娱乐产品的曝光率和后续搜集客户特点等市场营销信息的过程中，亚马逊、网飞以及其他提供类似服务的商家正扮演着越来越重要的角色。显然娱乐公司必须将这样的情况列入它们的考虑之中。比如说，在 2009 年，NBC 环球影视公司的总裁安吉拉·布罗姆斯塔德曾表示，NBC 的电视连续剧《办公室》（*The Office*）之所以能够取得成功，iTunes 平台在其中扮演了非常重要的角色。她说，iTunes 平台搜集的数据为 NBC 提供了"除尼尔森媒体调查数据以外的另一种渠道，通过这一新的数据渠道，NBC

可以更好地判断这部电视剧的潜力”。安吉拉·布罗姆斯塔德还表示，“如果没有 iTunes 提供的数据，我们也许根本就不会继续播出这部电视剧”。[24] 同样，AMC 影视集团的总裁兼首席执行官乔希·沙潘也表示，让《绝命毒师》（*Breaking Bad*）的前 4 季在网飞上播出使得 AMC 这一剧集第 5 季的观众数量上升了 200%。[25]

为了更好地认识这一现象的广泛性，让我们来看看表 8–1 中列出的这些十分惊人的统计数据。现有的数据显示，在今天美国的书籍、音乐、电影产品的几家最大的网络零售商中，每一家的市场份额都比实体市场中两家最大零售商的总市场份额还要大。

这几家领先的网络发行商的市场权力远远大于实体市场中大型零售商的市场权力，这不仅表现在本地市场的集中度上，也表现在对国际市场的控制上。在实体零售市场中，在一个国家的市场里占据领导地位并不代表在其他国家市场上也能拥有同样的权力。比如说，沃尔玛虽然是美国实体零售商中的佼佼者，但它在其他国家却并没有多少市场权力。然而在数字零售市场上，控制了美国市场的几家大型零售商在世界其他国家的市场上也同样占据了主导地位。

在网络销售额仅占总销售额极小比例的时代，虽然大型网络零售商所占的市场份额很大，但他们手中的市场权力与利润更高、集中度更低的实体发行渠道相比，仍然是微不足道的。然而，此后，网络市场和实体市场的力量对比发生了巨大的变化。2008 年，数字电影的销量首次超过实体电影产品的销量；[26] 2012 年，书籍的网络销量首次超过实体销量；[27] 而在音乐行业，这样的变化发生于2014年[28]。随着这些变化的发生，网络零售商手中巨大的市场权力正在给娱乐行业的大公司带来越来越多的麻烦和威胁。

我们看到，在激烈的变革中，一些非常有趣的现象发生了。几十年来，正如我们在第2章中解释的那样，大型出版商、唱片公司和电影公司一直依靠行业进入壁垒和规模经济效应保持自身对娱乐行业的控制。然而，如今权力的平衡已被打破，大型网络零售商正在用同样的方式参与这场似曾相识的游戏，并用同样的策略取得了一次又一次的胜利。

表8–1 图书、音乐及电影产品的实体店市场份额和网络市场份额对比

	市场份额	
	实体店	网络
图书	纸质书，2013年[a]： 巴诺书店（Barnes & Noble）和博德书店（Borders）总计22%~23%	纸质书，2013年[b]： 亚马逊64% 电子书，2014—2015年[c]： 亚马逊64%~67%
音乐	CD销量，2000年[d]： 百思买18% 沃尔玛16%	数字版下载，2015年[e]： iTunes 80%~85% 音乐流播放（美国）： Spotify 86%
电影	DVD销量，2005—2006年： 沃尔玛30%~40%[f] 塔吉特15%[g]	所有网络视频流，2012年[h]： YouTube 63% 所有影视剧视频流和下载，2010年[i]： 网飞61% DVD销量，2005年[j]： 亚马逊90% 数字版电影下载，2012年[k]： iTunes 65%（电影），67%（电视剧） 数字版电影租赁，2012年[l]： iTunes 45%

a. 参 见：*Publishing Industry*，third edition，ed. A. Greco，J. Milliot，and R.

Wharton（Routledge，2013），p.221；此外还可参见以下网址：http：//www.publishersweekly.com/pw/by-topic/industry-news/bea/article/62520-bea-2014-can-anyone-compete-with-amazon.html。

b. 参　见：http：//www.publishersweekly.com/pw/by-topic/industry-news/bea/article/62520-bea-2014-can-anyone-compete-with-amazon.html。这篇报告还指出在纸质书的总销量中，互联网销量占 41%。另一篇文章则称电子书销量占到了图书总销量的 30%（http：//www.forbes.com/sites/jeffbercovici/2014/02/10/amazon-vs-book-publishers-by-the-numbers/）。

c. 参　见：http：//www.wsj.com/articles/e-book-sales-weaken-amid-higher-prices-1441307 826？ tesla=y。其他一些报告则认为亚马逊在电子书市场上所占的市场份额在 65%（http：//www.forbes.com/sites/jeffbercovici/2014/02/10/amazon-vs-book-publishers-by-the -numbers/） 到 67% 之 间（http：//www.publishersweekly.com/pw/by-topic/industry-news/bea/article/62520-bea-2014-can-anyone-compete-with-amazon.html，http：//www.thewire.com/business/2014/05/amazon-has-basically-no-competition-among -online-booksellers/371917/）。

d. Ed Christman，“Best Buy Acquires Musicland Chain”，*Billboard*，December 2000，pp.1 and 82.

e. http：//www.wsj.com/articles/apple-to-announce-new-music-services-1433183201.

f. 2005 年，爱德华 · 杰伊 · 爱泼斯坦估计在 DVD 销售市场上沃尔玛所占的份额为 30%（http：//www.slate.com/articles/arts/the_hollywood_economist/2005/12/hollywoods_new_year.html），而 NPD 集团估计在 DVD 销售市场上沃尔玛所占的份额为 37%（http：//variety.com/2005/biz/features/store-wars-1117932851/）。2006 年《纽约邮报》的报道称，在 DVD 销售市场上沃尔玛所占的份额为 40%（T. Arango，“Retail-iation：Wal-Mart Warns Studios over DVD Downloads，” September 22）。

g. 2006 年，根据《华尔街日报》的报道，塔吉克公司在实体店 DVD 销量中所占的份额是 15%。（S. McBride and M. Marr，“Target，a Big DVD Seller，Warns Studios OVER Download Pricing”，October 9，http：//www.wsj.com/articles/SB11603590 2475586468.）

h. 根据尼尔森公司的报告，2012 年 5 月的网络视频流总数为 262 亿，其中 YouTube 网站占到了 165 亿。（http：//www.nielsen.com/us/en/insights/news/2012/may-2012-top-u-s-online-video-sites.html.）

i.《好莱坞报道》（*Hollywood Reporter*）称（引用 NPD 集团的研究结果），在互联网的所有电影下载及在线观看业务中，排名第一的网飞公司占 61% 的份额，排名第二的康卡斯特公司占 8%，而 iTunes 仅占 4%。

j. J. Netherby，Amazon.com Dominates in Online DVD sales，Reed Business Information，Gale Group，Farmington Hills，Michigan.

k. https：//www.npd.com/wps/portal/npd/us/news/press-releases/the-npd-group-apple-itunes-dominates-internet-video-market/.

l. https：//www.npd.com/wps/portal/npd/us/news/press-releases/the-npd-group-apple-itunes-dominates-internet-video-market/，https：//www.npd.com/wps/portal/ npd/us/news/press-releases/the-npd-group-as-digital-video-gets-increasing-attention-dvd-and-blu-ray-earn-the-lions-share-of-revenue/.

* * *

那么，赋予网络零售商竞争优势的行业进入壁垒和规模经济效应究竟是怎样的呢？从长远的角度来看，这些情况是否会对娱乐行业现存的权力结构构成威胁呢？为了回答这些问题，在本章接下来的部分，我们将重点讨论造成行业进入壁垒和规模经济效应的 4 个方面的因素，这 4 个方面的因素分别是：消费者的搜索成本和转换成本、平台的锁定效应、信息捆绑以及网络平台的研发。

消费者的搜索成本和转换成本

读者可能还记得，前文提到过，1998年罗伯特·库特纳曾做出过这样的论断：网络市场是一个近乎完美的市场。然而不到一年以后，德劭基金的创始人大卫·肖（在创立亚马逊公司之前，杰夫·贝佐斯曾在这家对冲基金工作过）却对网络市场的性质做出了截然不同的论断。在接受《纽约时报》的访问时，大卫·肖表示："如果你只是想把一件商品放在网上卖，那网络市场的进入壁垒确实很低。但如果你希望自己的产品能卖出很多，那么其实网络市场的进入壁垒是非常高的，而且这个壁垒正在变得越来越高。"[29]

在这个问题上，大卫·肖的观点与学术界的观点是一致的。在2000年出版的一本书中，有一个章节是我们与Erik Brynjolfssom及乔·贝莉合著的，在这一章节中我们对这方面的问题进行了讨论。我们在进行文献分析的过程中发现，在大部分消费者市场中，研究者都通过统计检验的方法驳回了"网络市场是一个近乎完美的市场"这一命题。[30]该命题之所以不成立，主要有两个原因。

第一个原因是，消费者在网络上搜索商品的时候会产生时间和精力方面的成本。虽然在网上寻找信息一般来说并不困难，但由于网上的信息总量过大，搜索对消费者而言仍然是一项沉重的负担——毕竟，大多数消费者是很"懒"的（请原谅我们无法找到一个更加礼貌的词了）。从整体上来看，消费者不喜欢比价的过程，不喜欢花费太多精力比较竞争产品的各项优劣，也不喜欢花时间学习使用自己不熟悉的网站。[31]事实上，如果某一家网络零售商的服务能够帮消费者免去上述麻烦的话，消费者是十分愿意多花几块钱来换取方便的。[32]

网络市场不是完全竞争市场的第二个原因与不确定性有关。在实体市场中，你可能并不需要对一家书店的质量抱有怀疑。毕竟，在实体店买书的时候，你和店员是面对面交易的，你一手交钱，店员一手交货。然而在网络市场，对消费者而言，商家的信誉度便成了一个重要的考虑因素。一家你没听说过的网络书店到底能不能把你订购的书籍按时送到呢？或者会不会干脆收了钱不发货呢？书店的退货政策是不是合理？书店会不会把你的个人信息买给广告商，或者用垃圾邮件骚扰你？这些问题都很难说——而我们要讨论的关键点正是这种“很难说”的不确定性。在网络市场，对消费者而言，零售商的产品质量在某些方面比在实体市场更为重要，也比在实体市场更难以预估。而当零售商的产品质量既重要又不确定时，消费者便会倾向于选择那些自己熟悉的零售商，或者倾向于选择那些其他消费者选择的著名零售商。

此外，个性化的推荐机制也会给消费者带来转换成本。一个零售网站掌握的消费者偏好数据越多，便越能根据消费者的独特品位精准地向消费者推荐产品。这种情况会给想要进入市场的新公司造成很高的壁垒，因为这些新公司手中没有消费者的偏好数据，也无法根据数据向消费者提供个性化的推荐服务。

上述讨论的重点是：消费者的搜索成本和转换成本导致想进入网络市场的新公司面临着很高的行业进入壁垒。而且获取消费者的关注和信任的壁垒正在变得越来越高。

平台的锁定效应

想要进入网络市场的新公司面临的第二重壁垒是平台锁定效应，这一点与我们上面讨论的第一点是紧密相关的。当娱乐产品以数字化的形式存在的时候，这种平台锁定效应就变得尤其重要。消费者喜欢简单和方便，所以他们希望自己购买的所有数字娱乐内容都能集中在同一个平台上，而不是分散在各种各样的平台上。有谁希望看个电影还要首先学会使用各种各样的平台呢？有谁愿意花时间和精力去记住自己购买的哪个产品在哪个平台上，并且还要清楚不同的服务包含哪些不同的权限呢？[33]

因此，除了上文谈到过的搜索成本和转换成本，数字产品和数字平台之间的锁定效应又为想进入市场的新公司制造了第二重进入壁垒。数字权限管理的编码机制常常使得消费者购买的数字娱乐节目只能在某一发行商的特定环境中使用。一些法律方面的学者认为，这一情况已经造成了反垄断方面的问题，因为如果消费者已经购买了几部 iTunes 电影或几本 Kindle 电子书，那么行业中的新公司（比如苹果公司的 iBookstore、巴诺书店的 Nook 平台、亚马逊的 Instant Video 业务以及谷歌公司的 Google Play 等）便很难在市场上找到一席之地了。[34]

信息捆绑

数字化使得将大量娱乐产品捆绑在一起销售变得更容易，也更有利可图了，而在实体商品的世界中，这种大规模的捆绑策略显然是不可能办到的。对信息进行捆绑可以产生很大的规模经济效应。在极端情况下，这样的规模经济效应会导致能将最多的产品捆绑在一起的公司“一家独大”。[35]

这种捆绑销售策略背后的经济原理和我们在第 3 章讨论过的价格歧视策略背后的经济原理十分相似。当每种产品单独发售，并且不同的消费者赋予产品的价值有显著差异的时候［比如说《蒂凡尼的早餐》（*Breakfast at Tiffany's*）、《尖声惊叫》（*Scream*）、《律政俏佳人》（*Legally Blonde*）以及《篮球梦》（*Hoop Dreams*）］，经济学理论告诉我们：生产者应该使用价格歧视策略来最大化自己的利润。然而，当每件产品单独销售的时候，销售者要想进行价格歧视，就必须首先精确地预测出每位消费者赋予每种商品的价值，然后销售者才能据此对每位消费者进行定价。

而当多种产品被捆绑销售的时候，销售者便可以非常高效地完成上述任务。销售者捆绑在一起的产品越多（比如网飞网站上有大约 10 000 部影视剧），就越能够精确地估计出不同消费者赋予这一“产品包”的平均价值。对于同一部电影，每个消费者赋予它的价值可能都不相同，但是当大量电影被捆绑在一起作为“产品包”出售的时候，这些价值判断上的差异便因为大数定律而消失了。一旦销售者可以准确地估计出消费者赋予一个产品包的平均价值，接下来他们只需要将这个产品包的售价定得稍低于上述价值，就能从消费者身上榨取最大价值了。

而从消费者的角度来看，产品包的选择逻辑甚至更加简单。销售者提供的产品包中的产品数量越多，对消费者而言就越方便，于是消费者便会愿意为此支付更高的费用，也会更难被竞争者的服务所吸引。

但是这样的情况便意味着，当两个同样采用捆绑销售策略的销售者竞争同一批客户的时候，产品包较大的销售者能更好地预测个体消费者赋予产品包的价值，因此其便会比产品包较小的销售者获得更高的利润。在产业上游的竞争中也存在类似的规模优势。根据扬尼斯 · 巴科斯和 Erik Brynjolfsson 的研究，在竞争产品授权的过程中，“产品包较大的公司也比产品包较小的公司更有优势”，因为“对任意给定产品而言，产品包较大的公司都能比产品包较小的公司榨取更多的消费者价值”。[36]

网络平台的研发

在实体市场上，要想扩大经营规模，为更多的客户服务，商家通常需要租用更大的销售场所、提高产品的存货量并且雇用更多员工，这显然是一个十分费钱的过程。然而在网络零售市场上，只要前端和后端的系统到位了，扩大经营规模、服务更多客户就是一件相对容易的事情。因此，最重要的市场进入壁垒便是为研发可靠而高效的系统支付的前期投资。

在推出 NBC Direct 平台的过程中（我们在本章的开头讨论过这一事件），NBC 发现研发前台和后台系统的成本很高而且十分复杂。NBC Direct 平台几乎一直卡在贝塔测试阶段，而且受到了各界评论人士的一致恶评。《连线》杂志称使用 NBC Direct 平台的经历“简直令人崩溃”，而 Arstechnica 网站则调侃道：“NBC 把 NBC Direct 平台做得如此难用一定是一种故意为之的策略，让离线观看 NBC 的节目变成一件极不愉快的事情，想必 NBC 的目的是强迫观众转向 Hulu 网站或者转向 BitTorrent。”[37]

NBC 并不是唯一一家在研发平台的过程中遇到技术困难的娱乐公司。事实上，整个娱乐行业充满了平台失灵的先例。你还记得唱片行业为了和 iTunes 竞争而推出的 Pressplay 和 Musicnet 有多难用吗？最近的一个例子来自 HBO 电视网。为了给自己的 HBO Go 流媒体平台提供后端服务，HBO 电视网在研发上付出了诸多努力。根据《财富》杂志上的一篇报道，HBO 电视网在 55 个以西雅图为基地的研发团队身上一年花去了超过 1 亿美元的资金，[38] 大笔的投资却只换来一个充满漏洞和错误的系统。在《真探》（*True Detective*）一剧播出季末大结局时（2014 年 3 月），HBO 电视网的上述系统完全崩溃；而在同年 4 月《权力的游戏》（*Game of Thrones*）首播时，系统崩溃的悲剧再次上演。2014 年 12 月，HBO 电视网终于决定停止自主研发，而把后端服务研发的任务外包给了 MLBAM 公司（Major League Baseball Advanced Media）。[39]

将产品销售过程中的重要部分外包给其他娱乐公司似乎会引

入巨大的策略风险，但在 HBO 电视网的案例中，这个风险其实并不大。为什么这么说呢？因为 HBO 电视网和 MLBAM 公司是在截然不同的市场中竞争的。但要是两家公司在同一市场中竞争呢？如果对一家娱乐公司的媒体发行策略极为重要的下游技术伙伴决定自己产出娱乐产品，与该娱乐公司在同一市场中竞争，会产生怎样的后果呢？在娱乐行业中，这样的情况正变得越来越普遍。在下一章中，我们将继续讨论这一现象产生的影响。

第 9 章　点球成金

人是靠信念和偏见生存的动物。如果你能够抛弃信念和偏见，而用数据代替这两者的位置，你的优势就很明显了。

——约翰·亨利，棒球队所有者，《点球成金》（2003 年）

我们拥有所有东西的观看数据。

——特德·萨兰多斯，网飞公司首席内容官

20 世纪 90 年代末，不少棒球星探开始关注一名美棒小联盟的年轻投手查德·布拉德福德，他是一个球风怪异的右手投手，来自密西西比州的农村地区。在引起星探的关注之前，布拉德福德已经积累了不少令人印象深刻的统计数据。然而就他的投球手法本身而言，查德·布拉德福德始终是一个令人好奇的非主流投手：布拉德福德所使用的投法被称为“潜水艇投法”（即下手投球），他的最快球速平均只有每小时 130~135 千米。以美国职业棒球大联盟的标准来看，这样的球速实在太慢了，而且以任何标准来看，布拉德福德的投球手法都是相当怪异的。在 2003 年出版的书籍《点球成金》中，迈克尔·刘易斯是这样描述投球员踏板上的布拉德福德的：

> 只见他腰部向下一弯，仿佛吉特巴舞演员要开始舞蹈一样。他的手猛地向垒板和地面的方向一挥，在离地面不到 30 厘米的地方，球从他的指尖飞了出去，飞向泥土和内场草地的交界处。布拉德福德的投球动作常常被人们用慢动作回放研究，在慢动作回放中，他的动作不像是在投球，倒更像是在喂鸽子或者拉屎。[1]

棒球星探实在无法相信这样一种奇怪的投法。这些星探承认，布拉德福德在小联盟中的战绩相当不错，但他们就是认为布拉德福德在大联盟中根本不会有前途。

然而实际情况是，如果你将布拉德福德的投球数据与那些被选入大联盟的投手的数据仔细比较的话，你就会发现布拉德福德是完全有资格入选的。布拉德福德从来没有保送对方击球手上垒过。他的平均战绩接近每局一次三振。布拉德福德之所以能取得这么好的战绩，是因为他的这种特殊的投法使他的出球点与其他投手相比更接近垒板，因此，虽然他的球速比较慢，但是他投的球飞到击球手面前所用的时间并不比上手投球手的快速球晚。这样的情况对击球手而言是非常具有迷惑性的，因为击球手的直觉告诉他们，布拉德福特的球速比较慢，实际上他投的球却又飞快地出现在了击球手的面前。除此之外，布拉德福德的投球线路也非常特殊，在球出手以后，球飞行的线路会上升，在球到达垒板时，线路却又会突然下沉，因此即使击球手能够击打到布拉德福德投出的球，结果通常也是滚地球而不会是飞球。因此，在布拉德福德投球的时候，对手几乎从来拿不到本垒打，甚至连二垒安打和三垒安打也非常少。

如果你看过《点球成金》的电影或者读过小说，那么你应该知道接下来要发生的故事了。一位棒球星探对布拉德福德产生了兴趣（这位星探本人也是星探中的异类）。他并不在意布拉德福德的投球动作看起来有多奇怪，他就是喜欢布拉德福德的投球数据。在这位星探的努力下，芝加哥白袜队决定给布拉德福德一次机会。1998年，布拉德福德入选了芝加哥白袜队的“农场系统”①。

一开始，布拉德福德在大联盟中的道路看起来并不平坦，他的投球教练毫不留情地告诉布拉德福德，他的前景最多是一个边缘球员。然而，接下来便是布拉德福德大放异彩的时候了，他开始为芝加哥白袜队在卡尔加里的3A队②投球，由于他在赛场上完全压制了对手，芝加哥白袜队觉得必须将其召入大联盟队。于是，

① “农场系统”是棒球联盟选拔培养年轻球员的一种系统。——译者注

② 3A队：美国职业棒球大联盟的每一支球队基本都有一支3A球队，其相当于比主队低一等的替补队。——译者注

布拉德福德顺利入选了大联盟队，并且继续在赛场上散发着耀眼的光芒。作为队里的后援投手，他让对方送上来的 7 位击球手全部出局，在赛季中的某一阶段他创造了让对方连续 12 次零得分的纪录，他没有给过对手一个本垒打，在赛季结束时他保持了自责分率 3.23 的骄人战绩。

接下来便是励志小说的常见结局了——不被看好的投手最终获得了他应该得到的巨额合约。故事的发展真的是这样的吗？

并不是。接下来刘易斯这样写道："然而芝加哥白袜队并不相信查德·布拉德福德所取得的成功。白袜队的决策人员甚至怀疑布拉德福德战绩统计数据的真实性。因为不愿相信统计数据，他们转而使用一些更加主观的评价标准来对布拉德福德的成绩进行评判。最终他们的结论是：查德看起来就不像一位美国职业棒球大联盟的选手，他的表现也不像一个职业选手的表现，他的成功只不过是靠运气罢了。"[2] 于是，虽然布拉德福德当年在赛场上表现十分耀眼，但是芝加哥白袜队仍将他送回了 3A 队。直到 2000 年的赛季末布拉德福德在白袜队的 3A 队一直郁郁不得志。然后奥克兰运动家队的总经理比利·比恩以每年 23.7 万美元的低价买走了布拉德福德。

比利·比恩的心中有他自己的计划。因为他手下的奥克兰运动家队是整个棒球大联盟中经济状况最差的球队，因此比恩决定四处挖掘被低估的棒球选手，并用这些选手组建一支球队，这样的策略既是出于他自己的信念，也是迫于现实情况不得已而为之。那么以什么样的评价标准来寻找这些被低估的球员呢？比利·比恩决定放弃棒球行业的传统评判标准（靠直觉来判断一个球员的成功前景——作者刘易斯将这种评判标准称为“所有老棒球人的集体智慧”[3]）。在比利·比恩看来，这种所谓的传统智慧导致美国职业棒球大联盟在人才甄选方面充满了误判和管理失误。于是比利·比恩转而寻求数据专家的帮助。在这些专家的帮助之下，他开始建立一套中立的分析计量方法，并利用这套方法来判断球员的价值。在这套方法的指导下，比利·比恩以很低的价格签到了一些表现非常优秀的棒球选手。刘易斯写道：“通过对棒球球员数据的研究，你可以看穿许多棒球行业中长期流传的毫无根据的迷信。”[4]对比利·比恩来说，他几乎不能理解为什么人们长期以来一直相信那些毫无根据的事情。比如，在传统棒球行业的评判标准中，评价一位投手表现的重要标准之一是他让对方击球手击出的安打数量。然而让我们仔细想一下，这样的评判标准真的有道理吗？对方击球手击出的安打数量在很大程度上取决于外野手的表现，而不是投手一个人的表现。如果游击手改变站位直面击球手，并让一个地滚球滚至外野，击球手就可以得到一次安打，然而在这种情况下，安打并不是投手造成的。在投手投出完全相同的球的前提下，游击手的站位和策略直接决定了对方击球手能否获得安打，但是为什么要把游击手策略选择的结果记到投手身上呢？

比利·比恩觉得棒球界早就该换一种思维方式了。为了找到这种新的评价体系，他找到了业余统计学家和棒球狂热爱好者沃勒什·麦克科莱克恩，沃勒什刚刚发明了一套名为“防御不相关投球数据”的投手评价系统。沃勒什·麦克科莱克恩认为，这套新的系统能够更准确地反映出投手的素质和能力，因此可以用其取代传统的标准（即面对该投手的对方击球手击出的安打数量）。布拉德福德的“防御相关投球数据”已经十分优秀，然而在“防御不相关投球数据”的评判标准下布拉德福德显得更加出类拔萃，这也成为比利·比恩选择布拉德福德的重要原因之一。

在接下来的几年中，比利·比恩和他的数据专家团队不仅用这样的思维方式评判投手的表现，还把这套方法运用到了棒球比赛的其他方面上。靠着这套方法，比利·比恩用其他球队不欣赏的球员组建了一只棒球队。在很长一段时间中，没有任何人注意到比利·比恩的这一计划。然而到了 2002 年赛季，球员薪酬排名大联盟倒数第二的奥克兰运动家队一举打入了季后赛。人们的目光一下子集中到了比利·比恩的身上，大家都想知道他是怎么做到这一点的。更重要的是，为什么奥克兰运动家队在此前的三年中平均每场胜利只消耗 50 万美元的资金，而大联盟中许多有钱的球队的花费是奥克兰运动家队的 6 倍以上，它们却无法在这一赛季中打入季后赛呢？

这个问题的答案非常简单，因为比利·比恩和他的团队借助了数据的力量。他们找到了评价球员价值的更新、更好的方法，而摒除了传统分析方法中不可靠的“直觉”和偏见。在此之前，职业棒球大联盟的经管决策者大多是前职业棒球运动员，他们是一群把自己的整个生命都奉献给了棒球运动的人，因此他们拒绝相信搞电脑的书呆子会比他们更懂棒球。比利·比恩和他的团队却用新的方法把棒球运动带入了数据为王的时代。

棒球的故事先讲到这里，现在我们又要回到和奥克兰运动家队同样位于加州的网飞公司身上。近几年来，网飞公司同样借助数据的力量，挖掘出了市场中未被发掘的价值，并重塑了整个行业结构。

* * *

在本书的一开头，我就提到过《纸牌屋》的故事。2011 年，网飞公司借助数据的力量，独具慧眼地选中了这部传统电视网络并不看好的电视剧。在《纸牌屋》的制作过程中，网飞公司跳过了制作试播集这一传统电视制作过程中必不可少的步骤，并一口气花了 1 亿美元订购了整整两季的节目。当时，业内人士认为网飞公司的这种行为简直是在发疯。然而，网飞公司的这一决策背后其实有着充分的理由，公司的数据分析团队研究了 3 300 万名网飞会员的观影习惯和偏好，这些数据给了他们充分的自信，让他们相信《纸牌屋》一剧的潜在观众群体是很大的。很快，事实证明网飞公司的判断是完全正确的。《纸牌屋》一剧取得了巨大的成功。

然而，网飞公司重塑整个行业的过程并不是从《纸牌屋》才开始的。早在 1997 年，网飞公司就一手改变了 DVD 租赁行业的面貌。由于发现了 DVD 租赁行业中未被发掘的价值，网飞公司大胆地推出了 DVD 的邮寄服务。2000 年，网飞公司曾开价 5 000 万美元希望百视达公司收购自己，然而百视达公司拒绝了这一提案，因为百视达公司的管理层认为DVD租赁的网上市场份额很小，也没有什么潜力。百视达公司当时的商业战略重点是保护自己的实体DVD租赁业务。直到4年以后，百视达才推出了网上DVD租赁业务，开始与网飞公司展开直接竞争。然而，事实证明，这4年的延迟让百视达付出了巨大的代价。到了2010年，网飞公司已经拥有了1 400万名会员，并且是美国邮政局的客户中业务量增速最快的。每一天，网飞公司都向会员寄出数十万张DVD碟片。同年，百视达公司申请了破产保护。网飞公司的首席执行官里德·哈斯廷斯说："如果百视达能够提前两年推出网上DVD租赁服务，我想我们早就被百视达挤垮了。"[5]

然而，网飞公司并没有太多时间庆祝胜利，因为在2010年的时候DVD的时代已经接近尾声，网络视频流播放的时代正在悄悄来临。网飞公司果断地拥抱了这一变化，尽管视频流业务会蚕食DVD业务的客户源，网飞公司还是迅速推出了网上视频流服务，并且很快成为北美夜间网络流量的最大来源。同时，网飞公司的管理层还意识到，这种巨大的网络流量中包含着大量信息。事实上，在这些海量的信息中，网飞公司可以极为详尽地了解消费者的偏好和观影习惯，包括消费者喜欢什么样的影视剧，消费者观看影视剧的频率有多高，他们什么时候观看这些影视剧，以及他们观看了这些影视剧的哪些部分，甚至他们在哪些片段处进行过重放等。从来没有任何一家电影公司掌握过关于个体消费者的如此详细的偏好信息，也正是出于这样的原因，2011年时没有任何一家电视台看到《纸牌屋》的真正潜力。

需要特别说明的是，电影公司并不是不想使用数据。电影公司是非常希望能够利用观众数据的。然而，当这些电影公司想用《点球成金》中比利·比恩所用的那种数据分析方式来指导决策的时候，它们遇到了一个严重的障碍——老一辈的阻力。电影公司的高管对待数据分析决策方法的态度与迈克尔·刘易斯书中描述的芝加哥白袜队的经理并无二致。（刘易斯写道："球队的经理和总经理可都是参加过职业棒球比赛的人，那些只懂电脑的书呆子哪有资格教他们怎么经营棒球队？这些书呆子的建议怎么可能会让球队变得更成功呢？"）

简单来说，数据分析方法遇到的阻力是一个文化方面的问题。最近，一位曾在某大型电影公司的家庭娱乐部门工作的人告诉我们："没有人愿意以数据为基础做决策。"另一位该团队的前工作人员则表示："他们不知道应该拿数据怎么办。"总的来说，这些家庭娱乐部门的员工认为，电影公司的院线管理人员（院线管理人员有权决定公司拍摄哪些电影，并且他们自认为是观众品位的领路人）抱有某种很深的文化偏见。院线管理人员总是尽量与那些既不太可能得奖也不太可能受到好评的电影保持距离。此外，院线管理人员还完全瞧不起家庭娱乐部门的业务，尽管一般来说，家庭娱乐部门的业务的利润会占到一部电影总利润的 50% 以上。一位曾经在家庭娱乐部门工作的员工告诉我们："他们总是认为电影生产中最重要、最'性感'的部分是第一轮院线上映。"然后他又活灵活现地给我们模仿了院线管理团队对家庭娱乐团队的鄙视：

“我都不知道怎么能有人像你们这样就靠卖老电影活着。你们简直就像是收垃圾的人一样。”

在与我们的接触中，某大型电影公司的一位高级管理人员也表现出了类似的偏见（虽然用词稍微含蓄些）：“我们有创造能力。我们是作品的生产者。我们创造出这些作品，这和他们（家庭娱乐产品的发行业务人员）可不一样。……老实讲，某家影视会员网站（指网飞）就是运气好罢了，推出的第一部剧正好成功了，就这样而已。”也许，这位影视公司高管这么说也有他的道理。但是在我们看来，这位高管的态度和芝加哥白袜队经理的态度没什么不同，当那些经理告诉全世界查德·布拉德福德的成功只是靠运气时，他们想必也觉得自己说得颇有道理。

* * *

如果你充分理解了上述讨论的精髓，那么你就会发现我们讨论的核心只有一点，那就是人类经验和数据之间的冲突。在目前的市场上，娱乐公司需要越来越多地与一种新型的上游娱乐内容生产商进行竞争，这种新型竞争者的特点是他们对以数据为基础的决策没有历史性偏见。比如，亚马逊影业和网飞影业的管理人员就正在靠数据生产原创影视剧作品，他们手中的这些数据是靠一套非常复杂的互联网发行网络搜集来的。这些新型电影公司认为，对于到底应该制作什么样的影视剧，它们已经发明了一套更好、更科学的决策机制。亚马逊公司负责数字音乐和数字影视制作的副总裁比尔 · 卡尔在 2013 年告诉《华尔街日报》:“让数据来决定我们要把怎样的作品呈现在观众面前。我们并不靠所谓的‘品位专家’来告诉我们客户应该读什么、听什么、看什么。”[6]

亚马逊的这种决策方法不仅表现在影视制作方面，也同样表现在图书出版方面。对于图书出版行业固守成规的做法，亚马逊从来都是毫不留情地表现出藐视的态度。亚马逊的一位管理人员肯 · 奥列塔在 2014 年接受《纽约客》杂志访问的时候表示:“我认为出版行业的人是一帮食古不化的失败者，他们至今还用着老式转盘电话和 1968 年发明的存货系统，他们的仓库里存的全是一些垃圾。”这番评论虽然尖刻，却准确地概括了我们上文谈到的这种文化变化的本质。现在，越来越多的出版行业人士也渐渐意识到了这种大势所趋的文化变化。2010 年，兰登书屋出版社的销售运营总裁玛德琳 · 麦克因塔什表示:“我认为我们整个出版行业都很爱靠谈话来解决问题。我们喜欢开诚布公地谈话。我们的文化是一种午餐文化。亚马逊公司的人却不参与这种午餐文化，他们有着惊人的纪律，所有问题的答案都来自数学、数字、数据。……亚马逊的文化和我们的文化有着巨大的差异，我们的文化是靠语言和对话来说服对方的午餐文化，我们的文化是以作者为核心的文化。”[7]

即便在发行行业，守旧势力（包括独立图书零售商）也无法很好地接受这种文化变迁的潮流。雨天书屋（堪萨斯城的一家社区书店）的维维安 · 杰宁斯曾在 2014 年这样告诉《纽约客》杂志:

“我们了解我们的客户，其他独立图书销售商也了解他们的客户。我们比任何机器推荐程序都更清楚我们的客户在阅读什么书。”[8] 也许在本地层面上，杰宁斯的说法确实成立，但在高度关联的全球化市场中，本地的经验是很难被大范围推广的，在与数据和算法的竞争中，人的经验绝无胜算。一位高级技术管理人员最近告诉我们：“这根本就不是一场公平的比赛。”

对娱乐创意产业来说，调整自己去适应以数据驱动的市场并不是一件容易的事情。在过去的一百年中，本地化的知识和经验一直是娱乐市场中竞争优势的重要来源。为什么会形成这样的局面呢？因为在过去，这些娱乐公司根本无法掌握太多关于消费者行为的一手信息。出版商只能看到一些宏观尺度上的统计数据，比如某一本书的总销量，然而他们对购买某本书的个体消费者的情况几乎毫无了解。唱片公司所面临的情况也是一样，它们可以购买阿比创市场研究数据，以此为依据估计某一特定时间段通过广播电台收听歌曲的听众有多少，但这些唱片公司对个体听众的情况几乎毫无了解——这些听众是谁，他们为什么喜欢这些歌曲，他们还喜欢哪些歌曲，唱片公司对此一无所知。电影公司也一样，不管在哪一条发行渠道上（院线、家庭娱乐或者电视播出），电影公司都无法与消费者直接进行互动。2014 年 11 月，索尼公司遭到了黑客攻击，当被问及攻击发生后索尼是否仍有能力发行电影《采访》[①] 时，索尼的首席执行官迈克尔·林顿非常明确地承认了这

① 《采访》，又译《刺杀金正恩》，因该片题材敏感，索尼公司在该片上映前受到了黑客攻击。——译者注

一点："我们缺乏与美国公众直接接触的渠道。要做到这一点，我们需要一个中间媒介。"[9]

因为缺乏详细的消费者数据，娱乐创意产业在决定应该生产什么样的作品时不得不采取一套不那么科学的决策机制，这套决策机制结合了宏观数据（比如阿比创收听率数据或尼尔森收视率数据）、小样本数据（如焦点小组）和业内一些"市场行家"的直觉。由于直觉对整个公司的运营至关重要，善于评判人才价值的人更容易获得提拔，占据公司的实权岗位。这样的提拔机制导致大部分娱乐公司在数据分析方面极度缺乏制度力度或政治资本，依靠直觉的决策模式却有很大的制度资本。FX 电视网的主席兼总经理约翰·兰德格拉夫在 2013 年接受《纽约时报》采访时说[10]："数据只能告诉我们消费者过去喜欢什么，却不能说明消费者未来会喜欢什么。高端的节目规划者的工作是找出尚未被现有影视剧填补的人类共同意识中的空白之处，而这些东西存在于一个数据永远无法穿透的黑匣子之中。"在很长一段时间，大型娱乐公司一直抱有上述这样的想法，并通过这样的哲学获得了极大的成功。如果这样的策略在过去完全行得通，为什么现在就行不通了呢？为了回答这一问题，我们必须回到比利·比恩和他的奥克兰运动家队的故事上来。

* * *

关于奥克兰运动家队如何通过"点球成金"式的决策方法

在竞争中脱颖而出，我们前文已经说了不少。然而我们没有提到的是，奥克兰运动家队的成功并没有持续多久。虽然比利·比恩的创新对整个职业棒球大联盟的选秀决策方式产生了巨大的影响，但这并没有让奥克兰运动家队保持长期的优势。“点球成金”的决策带给奥克兰运动家队的优势只保持了一两年，因为很快其他队也开始模仿奥克兰运动家队的策略，于是在这方面大家又回到了同一起跑线上，要赢得冠军还是得靠拼命砸钱。[11]也许，大家会根据这个例子举一反三，认为在娱乐行业也会发生类似的演化过程。网飞、亚马逊、谷歌在数据决策方面的创新也许能为它们赢得短期的优势，然而大型娱乐公司难道不可以轻松地模仿这些策略，继续在市场中保持垄断地位吗？我们认为上述情况并不会发生。我们相信，即使大型娱乐公司可以模仿这些新竞争者的策略，这也并不会是一项简单的任务，原因主要有以下两点。

第一个原因是文化。在数据的使用方面，所有职业棒球大联盟球队的情况都差不多，因此如果球队想要改变文化，采用新的管理风格的话，所有球队的起跑线都是一样的。但对于娱乐行业中的新技术公司而言，情况可就不是这样的了。正如我们在前文讨论过的那样，在数据使用方面，技术公司内部的文化和娱乐公司内部的文化是很不一样的。关于这一点，EA 游戏公司的创意总监理查德·希尔曼为我们做了很好的总结。2009 年，理查德·希尔曼曾经来卡内基–梅隆大学访问，并为我们班上的同学做了关于游戏行业内技术变化问题的讲座。在讨论的过程中，有一位学生提出了一个问题：为什么图书出版行业、唱片业和电影业的公司无法快速地适应以数据为基础的决策模式呢？对于这个问题，希尔曼回答道："你们必须记住，在这些行业中，管理层一向是根据自己对哪些产品会在市场上大卖的'直觉'来进行决策的。那些'直觉'比较好的人容易受到提拔，因此占据了公司里的重要实权岗位。然而，问题在于现在这些公司需要与谷歌、亚马逊、苹果等公司竞争，这些新的竞争对手根本不靠直觉决策，而是靠数据分析进行严格的数量化决策。"

第二个原因与取得数据的难易程度有关。在美国职业棒球大联盟中，每个球队所能获得的数据是一样的。任何球队都可以去 Stats Inc. 或者埃利亚斯运动局[①]购买奥克兰运动家队决策所用的数据，然后用这些数据复制奥克兰运动家队的分析和决策方法。然而在娱乐创意产业中，每家公司所能掌握的数据却是非常不一样的。

让我们想想那些新型网络发行平台所能搜集和掌握的数据的数量吧。正如我们前文提到过的那样，网飞公司对用户的收看情况了如指掌：每位消费者看了什么、什么时候看、用什么设备看、观众收看影视剧的时候跳过了哪些场景、哪些片段是他们反复收看的，这些信息都在网飞公司的数据库中。同样，亚马逊也通过视频流服务搜集了大量的消费者信息，再加上消费者在其他产品类别下的购买历史和搜索历史，这些信息综合起来足以反映出消

① 两者均为权威的运动数据统计公司。——译者注

费者的偏好和习惯。YouTube平台也向谷歌提供类似的消费者数据，而谷歌会把这些数据与消费者在其他谷歌平台上的行为习惯联系起来。

这种信息的交流不仅从消费者流向网络平台，也同样可以反方向流动。一旦网络平台掌握了消费者偏好的信息，便可以根据消费者的偏好有针对性地向消费者推广特定的产品。网络平台不仅可以根据消费者过去的行为向消费者推荐他们可能感兴趣的商品，还可以直接比较各种不同营销策略的效果，并针对不同类型的消费者设计不同类型的广告策略。网络平台甚至用数据来对新的消费群体进行定位，或对购买量下降的老顾客进行针对性营销，以重燃他们对该平台的兴趣。这样的信息双向流动过程可以创造一个良性的循环，从消费者处获取的信息让消费者的购物体验更好，而好的购物体验势必会提升消费者对平台的忠诚度和在该平台上的购物频率，从而让平台能够搜集更多关于消费者偏好的数据。

当然，如果这些网络平台愿意与娱乐公司共享消费者数据，并允许娱乐公司对这些平台上的消费者进行有针对性的直接营销，那么这对娱乐公司而言无疑是一件好事。然而网络平台并不愿意为娱乐公司提供这样的便利。正如表9–1中显示的那样，这些网络平台几乎不与上游“合作伙伴”分享任何客户层面的数据。比如，苹果公司会在销售报告中向娱乐公司提供一些交易层面的数据，包括客户在苹果平台上购买了什么产品，以及每一位客户的身份证号码和邮政编码。当然，对娱乐公司而言，能够从网络平台处获取个体用户的身份信息已经是一个不错的开端，我们在前文已经提到过，若干大型娱乐公司已经在利用这些数据发展新型的市场营销策略，即对不同的消费群体进行定位，然后分别施以有针对性的促销手段。然而只有苹果公司知道每一个身份证号码到底对应哪一位消费者，如果没有苹果公司的合作，娱乐公司便无法真正与这些消费者产生接触。此外，每一家娱乐公司只能看到自己公司产品的销售信息，苹果公司却可以看到 iTunes 平台上发售的所有娱乐公司产品的销售信息（包括电影、电视剧和音乐产品）。

表 9–1　网络平台与娱乐公司之间的数据共享情况

发行平台	是否共享交易层面数据	是否共享客户层面数据	是否允许对消费者直接营销
iTunes	是	仅共享有限的数据（客户身份证号码和邮政编码）	否
亚马逊	是	否	否
Google Play	是	否	否
网飞	否（总体流量）	否	否

苹果公司至少与娱乐公司共享了部分客户层面的数据，而亚马逊、谷歌和网飞公司在这方面的戒备更加森严。亚马逊、谷歌和网飞公司的销售报告中完全不向上游合作伙伴提供任何客户数据。事实上，在 2000 年中期以前，亚马逊还向供应商提供消费者的邮政编码，最近连这一点点信息也不肯继续透露了。与亚马逊一样，谷歌公司只向供应商提供交易层面的信息，而绝不泄露这

些交易背后的任何客户信息。网飞公司甚至连交易层面的信息也不肯提供，它只向供应商汇报特定市场中该供应商产品的总体观看次数。[12] 比如，当我们采访某娱乐公司管理人员的时候，他们表示网飞公司提供的季度报告中仅仅列明了这家娱乐公司的产品在整个拉美地区的收看数据，他们甚至不知道某个具体国家（如墨西哥或巴西）的观众的收看次数。

为什么这些网络平台如此吝于分享手中的客户数据呢？毕竟，在实体零售市场，零售商与供应商共享数据是一种十分普遍的现象。食品超市和其他实体零售商定期与上游生产企业（如宝洁公司、可口可乐公司、百事可乐公司等）共享详细的客户层面数据，并允许这些生产企业直接对零售商的客户进行市场营销活动。事实上，1998 年亚马逊刚刚推出在线影视剧商店的时候，其承诺与上游影视公司共享详细的消费者数据，以此来吸引这些娱乐公司把产品放在亚马逊网站上销售。根据当时负责这项工作的杰森·吉拉尔的说法，一开始各大娱乐公司都不愿意加盟亚马逊的影视剧商店，直到亚马逊强调用户数据能给这些公司带来诸多好处以后，各大娱乐公司才改变了主意。亚马逊 DVD 网页的创始编辑安妮·荷利说："那时候我们得求着那些娱乐公司和我们开会，最终帮我们赢得这些公司的是亚马逊在技术方面的优势。我们可以和这些娱乐公司共享用户的搜索结果，我们可以告诉这些娱乐公司消费者真正想要的东西是什么，此前这些娱乐公司从来不曾掌握过这些重要的信息。有了这些信息，娱乐公司就能够重点发行那些确定有客户购买基础的产品了。"[13]

然而，今天的亚马逊在数据方面已经没有过去那么慷慨了。为什么呢？最重要的原因是，亚马逊早已不再是那家急于争取供应商的西雅图新创公司了。现在的亚马逊是业界巨头，手中的市场权力足以让自己成为谈判中的强势方。亚马逊手中不仅有极为详尽的数据，还有大批数据专家，因此其可以在与合作伙伴的谈判中充分利用手中的战略资源，为自己谋求最大的利益。如果你想要在亚马逊的网站上宣传自己的内容，如果你想要把自己的产品推销给亚马逊的消费者，你就要做好向亚马逊付钱的准备。

更重要的是，随着亚马逊涉足影视剧生产行业，对亚马逊而言，其他娱乐公司的身份已经不再是简单的商业合作伙伴，而是转变为亚马逊的竞争对手。1998 年的亚马逊只是一家有希望从事影视剧发行业务的小企业，所以对那时的亚马逊而言，帮助娱乐公司发现 DVD 消费者的真实偏好是一种十分合理的商业策略。而今天，显然亚马逊再也没有理由帮这个忙了。仅 2014 年第三季度，亚马逊就在原创影视剧的生产制作上投入了 1 亿美元。而在 2015 年年初，亚马逊宣布此后每年将产出约 12 部电影，每部电影的制作预算在 500 万 ~ 2 500 万美元不等。[14] 谷歌的 YouTube 频道也在向原创影视制作方面进军，YouTube 频道在洛杉矶等六大城市建立了供 YouTube 创作者使用的影城，并计划在 2016 年年底新推出的用户订阅服务平台 YouTube Red 上推出至少 10 部 YouTube 原创影视作品。[15] 然而，在这方面，不管是亚马逊还是谷歌都只能说是在尽力追赶网飞公司的脚步。网飞公司在 2015 年将原创影视剧的产量提高到了原来的三倍，共产出超过 24 部原创剧集和 320 小时的原创影视内容。在某些评价标准下，网飞的影视剧产量已经超过了 HBO 电视网和 FX 网络的产量，而 HBO 电视网和 FX 网络长期以来一直是为有线电视观众生产原创影视作品的领军企业。[16] 然而，网飞公司没有停止脚步：这一视频流巨鳄宣布 2016 年计划产出 600 小时的原创影视内容。

通过对消费者数据实施严格的控制，这些大型网络平台不仅用这些数据来评估原创影视剧的市场潜力，还利用自身与观众直接接触的渠道进行高针对性的、以用户偏好为基础的市场营销活动，而使用传统的尼尔森估计数据或焦点小组数据是不可能进行这种高度个性化的营销的。网飞公司的发言人乔纳森·弗雷德兰德曾表示："我们真正的优势不在于挑选完美的影视作品，而在于用更高效的方式营销我们选中的影视作品。"[17] 在本书的一开头我们就提到过，在宣传《纸牌屋》的过程中，网飞公司针对不同消费群体制作了 9 个不同版本的预告片，其中一款预告片以主演凯文·斯佩西为宣传重点（受众是喜爱凯文·斯佩西电影的观众群），另一款预告片则主打该剧的女性角色（受众是爱看由女性角色主导的剧集的观众群），还有一款预告片主要强调大卫·芬奇的导演风格（受众是喜欢大卫·芬奇电影的观众群）。[18]

简而言之，在原创影视剧的生产制作方面，这些新兴的下游平台拥有以下三个重要的优势。

第一，正如我们在上文讨论到的那样，因为这些新兴的下游平台不仅掌握了宝贵的消费者数据资源，还拥有了用数据说话的决策文化，它们发现了靠直觉决策的传统娱乐公司忽略的观众需求，从而生产制作出了一批极具商业价值的“大热”影视剧作品。

第二，因为这些平台是以按需点播的方式向消费者播送内容，并且它们能够直接向每一位个体观众进行有针对性的宣传和营销，这些平台能够靠在传统渠道中难以获利的“长尾”内容获利。在大规模市场渠道中，传统娱乐公司只能把业务重点放在观众基础广泛的作品上，这些下游网络平台却不需要这样做。亚马逊影视公司的总裁罗伊·普莱斯曾在接受《好莱坞报道》（*Hollywood Reporter*）的采访时这样总结上述的商业模式：“假如说你手上有一部影视剧，80% 的观众认为这部剧不错，他们可能愿意收看这部剧，但这些人中并没有人认为这是一部特别好的影视剧，也没有人说这是他们最喜欢的影视剧。然后，你手上还有另外一部影视剧，虽然只有 30% 的观众喜欢这部剧，但在这 30% 的观众中，每一个人都极度热爱这部剧，而且绝对会一集不落地全部看完。那么，在一个按需点播的平台上，第二部剧才是更有价值的。这样的情况真的完全改变了我们的经营方针，因为你需要做的就是变得更有针对性。我们制作影视剧的标准不再只是符合普通大众的需要或者服从某些规则，而更多的是找到一种独特的声音，找到能让某些人深深喜爱的某一位独特的艺术家。”[19] 按需点播平台的这个特点也许可以解释为什么网飞公司愿意购买《发展受阻》（*Arrested Development*）一剧的制作权并继续拍摄该剧的下几季。在网飞公司接手之前，《发展受阻》一剧已被电视台停播并取消后续拍摄计划。《发展受阻》一剧在其忠实观众群体里有着独特的魅力和号召力，然而由于受众群体比较狭窄，总体来说这部剧在电视台播出是无法赢利的。按需点播平台的这一特点也解释了网飞公司为什么一口气与亚当·桑德勒签了4部电影的合约，以及为什么亚马逊愿意与伍迪·艾伦签约制作一部电视剧。亚当·桑德勒和伍迪·艾伦都属于小众电影爱好者才会欣赏的电影人，虽然他们都有强大的粉丝基础，但是如果没有亚马逊和网飞公司手中详细的客户数据和直接与观众联系的渠道，制作方就很难从两人的受众群体中获利。

第三，这些下游平台可以在其产出的影视作品和平台品牌之间建立很强的联系。这就打开了提升客户忠诚度的新渠道以及交叉营销的新选择。更重要的是，这种提升品牌忠诚度和进行交叉营销的新策略是传统大型娱乐公司难以模仿和复制的。因为从行业传统来看，大型娱乐公司从来没有在作品和公司品牌之间建立过较强的联系，在娱乐行业以外几乎没有任何人在乎《侏罗纪世界》（*Jurassic World*）究竟是由哪家电影公司出品的，没有任何人关心泰勒·斯威夫特的新唱片究竟是哪家唱片公司出品的，也没有人清楚《达·芬奇密码》（*The Da Vinci Code*）究竟是由哪家出版社出版发行的。

到目前为止，我们进行的大部分讨论都是围绕影视行业进行的。但其实在音乐行业和出版行业，“大数据”也同样变得越来越重要。Pandora（通过它的音乐基因项目）、Shazam和Spotify等公司已经搜集掌握了大量关于消费者偏好的详细信息，在新艺人的市场宣传活动中，这些信息必然会发挥强大的作用。事实上，

Spotify 的首席执行官丹尼尔·艾克曾表示，Spotify 公司搜集的数据已经给公司带来了极大的比较优势："这项工作我们已经做了很多年了，我们搜集到的是关于最热爱音乐的消费者的最大规模的数据。"[20] Shazam 也同样靠数据建立起了自己的比较优势。通过一个能让用户随时随地识别出自己正在听的音乐是什么的智能手机应用，Shazam 每天可以搜集到个体消费者 2 000 万次搜索结果的数据。这样大规模的数据使得 Shazam 的手机应用具有极强的预测能力，因此这一应用在全美国的音乐经纪人中变得非常流行。2014 年 2 月，Shazam 公司宣布将利用公司掌握的数据为华纳音乐集团的新品牌 imprint 制作音乐。[21]

总的来说，这些下游平台的策略首先通过数据的力量获得比较优势，并获得客户的忠诚度和市场权力，然后再通过纵向整合的方式向娱乐产品的生产制作领域进军。当亚马逊公司进入图书行业的时候，很少有人意识到亚马逊的重点目标并不是图书的销售。麦克米兰出版公司的首席执行官约翰·萨金特在 2011 年这样评论杰夫·贝佐斯创建亚马逊公司的真实意图："我还以为亚马逊只是一家书店呢，我多蠢啊！"事实上我们发现，图书只是贝佐斯搜集数据的途径和工具而已。萨金特表示，他最终意识到，图书销售只是亚马逊"招揽顾客的一种策略而已"。[22]

* * *

当我们和娱乐行业的高级管理人员讨论这些新数据"叛军"

所带来的挑战时，我们通常会听到以下的4种回应（并且有时候这4种论点是完全以我们列出的顺序出现的）：

- 你不能用数据进行创意决策。如果你用数据进行创意决策，就会干扰创作过程，并且毁掉我们的行业。
- 我们公司也有我们的数据，我们用数据来做决策也颇有些年头了。这些新公司使用的数据和我们一直使用的数据之间并没有太大的差别。
- 这些新公司需要依赖我们向它们提供娱乐作品，如果它们变得太强大了，我们只要不授权它们使用我们的娱乐作品就行了。
- 我们只要开放我们自己的视频流渠道就行了，那样的话我们也就可以掌握客户层面的数据了。

对于以上4种观点，让我们逐一进行讨论。

你不能用数据进行创意决策。如果你用数据进行创意决策，就会干扰创作过程，并且毁掉我们的行业。

我们认为，在这一论点中存在两个逻辑上的问题。首先我们认为“网飞公司在用数据干涉创作过程”这一前提本来就不成立。2015年，特德·萨兰多斯告诉国家电视节目管理者协会：“我们完全没有用数据去干涉创作的过程。我们的数据是用在别的地方的，比如说：哇，这个剧真的有很大的成功潜力，所有优秀影视剧所需要的元素这个剧都有了，所以我们会在这部剧身上投入大量资金。”[23] 在这里，我们可以用《点球成金》的故事做一个很好的类比，奥克兰运动家队并没有用数据告诉查德·布拉德福德应该怎么去投球，只是用数据判断布拉德福德的这种投球风格到底有多大的潜力而已。

这一论点中的第二个逻辑问题是：事实上在数据决策的机制下，创作者的创作自由不但没有减少，反而增加了。在 2014 年内容营销大会的主题演讲中，凯文·斯佩西非常雄辩地阐明了这一点，我们将凯文·斯佩西的演讲内容引用如下：

> 在过去的几年中，大量引人注目而富有活力的电视剧井喷般地涌现了出来，这些剧集的人物刻画和叙述手法丰满多样。这些作品包括《黑道家族》（*The Sopranos*）、《单身毒妈》（*Weeds*）、《国土安全》（*Homeland*）、《嗜血法医》（*Dexter*）、《六尺之下》（*Six Feet Under*）、《朽木》（*Deadwood*）、《裂痕》（*Damages*）、《混乱之子》（*Sons of Anarchy*）、《监狱风云》（*Oz*）、《火线》（*The Wire*）、《真爱如血》（*True Blood*）、《大西洋帝国》（*Boardwalk Empire*）、《广告狂人》（*Mad Men*）、《权力的游戏》（*Game of Thrones*）以及《绝命毒师》（*Breaking Bad*），可能还包括我自己的作品《纸牌屋》。
>
> 老实说，这些作品在 15 年前是绝对不可能被创作出来的。因为在 15 年前，大部分电视台的管理人员认为，电视剧中的所有角色都必须是好人，都必须对工作尽忠职守，都必

须对家人和蔼可亲。巴尼·法夫不是一位患有双向情绪障碍，还爱上了目标人物的美国中央情报局探员；玛丽·泰勒·摩尔也不是一位喜欢制造冰毒的高中化学老师。我相信，电视剧制作行业的这一变化象征着电视剧的第三个黄金时代的来临。我认为之所以会出现这样可喜的变化，是因为电视剧的创作者对自己的作品拥有了比以前更强的控制权。从前，这种权力集中在一小部分人手里，这些人包括影视公司、电视台的职工以及它们的管理层。拍摄什么样的影视剧、怎么拍摄这些影视剧、哪些观众能看到这些作品，都是由这一小部分人坐在一起讨论决定的。

我的意思是说，我还记得这些人，在我刚刚开始出演电视剧的时候，我常常看见他们。他们总是穿着西装围着摄影机。他们就是电视台的那些人（好，我看到台下电视台的人坐不住了）。他们对每一个创作决定都要指手画脚，对每一件事情都要发表意见。他们总是问这问那，问为什么我的头发要梳成这样，为什么我的领结要系成那样，为什么我要这样演，为什么我要那样演。这些事情让我感到不快，因此我渐渐远离了电视剧，把电影和戏剧当作我职业的重点。然而，在与网飞公司合作拍摄《纸牌屋》的过程中，我获得了和早期拍摄电视剧时截然不同的体验。事实上，我要说，拍摄《纸牌屋》是我在摄影机前完成的最有趣且最能带给我创造满足感的工作。[24]

此外，我们还应注意到，在依靠数据决策机制制作出来的影视剧中，还有不少作品获得了创作方面的奖项。比如，2015 年的金球奖最佳喜剧奖就颁给了亚马逊公司的原创电视剧《透明家庭》（*Transparent*），其他获得此项提名而没有获奖的影片还有哪些呢？有网飞公司的《女子监狱》（*Orange is the New Black*），有 HBO 电视网的《硅谷》（*Silicon Valley*）和《都市女孩》（*Girls*），有 CW 电视网的《处女情缘》（*Jane the Virgin*）。而在 2016 年，网飞公司共获得 8 项金球奖提名，提名数量位居所有电视台之首，结束了 HBO 电视网这 14 年来每年提名数量都保持第一的历史。[25] 事实上，在 2016 年的金球奖上，网飞公司获得的提名数量只比所有传统电视台的总提名数量少一项，这些传统电视台分别是 ABC（四项提名）、福克斯（四项提名）、CBS（两项提名）和 NBC（零项提名）。[26]

另一个很能说明问题的现象是许多知名艺人选择与靠数据决策的新公司展开合作，而不与传统影视公司合作。随着大量知名演员、编剧及其他专业创作人员投向新兴影视平台的怀抱，娱乐行业中甚至产生了对“人才流失”潮流的担忧。[27]

我们公司也有我们的数据，我们用数据来做决策也颇有些年头了。这些新公司使用的数据和我们一直使用的数据之间并没有太大的差别。

确实，大型娱乐公司用数据来做决策也颇有些年头了，但是在它们使用的数据中，绝大部分都不是这些公司专有的数据。娱乐行业中的任何一家公司都可以从尼尔森公司或者阿比创公司买到收视率估计数据，都可以从 Rentrak、SoundScan、BookScan 等公司买到销售量估计数据，都可以从 ComScore 公司买到网络听众的数据。此外，网飞、亚马逊、苹果、谷歌等公司搜集的数据比行业内现有的通用数据要详尽、具体得多，也比通过焦点小组得到的数据要广泛、全面得多。而最重要的一点区别是，网络平台搜集到的数据能够被这些平台用于与客户进行互动，或者直接对客户进行宣传营销。

这些新公司需要我们提供娱乐作品，如果它们变得太强大了，我们只要不授权它们使用我们的娱乐作品就行了。

娱乐行业的管理人员常常抛出的一个论调是：如果真到了危急关头，他们就可以将本公司的产品从那些威胁他们的新兴平台上撤走，这会导致这些新兴平台无法继续经营下去，或者至少会显著削弱这些平台的市场权力。

作为一种独立的策略，我们认为这样的行为是无法达到预期效果的。在 NBC 与苹果公司的斗争过程中我们看到，如果娱乐公司将自己的产品从新兴平台上撤下，同时又没有其他合法渠道可以填补这一空白的话，这一行为只能将观众需求引向数字盗版渠道。即便有其他合法购买 / 租赁渠道存在，由于网飞、亚马逊、谷歌、苹果等公司目前已经掌握了很大的市场权力，某公司想通过撤回娱乐产品让这些平台完全无法继续经营是不太现实的。此外，影视公司、唱片公司和出版社也依赖这些平台带来的收入。[28] 而且它们还从这些平台处收获着重要的外溢效应（因为这些平台的存在使得观众可以通过数字平台更好地发现娱乐公司的产品），因此将产品撤下这些平台显然是一种得不偿失的做法。

我们只要开放我们自己的视频流渠道就行了，那样的话我们也就可以掌握客户层面的数据了。

这是一个不错的想法，但是仅靠这一手段与新兴平台的服务进行竞争显然是不够的。对网络市场上的消费者而言，“便利性”是决定他们消费选择的一个极为重要的因素，而且，正如我们在本章前面讨论过的那样，大部分娱乐产品和出产商的品牌联系并不紧密。因此，如果福克斯决定新建一个提供电影（福克斯的电视剧作品比电影更加出名一些，但是即使是建立电视剧播放平台，情况也不会有什么区别）视频流播放服务的网上平台的话，大部分消费者可能根本就意识不到他们喜欢收看的内容是福克斯出品的，因此也就根本不会去这个平台上寻找他们想看的内容了。就算消费者能够记住每部影视剧的出品方，让他们去各大影视公司的平台上找不同的影视剧也是很麻烦的，显然消费者更希望能把他们想购买的所有节目都集中在同一个平台上。一个集中的平台不仅对消费者有好处，对生产者也同样有好处。就算每一部电影都建立自己的视频流平台并搜集观众行为的详细信息，娱乐公司要整合利用这些数据也是很困难的。相比而言，亚马逊和网飞所搜集的信息价值可就高得多了，因为它们能够看到观众在平台上收看所有内容的行为特点。

* * *

下面，让我们回顾一下本书已经讨论过的问题。在本书的1~4章，我们从经济学的角度讨论了娱乐创意产业的基本特点和结构。正如我们在第2章中详细讨论过的那样，从历史上看，娱乐行业具有很强的规模经济效应和很高的市场进入壁垒，不管是图书的出版、唱片的生产还是影视剧的制作都具有上述两个特点。因为娱乐行业的这种经济学特点，少数几家出版社、唱片公司和影视公司掌握了大量市场权力，对下游的发行宣传渠道和上游的艺人、作者具有很强的控制力。在本书的第3章，我们讨论了大型娱乐公司如何使自己的销售利润最大化，其主要策略是控制消费者能获得娱乐产品的时间和方式。

在本书的第Ⅱ部分，我们提出了这样的观点：一场技术变革带来的完美风暴正在改变娱乐行业中的市场权力来源和赢利模式。长尾市场的活力、数字盗版现象的盛行、艺人所面对的一系列全新的制作和发行选择、下游发行平台的崛起以及这些发行平台搜集并控制详细消费者数据的能力——这些因素共同作用，使得市场权力不断从控制娱乐作品的上游公司流向控制消费者的下游公司。

本章我们提出，在适应这种新的竞争环境的过程中，大型影视公司、唱片公司和出版公司主要面临以下两方面的挑战：一是企业文化方面的偏差，这种偏差使得这些大公司总是想要保护现有的经营模式，并且保留传统的以“直觉”为基础的决策模式；

二是缺乏获取宝贵的客户层面数据的渠道，在娱乐产品的生产和宣传过程中，这些数据的重要性正在不断提高。我们相信，要想在娱乐市场继续生存和繁荣下去，大型娱乐公司必须面对和解决以上两个问题。在接下来的第Ⅲ部分，我们将提出一些可行的策略，我们相信这些策略能够帮助大型娱乐公司应对上述两个挑战。而我们的第一条建议是，大型娱乐公司应该进行一些组织结构上的改变。

III

新的希望

不管他们获得了什么样的技术数据，反叛军对我站的所有攻击都是徒劳无益的。

——莫提上将，《星球大战 4：新的希望》（*Star Wars Episode IV*：*A New Hope*）

第 10 章　傲慢与偏见

我来找你的时候，从没想过你会拒绝我。是你让我明白，我所有的自负是多么的没有道理。

——简·奥斯汀，《傲慢与偏见》

我是一个完全实证主义的人。关于我们这一行应该怎么经营，我不抱有任何浪漫的信条。我只相信证据，只采取证据让我做的行动。

——盖里·洛夫曼，哈拉斯娱乐公司首席执行官[1]

数字时代，要想在高速变化的商业市场生存和繁荣下去，今天娱乐行业的大型公司必须学会利用详尽的客户层面的数据的力量，并且必须拥抱一种以数据为基础的新的决策文化。要想做到这一点，娱乐公司首先必须完成对其组织结构的大规模改革。对娱乐公司而言，这并不是一个容易的任务，因为早在几十年前，这一行业的结构就已经变得十分稳固和僵化了，而当时，客户层面的数据还没有作为一种有用的决策工具出现在这些公司面前。不管是从物流方面来看，还是从文化方面来看，要完成这种组织结构方面的改革都是非常困难的，正如我们在前一章讨论过的那样，要想与采用数据决策模式的新兴竞争对手进行竞争，这种组织结构上的改革对大型娱乐公司而言是完全必要的。让娱乐公司以数据为中心建立组织结构会有许多好处。要说明这一点，最合适的例子莫过于哈拉斯娱乐公司（现已更名为恺撒娱乐）的成功故事了。在 21 世纪初，哈拉斯娱乐公司通过这样的策略在市场竞争中取得了优势，并且成为博彩行业的市场领导者。

* * *

哈拉斯娱乐公司的崛起是一个属于 20 世纪的成功案例。[2] 1937 年，哈拉斯娱乐公司的创始人威廉 · 菲什 · 哈拉搬到了内华达州的雷诺市，并开了一家小型宾果[①]游戏厅。很快，哈拉便将这家宾果游戏厅升级成了赌场。当时，在雷诺市，赌场是一种沙龙风格的营业场所，那里的环境通常昏暗、肮脏、恶劣。于是哈拉斯公司认为，如果能创造一种新型的赌场，这里就一定能够吸引到大批的客户，这种新型的赌场拥有干净、明亮、豪华的环境，那里把赌博包装成一种干净愉快的娱乐行为，而不是一种充满罪恶感的地下活动。

① 宾果是一种赌博性质的游戏。——译者注

哈拉这个主意成功了。人们从美国各地涌向他的赌场。在接下来的几十年中，哈拉斯娱乐公司又在其他地方建立了很多类似的连锁赌场，用哈佛商学院教授拉吉夫·拉尔的话来说，哈拉成了“将博彩产业化的人。”[3] 1955 年，哈拉在加州的太浩湖边建起了当时世界上最大的独立赌博场所，并以自己公司的名字哈拉斯命名这一场所。这座赌场是一个有 850 个座位的大型娱乐场所，这一场所集剧院和餐馆功能为一体，并定期从美国各地邀请顶尖艺人前来表演。哈拉斯赌场越来越成为美国各地人们的理想度假胜地，于是哈拉斯娱乐公司又在赌场附近建起了豪华的酒店。哈拉于 1978 年去世，但是他的公司仍在继续其辉煌的商业旅程。20 世纪 70 年代和 80 年代，美国的许多州将赌博合法化，于是在 20 世纪 90 年代，哈拉斯娱乐公司推出了一项极富野心的商业扩展计划。随着这一计划的推行，哈拉斯娱乐公司变成了美国第一家经营范围遍及全国的连锁赌场公司。拉尔写道：“截至 2000 年，哈拉斯娱乐公司已经成为博彩行业中最知名的连锁企业之一。在所有赌场中，哈拉斯公司的赌场所占的市场数目最多。哈拉斯公司在陆地上、码头边、河船上、印第安人自留地上经营着各种赌场设施，在所有传统赌博娱乐辖区和大部分新赌博娱乐辖区中都能找到哈拉斯公司的赌场。”[4]

正如拉尔所言，截至 2000 年，哈拉斯公司的赌场业务一片欣欣向荣，然而博彩业的商业大环境正在悄悄发生着改变。在美国本土，不再有新的州将赌博娱乐合法化，因此哈拉斯公司的商业扩张计划也就无法继续推行了。市场的需求变得有限了，哈拉斯公司发现它不得不与一些浮华的新兴赌博公司展开激烈竞争，而这些新公司通过修建梦境一般绚丽的大型豪华度假设施（这种策略的先锋是拉斯韦加斯的米拉奇酒店和卢克索酒店，米拉奇酒店有鲨鱼缸、野生动物、喷发着岩浆的人造火山，而卢克索酒店有宏伟的玻璃金字塔、埃及神庙的复制品以及法老的雕像）成功抢走了大批消费者。在拉斯韦加斯以及美国的其他地方，这些新公司的策略是让赌场被华丽的商场、高级的餐馆、奢华的洗浴场所以及各种浮夸的娱乐设施所围绕，而这一切都是为了吸引赌博者以外的其他消费者。事实证明，这样的策略是非常有效的。2001年，拉斯韦加斯的消费者在购物、餐饮以及娱乐上花的钱已经达到了赌博支出的三倍。虽然赌博市场在过去的几十年中发生了大规模的扩张，但是到了 90 年代末，内华达和亚特兰大城的赌场收入仍占到美国整个赌场业收入的 40%（美国整个赌场业的年收入是 310 亿美元）。

在 50 年的过程中，哈拉斯娱乐公司非常成功地建起了大量全国连锁赌场，并靠着这些赌场获得了丰厚的利润。然而哈拉斯公司的每一家赌场在很大程度上都是以自治的方式在其本地的市场上经营的。哈拉斯娱乐公司几乎所有的收入都来自赌场，而不是来自公司经营的商店、餐馆或者其他娱乐设施。因此，哈拉斯娱乐公司没有办法靠上述发展赌场周边设施的策略与新的公司竞争，因为它的手中缺乏必要的资源。哈拉斯娱乐公司在全国范围内拥有大量豪华的赌场设施，要想在一夜之间对全国范围内的哈拉斯赌场进行再投资显然是不可能的。因此，哈拉斯娱乐公司的首席执行官菲利普·萨特认识到，要想保持竞争力，哈拉斯公司就必须寻找一种新的商业模式进行突围。90 年代中期，萨特为哈拉斯公司制订了一个新的商业计划，事后他表示："客户忠诚度是哈拉斯公司真正的竞争优势，因此我们决定以客户忠诚度为基础，重新把哈拉斯公司塑造成行业的领导者。"[5] 为了达到这一目的，萨特于 1997 年推出了哈拉斯公司的客户忠诚度项目"完全金卡"。"完全金卡"项目模仿了航空公司的常旅客飞行计划，当消费者在任何一家哈拉斯赌场赌博时，他们都可以在自己的卡上积累点数，而攒够一定点数后他们就可以用这些点数兑换博彩业中的一些标准奖励产品，如免费餐饮、免费酒店住宿、免费娱乐表演票等。然而，由于哈拉斯公司的每家酒店都是以自治的形式独立经营的，因此这种"完全金卡"只能在发卡的那一家哈拉斯赌场使用，而且哈拉斯旗下的每一家赌场都可以自行决定针对其消费者的市场营销计划的细节。

萨特很快就意识到，如果能够建立一种全国范围内通用的客户忠诚度项目，并且让消费者能在所有哈拉斯旗下的赌场积攒点数的话，那么这个项目的价值将会提高许多。于是，萨特开始对这个新的商业决策进行投资。与此同时，1998 年萨特雇用了哈佛商学院教授加里·洛夫曼作为哈拉斯公司的新任首席经营官。萨特为新官上任的洛夫曼设置了非常清楚的任务目标。洛夫曼在 2003 年这样写道："当萨特雇用我担任哈拉斯公司的首席经营官时，他表示希望我帮助他完成哈拉斯公司的转型任务。当时的哈拉斯是一家以赌场经营为核心的公司，哈拉斯公司旗下的每一家赌场都是一个独立的商业机构。而萨特希望把公司转型为一家以市场为核心的公司，并且希望建立消费者对所有哈拉斯公司旗下产业的忠诚度。”[6]

洛夫曼上任以后，他立即意识到目前的“完全金卡”项目存在很大的缺陷，因为每家赌场提供的“完全金卡”项目条款都不一样，因此这一项目完全无法建立消费者对整个哈拉斯品牌的忠诚度，也无法使遍布全国的哈拉斯赌场成为消费者赌博度假的首选之地。与此同时，洛夫曼也认识到，虽然“完全金卡”项目存在明显的缺陷，但这一项目也为哈拉斯公司开辟了一条搜集和分析复杂客户数据的绝佳渠道。洛夫曼写道：“虽然‘完全金卡’项目并不能帮助哈拉斯建立起消费者的忠诚度，但是这一项目在悄悄地为我们挖掘着未来的钻石矿。”[7]

然而洛夫曼明白，要将对数据的使用变成哈拉斯公司经营模式的一部分并不是一件容易的事情。这是因为从组织的层面来看，哈拉斯公司旗下的各家赌场之间并没有信息共享的机制和习惯。洛夫曼对当时他所面临的情况进行了这样的描述：“每一家赌场就像一块独立的封地，这些封地主要由封地的领主自行治理，而皇帝和皇后只有在经过这里的时候才能偶尔进行一些干预。每一家赌场的损益情况相对独立，每一家赌场手头都有自己相对独立的资源，要想让赌场的经营者鼓励他们的客户去其他哈拉斯公司旗下的赌场进行赌博，这样的概念在当时根本就无法普及。”[8]当然，哈拉斯公司设置这样的经营模式并不是完全没有道理的，这种独立自治的模式是为了让每一家赌场的经营者有充分的动机来提高本地赌场的经营情况，因为在这样的自治机制下，他们不得不与其他赌场争夺有限的资源。然而，洛夫曼的目标是在公司的整体层面上对哈拉斯公司进行以数据为基础的管理，因此这种独立自治的经营结构显然不符合洛夫曼的要求。

于是，洛夫曼认为目前公司转型的首要任务是进行组织结构方面的改革。在萨特的支持下，洛夫曼的第一步棋是要求所有赌场经理和分公司总裁都必须直接向洛夫曼汇报，而此前公司的经营模式是这些人直接向首席执行官汇报。洛夫曼写道："这样的改革是为了发出一个信号，让大家明白顾客属于整个哈拉斯公司，而不仅仅属于某一家赌场。"事实证明，这样的改革并不容易推行，洛夫曼的上述措施一经推出就遭到了赌场经理的强烈反对。在哈拉斯公司内部，大部分赌场经理都是赌场的业内人士，他们通过多年的努力才慢慢从基层走到了现在的管理者职位上。让他们掌握赌场的自治权是对他们多年努力的一种奖励，而洛夫曼竟要求这些经理在市场营销项目方面听从来自总部的一名"外行"的指挥，这显然是对这些经理的权力和控制力的一种直接挑战。此外，这样的改革还可能影响到这些经理人的收入。此前，这些经理人的奖金和其他额外收入是与他们管理的赌场收入息息相关的，要让这些经理人上交手中的数据，并鼓励客户去其他赌场（即便是哈拉斯公司旗下的赌场）进行消费，当然会被他们看作一项严重的威胁。

许多哈拉斯公司员工不愿意接受这种新的汇报结构，也不愿意放弃他们手中的自治权力。因此，洛夫曼上任后不久，他就撤换了哈拉斯旗下两家重要赌场（分别位于雷诺市和拉斯韦加斯市）的总经理。[9] 在将客户市场营销的决策权收归总部的过程中，哈拉斯公司流失了 1/4 的赌场管理人员。此前，这些管理人员手中握有极大的自治权力，他们可以自行决定向赌场的客户发放怎样的奖励。[10]

虽然改革的过程是痛苦的，但是这种公司组织结构上的改革使得哈拉斯公司可以通过一套复杂的网络系统将旗下所有赌场的数据统一收归总部使用。在进行完这项改革之后，哈拉斯公司首次通过系统性的方法从这些数据中获取价值，并将这一过程作为公司经营的重点之一。洛夫曼写道："通过追踪数百万名个体消费者的交易情况，我们的信息科技系统搜集组织起了大量关于消费者偏好的数据。'完全金卡'奖励项目的核心是一个 300GB（吉字节）的交易数据库，这个数据库记录了消费者在各销售点上的消费行为，这些销售点包括角子机、餐馆以及我们公司旗下的其他零售场所。然后，数据库经理会把这些信息放入我们的企业数据库，这个数据库中不仅存有数百万个消费者交易数据点（包括消费者的姓名、地址、年龄、性别等），还存有关于消费者赌博偏好和消费偏好的详细信息。总之，我们的数据库中存有极为丰富的消费者信息。"[11]

除了改变公司的汇报结构以及把数据分析上升为一种"总部层面"的高级功能以外，洛夫曼还在高级管理层中雇用了大批具有很强数据分析背景的技术人员，来向整个公司传达数据分析的重要性。洛夫曼将这个数据分析团队称为"螺旋桨头"，这个团队包括两名负责管理客户关系和客户忠诚度的高级副总裁：理查德·米尔曼是一名曾在芝加哥大学工作的数学家，戴维·诺顿则在美国运通公司、“家庭国际”（Household International）以及 MBNA America 等公司主管过分析工作。

洛夫曼要求公司的一切决策必须以严格的分析和测试作为基础，而不能以“这种方法可能会有效”的第六感作为基础。通过这样的方式，他将数据分析的理念深深植入了哈拉斯公司的文化中。洛夫曼表示：“当我和公司的市场营销人员讨论他们推出的任何新营销措施时，我一定会问他们‘这种做法有没有经过事先的测试呢’如果我发现营销部门不经过测试就推行某项营销措施，我就会把他们杀掉。不管他们认为自己有多聪明，推行一个策略之前一定要经过严格的测试。”[12]

有了新整合的数据平台并将重点放在数据分析上以后，洛夫曼和他的团队很快发现了许多令人惊讶的事实。比如，通过数据分析他们得以向赌场的经理证实，在哈拉斯公司采取集中化的客户管理机制以后，本地赌场的收入并没有因此受到损害。米尔达表示：“有的人可能会假设，如果消费者去拉斯韦加斯赌博，他们就不会再去密苏里州的图尼卡市赌博了，然而我们认为这样的假设并不一定成立。我们通过数据分析对上述命题进行了检验，发现（并告诉赌场经理）这样的假设是不成立的。在我们建立起这个系统以后，我们便有能力证明市场之间存在着很强的相互作用关系。”[13]

通过数据分析，洛夫曼的团队发现，26% 的客户贡献了哈拉斯公司 82% 的收入。然而更重要的是，通过研究个体消费者的行为，他们发现为公司贡献最多利润的客户并不是大家传统上认为的下大赌注的“豪赌者”，而是喜欢玩老虎机的中老年消费者。有了这样的认识，当行业内的其他公司把经营重点放在豪赌者身上的时候，洛夫曼却设计出了一套吸引“小玩家”的独特商业策略。

有了客户层面的数据，洛夫曼和他的团队还能够用很少的信息（比如这位新客户玩了什么游戏、下了多少赌注以及玩游戏的速度有多快等）预测出一位新客户对赌场的终生价值。具体来说，洛夫曼的数据分析团队可以通过观察一位消费者的少量行为对消费者未来能给赌场带来多大价值做出相当准确的预测。然后，数据分析团队会将这一预测结果与该消费者在哈拉斯赌场的实际行为进行比较，并决定是否要向该消费者提供一些促销措施，以及向该消费者提供什么样的促销措施。如果数据模型预测某位消费者会进行大量赌博行为，而实际上在哈拉斯的赌场中并没有见到这位消费者的身影，那么这位消费者很可能是在其他赌场中度过了大把的时光，因此哈拉斯公司可以对这位消费者进行定位，并向其发送一些促销项目的广告，试图提高这位消费者对哈拉斯赌场的忠诚度。同样，如果哈拉斯的数据分析团队发现一位常来哈拉斯赌场的客户减少了来赌博的频率，他们同样也可以对该消费者进行定位，并通过一些市场营销手段挽留这位客户。

有了这个新整合的数据平台，哈拉斯公司还可以通过实验的方法测试哪种市场营销策略效果最好。洛夫曼曾说：“在哈拉斯公司，我们的每一个决策都是有控制组实验作为基础的。控制组是我们的行为准则，就像绝不能骚扰妇女，绝不能偷窃那样基本的行为准则。如果你在哈拉斯公司竟然不经过控制组实验就做出决策，那么你很有可能会失去自己的工作。”[14] 这些实验也同样帮助哈拉斯公司发现了一些意想不到的事实。在其中一项实验中，哈拉斯公司向第一组顾客提供一份典型的奖励忠诚度的奖品，这组奖品包括一间免费酒店房间，两份牛排晚餐，以及价值 30 美元的免费赌博筹码（这组奖品的总价值为 125 美元），而对第二组顾客，哈拉斯公司只向他们提供价值 60 美元的免费赌博筹码。实验的结果和预想完全不同，事实证明后一种市场营销手段为哈拉斯公司带来的利润是前一种市场营销手段的两倍。在另一项实验中，哈拉斯公司研究了影响顾客对角子机的选择的因素。这项实验包括很多非常细化的对比，甚至包括角子机背景的颜色。通过从这项实验中获得的信息，哈拉斯公司改变了赌场中角子机的摆放方式和细节设计，从而更好地迎合顾客的偏好。

简而言之，哈拉斯公司的市场营销决策过程是一个高度数量化的决策过程。这套市场营销决策过程的基础不仅是观测到的消费者行为，还包括用模型预测出的消费者行为，而要进行这样的预测，只需要一组相对较少的观察结果就足够了。这两种决策方式之间的差距是非常显著和重要的。如果一家赌场在决策的时候只考虑已经观测到的消费者行为，那么这势必会将不常来访的消费者定义为低价值消费者，然而当赌场通过模型预测来判断消费者的价值时，便会发现某些很少出现在哈拉斯赌场的消费者却可能是其他赌场的常客，因此这样的消费者应该被定义为高价值消费者。

此外，这种高度数量化的决策模式还使得哈拉斯公司能够对个体消费者进行高度个性化的市场营销，同时哈拉斯公司发现，这种个性化的营销手段对客户忠诚度的建立极有帮助。根据理查德·米尔曼的说法，哈拉斯公司希望消费者抱有这样的想法："我想去哈拉斯赌场赌博是因为我知道哈拉斯赌场了解我，并且他们会根据对我的了解为我提供相应的奖励，如果我去其他赌场赌博，我就无法获得这种体验。"[15]哈拉斯公司还发现，通过使用手中的详尽数据和原创算法，公司可以建立起一种增强客户忠诚度的良性循环。洛夫曼曾说："我们的研究越是深入，进行的测试越多，学到的知识也就越多。我们越是了解自己的客户，客户所面临的转换成本就会越高，那么我们在竞争中的优势也会越明显。这就是我们要做尽可能多的测试的原因。"

在哈拉斯公司向以数据为基础的管理模式转型的过程中，其使用的策略主要包括以下三个主要原则：

- 将全公司的所有数据集中汇总到总部进行处理，并且将数据分析上升为一种总部层面的、高度重要和拥有优先权的功能。
- 坚持所有决策必须以数据为基础，最好能以控制组实验为基础。
- 将每一位消费者当作一个个体的人来对待，把消费者的行为作为设计市场营销策略的基础。

事实证明，这样的策略是非常有效的。截至 2003 年，哈拉斯公司的收入连续 16 个季度稳健增长。2002 年，哈拉斯公司总共获得了 40 亿美元的收入和 2.35 亿美元的净利润。[16] 通过运用数据的力量，哈拉斯公司取得了有目共睹的成功，而加里 · 洛夫曼显然对这样的成功感到非常的骄傲，他写道："通过深入挖掘客户数据，通过进行市场营销实验，并用实验结果来设计和实施高度个性化的市场营销策略和服务，我们成功地赢得了很多忠诚客户，并在赌场的战争中取得了胜利。"[17] 2003 年，洛夫曼取代萨特升任哈拉斯公司的首席执行官，并在这个职位上一直干到了 2015 年退休。在哈拉斯公司工作期间，洛夫曼成功地促成了公司的转型，使得哈拉斯公司成为全世界规模最大的赌博公司，2013 年哈拉斯公司收购了恺撒娱乐公司，公司的经营规模从 2003 年的 15 家赌场扩大到了 2013 年的 54 家赌场。[18] 然而，洛夫曼最大的功劳是发现并挖掘了客户数据的重要性。在 2015 年洛夫曼卸任首席执行官一职时，他一手建立起来的客户忠诚度项目已经拥有 4 500 万用户，据估计，这一项目的价值超过 10 亿美元。[19]

* * *

我们认为，哈拉斯公司的成功故事对娱乐行业而言具有很大的启发价值。为了适应充满数据的新市场的要求，娱乐创意产业的公司必须制定和实施与哈拉斯公司类似的策略。在本章接下来的内容，以及在本书的下一章节中，我们将具体讨论娱乐公司需要进行的改革措施。为了让本书的内容更加简明易懂，我们将以影视行业作为讨论的重点，但是读者应该记住，虽然我们提出的这些改革措施着眼于影视行业的一些特有的情况，但对其他娱乐行业而言，这些改革措施的精髓也是同样适用的。

首先我们要谈的是“数据集中管理”的问题。在加里·洛夫曼到任以前，哈拉斯公司的客户数据是由各家分公司和赌场分别掌握的，而不是由总部集中管理的。在今天的影视剧制作行业也存在同样的情况。通常，客户数据分散在整个集团的各个部门中，并由独立的经营单位（比如影院部门、电视部门、家庭娱乐部门，等等）分别掌握。和哈拉斯公司旗下的各家赌场一样，这些部门常常不愿意与其他部门分享自己手中的数据，因为它们担心数据共享会削弱本部门在公司内部的竞争优势。某大型影视公司的一名员工告诉我们，在她就职的公司中，整个公司被分割为大约 40 片“独立封地”，而每一片封地都有它自己的领主。这位员工告诉我们：“每一位领主都想自行其是，从而整个公司的健康状况便被牺牲掉了。”在数据时代来临之前，这样的公司组织结构也许还有其积极的意义（比如，这是一种鼓励公司各部门间进行竞争的管理策略），然而，如今的整个市场是以数据为驱动力发展的，对娱乐公司而言数据的重要性日益提升，因此显然这种传统的公司组织结构已经不能适应新的市场需求了。哈拉斯公司很早就认识到了这一点，通过将数据分析功能收归总部，并建立拥有实权的、总部层面的数据分析团队，哈拉斯公司在与其他竞争对手的竞争中获得了显著的优势。我们认为，今天的大型影视公司也应该采取类似的改革措施，将数据分析功能上升为一种总部层面的集中化功能能够从以下 4 个方面帮助今天的大型影视娱乐公司与谷歌、亚马逊、网飞以及其他新兴竞争对手进行竞争。

第一，数据集中管理的好处是非常明显的，但我们认为仍然有必要在此对这一点进行一些讨论。当各种数据组互相联通、所有数据汇合为一个整体时，数据才能发挥最大的价值。这对客户数据和市场数据而言尤其是如此。当各种客户数据和市场数据被集中存放和管理时，它们便形成了一项非常有价值的资源，这些数据互相联系，能够为公司创造出很大的竞争优势。让我们考虑一下大部分电影的发行策略：电影首先在电影院上映，然后公司会发行影片的 DVD，接着消费者才能在电视和网络渠道看到这些影片。在这样的发行策略之下，一种渠道中的定价和市场营销策略会自然地影响所有其他渠道的销售业绩。然而，目前大型电影公司不要求这些不同渠道的管理人员共享他们手头的数据，也未能把电影发行的决策机制变成一种集中化的决策过程。为了更好地生存和发展，今天的大型影视公司必须在这些方面进行集中化的决策。

第二，数据的集中管理模式能够提高公司内部数据分析人员的工作效率。数据的分析工作需要一系列的职业技能（包括实验设计、统计分析、计量经济建模等），要找到一个同时拥有这些技能的人是非常困难的。将数据分析的功能集中起来可以使来自不同背景、具有不同技巧的数据分析人员能够更好地交流合作。此外，数据的集中管理还能够保证所有数据被充分搜集和保存，并保证各部门不能够随意地截留信息。

第三，在公司内部提高数据分析功能的地位能帮助公司更好地留住现有人才，并吸引新人才加入。数据的集中管理可以向公司内部的所有人员传递明确的信号，即数据分析在公司业务中具有十分重要的地位，这就为拥有很强分析能力的人才提供了一条明确的职业道路。

第四，最重要的，那就是数据的集中汇报、管理和分析能够帮助整个公司找到有争议性的问题的客观答案。当数据分析人才受雇于某一独立部门时，这些分析师可能面临来自上层的压力，这样的压力导致他们不得不给出符合老板心意的分析结果。我们都曾听说过这样的故事，有些高层管理人员在看到分析师提交的数据分析结果时竟勃然大怒，不是因为这些分析结果不够准确，而是因为分析结果和这位高管已经做出的决策不相符，或者因为数据分析的结果不利于该部门实现短期的赢利目标。这样的道德风险显然是存在的。如果一位分析师相信，只有给出某种分析结果才能保住自己的饭碗，那么这位分析师很可能会不顾客观的证据，拼命往自己想要的结果上靠。长远来看，如果公司管理人员的决策是基于一些并不客观的数据分析结果，那么这显然对任何人都没有好处。

当然，如果数据分析师和公司内部的各部门之间的距离过远，就会产生一些其他的问题。如果数据分析人员根本不熟悉公司各部门的经营情况，他们就无法找出公司各部门最需要解答的问题，也无法对这些问题做出可靠的回答。同样，如果公司内的各部门不信任数据分析师的知识和技能，他们就不会使用这些分析师给出的分析结果。那么，如何让公司内的数据分析人员既保持相对的客观性，又能充分理解各部门的独特需求呢？为了回答这一问题，我们采访了某大型发行平台公司的一位高级管理人员，这位高管告诉我们，在他的公司设有一个集中的数据科学家团队，公司所有的基层数据分析人员都由这一团队雇用，并直接向该团队负责。公司的数据科学家团队会定期举行会议，在这些会议上，数据分析人员可以一起讨论他们手中的项目，并借鉴团队其他成员的知识和经验。这些基层数据分析人员的办公室仍然设在公司的各个部门之内，这就使得这些数据分析人员能够充分与部门员工接触，从而对该部门的独特需求有具体的了解。

如果我们想要推行上述改革，那么娱乐行业中以数据为基础的企业文化具体应该采取怎样的形式呢？为了回答这个问题，我们先要讨论一下数据分析和实验究竟能如何帮助娱乐行业的管理层开发新的市场营销策略。在市场营销学中，有一个经典的“4P”的概念，分别是：我们销售什么产品（Product）？我们在哪里（Place）销售这些产品？这些产品应该怎样定价（Price）？如何对这些产品进行促销（Promote）？下面分别从 4P 的角度具体讨论数据分析和实验能对市场营销策略的制定提供哪些帮助。

产品

在产品被生产出来之后，公司还需要决定如何以最有效的方式将这些产品投放市场，而数据分析可以在这一决策过程中发挥重要作用。为了更好地理解这一点，让我们来考虑一个问题：对唱片公司而言，是只销售整张专辑利润比较大，还是既销售整张专辑又同时销售专辑里的单曲利润比较大？当20世纪前10年结束时，随着iTunes商店的流行度越来越高，以上问题成了一个困扰音乐行业的实实在在的问题。对于这一问题，音乐行业的传统智慧给出了非常清楚的答案：单独销售电子单曲对音乐行业有害，而且其危害可能比电子盗版现象还要大。MTV（音乐电视）的创始人之一罗伯特·皮特曼曾说："盗版偷我们的音乐，但这杀不死音乐行业。当我和音乐行业中的人交流时，他们中的大部分人承认，真正的问题是他们开始销售单曲而不是整张专辑。我是说，你也会做算术吧，这样做损失有多大是很容易算出来的。"[20]

从表面上来看，皮特曼说得似乎很有道理，卖整张专辑当然应该比卖单曲赚钱。根据国际唱片业协会的数据，2002—2008年，全世界范围内实体音乐产品的销售额从247亿美元下降到了139亿美元。[21]而数字唱片和数字单曲的销售额只能弥补实体唱片销售额的部分损失（数字唱片和数字单曲的销售额在2009年达到了40亿美元）。总体来看，在这一时间段，灌录音乐产品的总收入（包括数字版本和实体版本）下降了约28%，从247亿美元下降到了179亿美元。为什么唱片公司的收入下降了？答案似乎很明显，本来会花15~20美元购买一张CD专辑的消费者现在只愿意花几美元购买几首单曲了。然而情况真的是这样的吗？也许是，也许不是。确实，当捆绑销售的专辑被拆分成单曲销售的时候，也许消费者买的音乐少了，所以唱片公司的收入下降了，但情况会不会恰恰相反呢？这样做会不会吸引新的消费者购买音乐，从而使唱片公司的收入上升呢？唱片公司是不是应该停止出售单曲，而回到过去只出售整张专辑的策略呢？2009 年年初，为了对上述问题进行分析和研究，我们与一家大型唱片公司合作进行了一项实验。[22] 这项实验的具体设定是这样的：在这家唱片公司的某主要数字销售平台上，我们挑选了该唱片公司的 2 000 首最畅销的歌曲，并把这 2 000 首单曲的价格从每首 0.99 美元提高到了每首 1.29 美元。由于这 2 000 首流行单曲的定价上升，而其他流行单曲的定价保持不变，我们有机会观察以下的几个问题：在这一定价变化发生以后，这些提价单曲的销量会发生怎样的变化？同一张专辑中的其他未提价单曲的销量会发生怎样的变化？整张专辑的销量会发生怎样的变化？通过对数据进行分析并建立计量经济学模型，我们得到了十分清晰的结论：当唱片公司以数字单曲的形式发售音乐作品的时候，唱片公司的利润和歌手的利润都提高了。

地点

根据尼尔森公司的统计数据，在 2015 年第一季度，美国成人平均每天收看电视直播的时间比两年前少了 16 分钟。[23] 一些业内人士认为，尼尔森公司的这项数据并不准确，因为该公司没有将一些消费者收看电视的新途径列入统计。维亚康姆的首席执行官菲利普·多曼声称，尼尔森公司的调查方法“没有跟上市场的变化”。[24] 尼尔森公司的首席执行官米奇·巴恩斯则反唇相讥，其表示问题不是出在尼尔森的调查方法，而是出在电视节目低下的质量上：“有些时候他们就是拿我们当替罪羊，当收视率下降的时候，他们不想承认是自己的电视节目质量有问题。他们宁愿相信收视率下降是因为我们没有做到他们认为我们应该做到的所有事情。”[25] 然而，也许收视率下降既不是尼尔森公司的错误，也不是电视台的错误，事实上，还存在第三种可能性，那就是观众是因为上网时间增多而减少了看电视的时间（2013—2015 年，美国人每天花在互联网上的时间平均增加了 42 分钟）。

那么，上网时间的延长是否确实导致了电视收看时间的下降呢？ 2015 年，我们在卡内基－梅隆大学的同事佩德罗·费雷拉也对这个问题产生了兴趣，为了回答这一问题，费雷拉与一家既提供有线电视服务又提供互联网服务的大型公司合作进行了一项实验。在这项实验中，费雷拉和他的合作者在这家有线电视公司的用户中随机抽取了 30 000 名观众，并将这些观众平均分为两组。实验组的用户免费获得了收费电视频道的收看权，并且可以录下节目延时观看，而控制组的用户则没有获得上述特权。费雷拉感兴趣的是，实验组和控制组的用户在电视观看和网络使用两方面会出现怎样的行为变化。结果，费雷拉发现，上网时间延长和看电视时间减少之间存在很强的相关性，与控制组用户相比，实验组用户在免费获得收费频道的收看权后显著减少了上网的时间。[26] 这项实验的结果说明，网络使用时间的增加确实会降低消费者收看电视的时间——电视行业的从业人员应该清醒地认识到这一规律的存在。

定价

当管理层进行定价方面的决策时，数据也可以发挥非常重要的作用。传统上，娱乐行业的定价决策机制具有很大的随意性，并主要以管理者的“直觉”为依据。在这里我们想举出这样一个例子：2000 年，我们电话采访了某大型出版公司的一位市场营销管理人员，希望了解当一本书的价格发生变化时，书的销量会如何发生相应变化——经济学家把这一度量称为“价格弹性”。在电话采访的一开始，我们向这位管理人员提出了一个我们认为非常简单的问题：“一本典型的图书的价格弹性有多大？”电话的那一头传来了一阵长时间的沉默。于是我们想：可能是问题提得不够具体吧？“那么一本精装书的价格弹性有多大？”又是一阵长时间的沉默。我们又想：也许是他不理解我们使用的经济学术语吧？“如果你把一本精装书的价格降低 10%，那么你预计销量会提高多少呢？”第三次长时间的沉默。最后，这位出版社的管理人员告诉我们，在出版行业，定价之前出版社很少会进行数量化的分析。图书的价格设定一般取决于行业的常规和竞争对手的定价，还（在很大程度上）取决于管理层的直觉。很长时间以来，谁也不觉得这样做有什么不对，这种定价决策的过程被认为是完全合理的。出版行业的情况相对比较稳定，因此在定价的时候只要采取符合常规的行为就不会有什么问题。但是 10 年前这些公司销售精装书、CD、DVD时所采取的定价策略在今天还能被继续用在电子书、电子唱片以及数字电影的销售上吗？在新的电子化的市场上，这些公司如何才能对自己的产品进行最优的定价呢？

这并不是一个容易回答的问题，因为今天的消费者面临着令人眼花缭乱的极为丰富的娱乐选择，大量电影和电视剧为了争夺消费者的注意力和钱包里的钞票而不断进行着极为激烈的竞争。消费者可以选择购买DVD或者租赁DVD，也可以选择成为各种有线电视服务的用户。他们可以从iTunes、亚马逊、网飞等网站购买或者租赁电子版的影视作品，也可以从很多其他合法或不合法的渠道在线观看这些影视作品。在所有这些渠道中，只要一个渠道上的定价发生变化，其他所有渠道上的销售情况就会随之发生变化。然而，目前不同渠道中的定价决策通常是独立完成的，各渠道之间不进行决策方面的合作，因此某一渠道的定价决策完全有可能会对另一渠道的销售产生伤害。换句话说，多渠道定价决策是一个非常复杂的问题。在目前高速变化的市场环境中，靠“直觉”进行定价显然是远远不够的。要想找出科学高效的定价策略，娱乐企业必须发展一套以数据为基础的科学决策机制，这样才能同时考虑大量影响定价问题的变量。

比如，同一产品的价格不仅在不同渠道上应该有所不同，在不同的时间点也应该有所不同。这就使得定价的问题变得更加复杂。正如我们在前文中讨论过的那样，在销售信息产品的时候，让商家利润最大化的策略是价格歧视策略，即对高价值的消费者收取高价（高价值消费者通常希望在产品刚发行时就立刻获得该产品），而对低价值消费者收取低价（低价值消费者更愿意等待）。而在这里，我们可以把这种定价策略推广一下，在不同时间段对产品收取不同的价格：当需求较弱时，我们就降低产品的价格；当需求较强时，我们就提高产品的价格。在这种“投机取巧”的定价策略之下，一本书、一首歌或一部电影的最佳定价会随时间而变化，于是我们需要解决的问题变成了：如何在高速变化的市场环境中从消费者身上获取最高的价值？

为了回答这个问题，让我们来考虑一个具体的问题。过去，消费者通常愿意花 15~20 美元的价格购买一张 DVD。但是在如今的数字平台上，消费者到底愿意为一部电影支付多少钱呢？要找到这个问题的答案，最好的方法是进行以数据为基础的实验，而我们正好有幸与一家大型影视公司合作进行了一个这样的实验。在这个实验中，我们的实验对象是该影视公司的大量较早期的“目录”电影，为了进行这项实验，我们在某大型网络发行平台上降低了部分电影的售价。在我们进行实验的过程中，部分电影的价格从每部 9.99 美元降至每部 7.99 美元，而另一些电影则被降价至每部 5.99 美元甚至 4.99 美元，剩下的电影被我们放在控制组，控制组中的电影售价不变。实验结果显示，网上的电影消费者对电影的价格极度敏感。在大部分情况下，如果我们将一部电影的售价减半，消费者对这部电影的需求就会上升 3 倍甚至 4 倍。当然，有些时候，这种需求的上升会导致其他数字平台上同一部电影租赁或销售收入的降低，但即便如此，我们还是能在数据中看到一个非常清楚的规律，那就是降低电影的网上售价能够提高该影片的总体销量，也能够提高电影公司的总收入和总利润。[27]

除影视行业以外，其他娱乐行业中的公司也同样可以通过优化定价策略提高自身的利润。在上文中我们曾经提到过一个我们在唱片业进行的实验，这项实验研究的主要问题是：如果把专辑中的歌曲以电子版单曲的形式分别出售，是否会降低唱片公司的利润。在这项实验中我们还发现了该唱片公司的单曲和专辑的最佳定价策略。总的来说，我们的分析显示，这家唱片公司对单曲的定价比最优定价低了约 30%，而对专辑的定价比最优定价高出约 30%。根据我们的实验结果，这家唱片公司的管理层对唱片和单曲的定价进行了相应的调整，一位与我们合作的高级管理人员告诉我们，在改变定价以后，该唱片公司“每年的利润上升了几千万英镑”。这位高级管理人员表示：“看来我们整个唱片行业都错了。我们以为自己知道最优的定价是多少，其实我们根本不知道。”

这个故事带给我们的主要教训是：通过实验和数据分析的方法，娱乐公司可以优化定价策略，提高利润，而且有时利润提高的幅度大到令人震惊。然而，由于最优定价会随时间变化，而且娱乐公司需要同时对大量产品进行定价，因此这些娱乐公司不可能一劳永逸地找到最优的定价策略，而是需要不断地重复定价策略优化的过程，这就给我们带来了一个坏消息。目前，在定价优化方面，新兴的下游发行平台拥有一些大型娱乐公司所没有的优势。比如，亚马逊网站同时销售 1 亿种商品，这些商品的定价完全是由软件自动完成的。这些软件会帮助亚马逊公司进行价格实验、测试消费者的反应，并在必要的时候更新产品的价格。而且，由于上述整个流程都是完全自动化的，因此尽管有时亚马逊的定价可能会与最优定价存在几个百分比的差别，但从来不会发生 30%~50% 的大型定价错误。

促销

数据分析还能够帮助大型娱乐公司提高市场营销和广告宣传策略的有效性。市场营销和广告宣传的费用占到这些娱乐公司产品成本的很大一部分（比如，一部电影的宣传营销成本通常可以占到电影总成本的 40% 左右），然而娱乐公司的大部分营销的宣传策略并没有明确的目标。通常，这些娱乐公司仅仅采取一种十分简单的营销策略，那就是在尽可能多的渠道上播出尽可能多的广告，以使得尽可能多的消费者知道某种产品的存在。我们采访过的一位管理人员将这种市场营销策略称为“撒网然后祈祷鱼上钩”的策略。[28] 然而，在我们批评这种“撒网然后祈祷鱼上钩”的策略之前，我们首先应该认识到，大型娱乐公司之所以采取这样的市场营销模式，并不是因为愚蠢，而是因为很长一段时间以来它们手头根本没有更好的策略。在传统的广告渠道中，度量消费者的反应是一项极其困难的任务，如果没有办法度量消费者对广告的反应，娱乐公司就根本不可能去评判自己的广告营销策略效率究竟有多高。而且，这些大型娱乐公司也无法对“反事实”的数据进行估计，也就是说它们没有办法知道如果不进行广告宣传，某一产品的销量将会是多少。

然而，随着互联网的流行，出现了很多新的机会，这些机会能够帮助娱乐公司制定出更有针对性、更能提高产品利润的广告宣传策略。我们曾与某大型影视公司以及谷歌的互联网广告销售团队合作进行过一项实验，进行这项实验的目的是研究互联网广告的价值。具体来说，我们感兴趣的问题是：如果对收看过某部电影（实验的对象是该电影公司的某些“目录”影片）的预告片的消费者进行定位，到底能为电影公司带来多大的收入？在这项实验中，我们把美国分成400多个地区，并在每个地区进行不同的实验。在1/3的地区中，当用户收看该影片的相关视频时，我们便向该用户显示一条广告，广告的内容是鼓励这些用户在某网上数字平台购买这部电影。在另外1/3的地区，我们也同样在电影相关视频的网页上显示广告，但这次我们只向那些以前看过该电影的预告片的消费者播放该广告。剩下1/3的地区被我们当作控制组处理，这些地区的用户将不会看到任何广告。

我们的实验得到了一些相当惊人的结果。虽然想要定位以前看过某影片预告片的观众就必须向谷歌公司支付更高的广告费用，但是我们发现，即使考虑到这些额外的定位费用，有针对性的广告为电影公司带来的利润仍然是无针对性广告的4~5倍。这项实验的结果说明，消费者以前收看过的内容是他们未来购买行为的一个很强的预测因素。

然而，这家电影公司（以及其他大型电影公司）所面临的问题是，它手中并没有掌握这些重要的消费者信息。我们之所以能对以前看过某影片预告片的观众进行精确的定位，是因为我们获得了谷歌公司的许可进行这项实验。因此我们不难想象，谷歌、亚马逊以及其他以数据为运营基础的公司手中掌握了多少极为宝贵的信息，在消费者定位方面，这些信息使得上述公司拥有了极大的竞争优势。

此外，产品在网站上的摆放方式也是一种很有潜力的宣传机会。在未来，产品在网店中的摆放情况可能会比在实体店中的摆放情况重要得多。通过改变产品的摆放情况，iTunes、亚马逊等网站能对消费者的电影购买行为产生极强的影响，比如，这些网站可以把某些电影放在网站的首页，可以将用户的点击流量导向某些电影，或者可以向可能对某些电影感兴趣的消费者发送有针对性的广告电子邮件。同时，电子产品的性质决定了网络零售公司可以用比实体店更灵活的方式来应对产品需求方面出现的突然波动。比如，某个月的 13 日正好是星期五，那么在黑色星期五附近的时段，经典恐怖电影《黑色星期五》的销量会在网店中大幅提高，然而在实体店中，这部电影的销量不会产生什么变化。为什么会出现这样的情况呢？因为对实体店零售商而言，他们需要提前进货，也无法对需求量的波动迅速做出反应。不仅如此，如果实体店决定提前加大《黑色星期五》一片的进货量，就必须空出一些零售空间来短期存放这些货品，事后，还需要将未售出的产品重新下架，并送回电影公司。由于上述这些麻烦的存在，在黑色星期五来临之前的两三天内，我们并不会看到实体零售店改变《黑色星期五》一片的存货量。实体店的销售模式和货架空间的限制导致自身无法快速对消费者需求的短暂波动做出反应，因此也就无法抓住这种短暂的牟利机会。

然而在互联网上，网店对消费者需求情况的短暂变化几乎可以瞬间做出反应。我们不仅可以从数据中寻找这种需求变化，甚至可以使用机器学习技术快速发现（有时甚至可以提前预测）消费者需求的变化。一旦找到这样的需求变化，我们只需要迅速将高需求量的产品移到网店的首页就行了。然而，仅靠直觉是无法抓住这种牟利机会的。要想完成上述响应过程，我们就必须获得控制发行渠道的公司的许可。这就使得亚马逊等公司手中拥有了一项巨大的优势，因为这些公司能够向你提供你所销售产品的宣传服务，所以它们就可以对这项服务任意定价。如果你向亚马逊公司支付 10 万美元就可以让你所销售的商品暂时登上亚马逊网站的首页，那么对你来说这是否是个好机会呢？还是亚马逊是在骗你的钱呢？如果不进行实验并对消费者的反应数据进行分析，你就无法回答上述问题。然而亚马逊对上述问题的答案了如指掌，因此在对广告价格进行谈判的时候，亚马逊拥有巨大的信息优势。

* * *

在本章的开头，我们首先讲述了哈拉斯娱乐公司的故事，因为这个故事告诉我们，公司可以通过改变组织结构来更好地利用以数据为基础的新的分析方式和管理技巧。对娱乐行业中的大型公司而言，这是一条非常重要的启发。然而，在未来的竞争中，组织结构方面的改革并不是这些娱乐公司唯一需要采取的行动。

大部分娱乐公司从未从个体的角度了解过它们的客户。哈拉斯娱乐公司可以利用自己的赌场与客户直接接触，然而从历史上来看，大型娱乐公司与消费者发生的最主要的接触只能通过第三方媒介（如电影院、唱片店、书店）来完成，但好在这些实体零售媒体并不会对大型娱乐公司的经营造成显著威胁。然而，正如我们在上文中谈到过的那样，现在娱乐公司与客户的接触越来越多地发生在大型数据整合平台上，亚马逊、iTunes、网飞以及谷歌等公司可以直接观察到个体消费者的行为，并且这些公司目前已经将它们的经营核心放在了数据分析和以实证为基础的管理技巧上。和传统大型娱乐公司相比，这些新兴平台具有一些得天独厚的优势，能够更好地搜集关于消费者行为的详细数据，能够预测消费者的终生价值，能够通过实验来测试各种不同市场营销策略的有效性，能够对个体消费者直接进行定位，从而能通过直接营销行为提高这些客户的忠诚度。此外，这些新兴平台在娱乐供应链中正占据越来越重要的地位，在某些情况下，它们甚至已经可以使用手中的平台和消费者数据来生产原创的娱乐作品了。

对娱乐公司而言，这无疑是一个天大的坏消息。然而，与此同时好消息也是存在的，我们将在下一章具体讨论这些好消息。简而言之，大型娱乐公司手中已经有了它们所需要的工具，只要合理利用这些工具，它们就能与消费者直接进行互动，并且能够发展出一套全新的、以实证为基础的管理策略。如果这些大型娱乐公司能够尽快学会使用手头的工具，它们就应该能对新竞争者带来的挑战做出高效的回应。

第 11 章　演出还要继续

尽量接近你的客户。只要你充分接近他们，你就能在他们意识到自己需要什么之前告诉客户他们需要什么。

——卡迈恩·加洛，《非同凡"想"：乔布斯的创新启示》

如果大型娱乐公司想在谷歌、亚马逊、网飞的时代继续生存和繁荣下去，它们就必须在与客户的交流方面采取一种崭新的思维方式。要做到这一点，这些娱乐公司必须把对客户数据的搜集和分析当作公司最重要的任务之一。

在这里，我们不妨回顾一下史蒂夫·乔布斯和苹果公司的故事，在史蒂夫·乔布斯的努力下，苹果公司不但起死回生，而且成为世界上最成功的企业之一。大家恐怕都已经对史蒂夫·乔布斯的成功故事相当熟悉了，但在这里我们想要强调的是这个故事里一个十分重要却一直被公众所忽略的方面，即苹果公司是如何靠与客户的联系以及客户的数据重新走上成功的道路的。

1997 年，当史蒂夫 · 乔布斯回到苹果公司的时候，苹果公司的经营状况实在不容乐观。在整个电脑市场上，苹果公司的市场份额只有 4%。苹果公司的股价刚刚跌到了 12 年来的最低水平，很多业界专家认为苹果公司很快就会走向破产。10 月 6 日，在高德纳专题讨论会①上，迈克尔 · 戴尔公开表示，如果他是苹果公司的领导，他就会“直接关闭这家公司，把钱还给公司的股东”。[1]

当时的苹果公司面临的最大问题之一是，由于苹果公司只占有很小的市场份额，因此它没有办法和消费者直接发生联系。苹果公司当时必须通过第三方零售商（如西尔斯百货公司、百思买、电路城、OfficeMax 等）向消费者出售苹果电脑，而这些零售商并没有任何动机去帮苹果公司建立消费者的忠诚度。这些零售商的销售人员根本不了解苹果的产品，事实上，他们甚至常常劝说有意购买苹果电脑的消费者选择价格更低的 Windows 电脑。苹果的产品被挤到了零售店中客流量最小、环境最差的角落里。很多消费者根本不了解苹果产品的优势在哪里。乔布斯认为，这是苹果公司提高经营业绩的主要障碍。他认为应该靠取悦消费者来拯救苹果公司。然而如果你根本无法接触到消费者，甚至不知道公司

① 高德纳专题讨论会：由高德纳咨询公司定期举办，被认为是全球 IT（信息技术）业的最大盛会。——译者注

的潜在消费者究竟是谁，那么取悦消费者又谈何容易呢？

面对这样的问题，乔布斯提出了一个十分“疯狂”的解决方案：苹果必须建立自己的零售商店。为什么说这个方案是疯狂的呢？首先，零售店空间的价格是非常昂贵的。在利润空间已经很薄的电脑市场中，靠大量投资建立零售商店来与戴尔竞争简直是一个荒唐的想法。电脑零售商捷威公司就刚刚在这方面吃了苦头。2001 年 1 月，就在第一家苹果零售店开业前的 4 个月，捷威公司因为在与戴尔的竞争中失利，不得不关闭了其 27 家实体零售店。[2]

我们可以想象，苹果的这个“疯狂”的计划受到了商业媒体的公开嘲讽。在《商业周刊》（*Business Week*）的一篇名为《对不起史蒂夫，让我告诉你为什么苹果商店不可能成功》（Sorry Steve，Here’s Why Apple Stores Won’t Work）的文章中，作者这样写道：“也许史蒂夫·乔布斯应该醒一醒，是时候放弃这种过于特立独行的思维方式了。”[3] 苹果的前首席财务官约瑟夫·格兰尼亚诺则表示：“苹果的问题是，在一个消费者对芝士和饼干就很满足了的世界里，苹果却坚持要端上鱼子酱来。”而渠道市场营销公司的一位零售咨询师戴维·古德斯特恩则用传统智慧对苹果公司的命运进行了预测：“我相信不出两年，苹果公司就会放弃这个主意，并承认这是一个极为惨痛和昂贵的教训了。”[4]

如今，苹果公司已经在 16 个国家拥有了 453 家苹果零售店。在 2015 年第一季度的财报中，苹果公司称，共有 5 亿名消费者访问过公司的实体零售店和网上零售店，而公司的零售店每平方米的面积每年可以创造 4 800 美元的销售收入（在这个指标上，苹果在所有美国零售商中排名第一）。[5]根据《福布斯》杂志的报道，苹果公司在全球范围内共拥有5万零售店工作人员，而这些工作人员平均每天要接待100万消费者。[6]今天，苹果公司零售店的市值已经超过了2001年时苹果公司的总市值。

苹果零售店取得成功的关键是，他们并不像其他电脑零售商那样一味地催促消费者购买商品，而是将提供良好的用户体验作为其核心任务。具体来说，苹果零售店不是围绕产品线设计的，而是围绕消费者的需求设计的。在苹果零售店中，消费者可以体验到如何使用苹果的产品来收听音乐、照相、拍摄视频以及观看电影。最重要的是，苹果零售店的工作人员会指导消费者如可使用他们所购买的设备。当然，这一点现在已经成为众所周知的事情了，然而公众并不了解的是，苹果公司还通过建立自己的零售店控制了产品的摆放形式和对客户进行营销的方式，苹果公司是依靠数据的力量进行这方面决策的。

实验和数据分析影响着苹果零售店的方方面面。苹果公司不惜投入大量资金进行各种店面设计的模拟实验，并根据消费者的反馈进一步提高自身的设计。苹果公司对消费者进行了大量访谈，询问他们遇到过的最好的客户服务体验是怎样的，并根据消费者的回答设计出了苹果独有的"天才吧"（Genius Bar）。为了把苹果零售店建在对新Mac平台用户（其中大部分人本来是微软操作平台的用户）最方便的地点，苹果公司对大量市场数据和人口统计学数据进行了深入的研究。史蒂夫·乔布斯表示："这样这些用户就不必冒浪费20分钟的风险了，他们只需要冒浪费20步路的风险。”[7]

苹果公司通过数据分析设计零售店，通过数据分析设计消费者在零售店中的体验，然后又通过零售店进一步搜集消费者的反馈数据，为公司创造出一个数据的良性循环。零售店的每一个细节（从天才吧、一对一技术指导到能监测店内消费者的物理位置的先进技术）[8]都经过精心的设计，都能为客户数据搜集功能服务，然后苹果公司再根据对这些数据的分析决定如何设计和营销产品以及如何更好地为客户服务。消费者是如何使用苹果公司的设备的？他们最喜欢苹果公司设备的哪些特点？哪些设备让消费者觉得失望？哪些设备损坏了？以什么方式损坏？被使用多久以后会损坏？消费者想要什么？消费者需要什么？苹果零售店的存在使得苹果公司能够与消费者直接接触，苹果公司精心地利用了零售店的种种特点来搜集消费者的信息，以便更好地理解和满足消费者的需求。

* * *

当然，在这里我们并不是建议派拉蒙电影公司或者环球唱片公司在世界各地的豪华商场里开设大量的实体店。但是在目前的商业环境中，与客户的直接接触正变得越来越重要，因此我们相信，如果大型娱乐公司继续依赖第三方发行商来向消费者展示自己的产品，那么它们必定会把自己置于战略上的劣势地位。要在竞争中胜出，大型娱乐公司必须完成和当年的苹果公司类似的转型——绕过中间媒体，直接与消费者建立交流和联系，并直接向消费者输送价值。要完成这样的转型，大型娱乐公司必须搜集消费者的数据，并靠这些数据更好地理解和满足消费者的需求。在现实中，娱乐公司应该如何做到这一点呢？

让我们考虑一下影视剧行业的现实情况。要和消费者建立直接的联系，影视公司就需要首先取得数据，这些数据中有一部分存在于各种社交媒体网站上，并且是相对容易获取的。比如，传奇电影公司就投资建立了一个数据分析部门，这个部门用相当激进的方式从所有能够接触到的来源（如推特、脸书、谷歌、售票方面的数据等）搜集消费者的数据，然后利用这些数据接触特定的消费者群体，并对该群体进行有针对性的营销宣传。传奇电影公司的首席执行官托马斯·塔尔表示，如果没有这种有针对性的消费者定位过程，电影公司就会在广告上浪费很多资金，比如宣传《蝙蝠侠：黑暗骑士》（*The Dark Knight*）的时候会在 80 岁的老奶奶身上和十几岁的少年身上花同样多的广告费。[8]

然而，正如我们在前文讨论过的那样，对影视公司而言最有价值的客户数据掌握在苹果、亚马逊、谷歌、网飞等公司的手中，并且被这些公司紧紧控制住了。面对这样的情况，大型影视公司应该怎么办呢？一个最简单的办法就是在与这些发行商谈判协商的时候，把对个体客户数据的获取权和使用权作为谈判的重点之一。事实上，很多大型影视公司已经开始对下游发行商施加压力，以获取更多的详细数据了。但是在执行这一策略的过程中，大型影视公司肯定会遇到许多阻力与障碍。如果影视公司想要获得与消费者直接接触的权力，势必就要在其他方面对强大的网络发行商做出妥协。即使大型影视公司能够谈成这样的协议，获得与消费者接触的权力，也只能看到消费者对自己一家公司产品的消费行为，而网络发行平台却能够观察到消费者对平台上所有产品的消费行为。此外，影视公司还有另一个劣势，那就是它们无法像网络发行平台那样对消费者进行我们上一章讨论过的那类直接测试和实验。而最重要的一点是，如果大型影视公司靠发行平台保持与消费者的接触，其就会在获得战略信息的过程中越来越依赖于自己的竞争对手。

大型影视公司必须认识到，亚马逊、网飞、谷歌等公司正在努力进军产业链上游的原创影视剧制作领域，而这些公司之所以采取这种纵向整合的策略，主要是因为它们想减少在影视剧内容获取方面对传统大型影视公司的依赖。因此，如果传统大型影视公司想要扭转竞争中的不利形势，它们就应该同样采取纵向整合的商业策略，向产业链下游的直接发行领域发展，以减少在与消费者接触方面对网络发行商的依赖。要做到这一点，最直接的方式（尤其对品牌影响力较大的影视公司而言）就是设法吸引消费者去影视公司自己的平台上消费。在这方面，大型影视公司应该向 J.K. 罗琳和她的 Pottermore.com 学习，建立影视作品的网络社区，让创作者可以在这些网络社区中和粉丝分享作品以外的内容。通过这样的策略，影视公司可以追踪消费者在各种网络社区中的行为，并利用这些数据对消费者进行影视作品的直接宣传和营销。当然，要想实施这样的策略，影视公司会面临一项重要的阻力，那就是我们在前文讨论过的消费者对“简单”的强烈偏好。消费者可能不愿意学习使用多个网站，也不愿意花时间精力去记住多个平台的登录信息。此外，如果每家影视公司都推出自己的独立平台的话，那么影视公司还是只能观察到消费者对本公司产品的消费和互动行为。

因此，我们认为，更有希望取得成功的是一种野心更大的策略，那就是各大影视公司应该联合起来形成战略同盟，共同投资建立一个共享的通用平台。在这个通用平台上，每一家娱乐公司都可以有针对性地直接与消费者进行接触，并且可以观察和分析消费者对多家公司产品的消费行为。事实上，这样一个共享通用平台已经存在了。2007 年 3 月，三家大型影视公司——21 世纪福克斯、NBC 环球以及沃尔特 · 迪士尼电影公司 / ABC 电视公司宣布，它们已经联合组成团队开始创建“史上最大的互联网视频发行网络”。[10] 今天，这个名为 Hulu 的网站是美国流行度排名第四位的视频流平台，并且与排名第三位的亚马逊 Instant Video 服务只有很小的差距。[11]

不幸的是，Hulu 网站的成功导致了一个几乎无解的难题。Hulu 网站的流行度越高，就越会压低这几家大型影视公司在其他渠道上的利润。事实上，Hulu 网站刚一成立就立刻产生了各种各样的争端，比如究竟哪些剧集应该被放到 Hulu 上，Hulu 上的剧集究竟应该包含多少分钟的广告，每个电视剧应该把多少集放在 Hulu 上，剧集在电视台直播后多久才应该在 Hulu 上架，等等。在对上述问题进行决策的时候，影视公司主要是在电视业目前的商业模式的框架下考虑问题的。在目前的商业模式下，电视台的收入大约一半来自广告商支付的广告费，另外一半来自“重播费”（即有线电视公司为获取重播节目的权力而向影视公司支付的费用）。因此，任何会降低电视剧的尼尔森收视率或者降低重播费的行为都会被影视公司视作一种威胁。

解决上述问题的方法之一是让 Hulu 网站以完全独立的方式运营，并允许 Hulu 网站自由采用全新的商业模式（哪怕这些模式最终会蚕食整个影视剧行业的现有赢利模式）。在 2010 年一项针对 Hulu 首次公开募股问题的商业企划书里就有人提出了让 Hulu 完全独立运营的提案，然而几大影视公司立刻否决了这一提议。富国银行的分析师玛希·莱维克在接受《财富》杂志访谈时表示：“我觉得要想让几大影视公司放弃对 Hulu 的控制权，恐怕再多的钱都是不够的。”[12]

2011 年 2 月，为了说服各大影视公司停止阻碍 Hulu 的发展，Hulu 的首席执行官杰森·吉拉尔在 Hulu 的博客上发表了一篇 2 000 字的博文。在这篇文章里，杰森·吉拉尔毫不客气地向他的老板开炮，认为他们对娱乐行业的未来缺乏远见。[13] 杰森·吉拉尔认为：第一，目前电视上的广告太多；第二，消费者应该有权力在自己方便的时间收看电视节目；第三，通过捆绑销售的方式强迫消费者购买许多他们根本不感兴趣的有线电视频道，这种商业模式是没有前途的；第四，向有线电视公司收取巨额的重播费填满那些消费者不感兴趣的频道，这种商业模式也是不可能长久的。在这篇博文的最后，吉拉尔警告影视公司的高管：“历史告诉我们，当新的潮流对现存的商业模式提出挑战的时候，既得利益者常常试图顽固抵抗这些新的潮流。然而，在这种负隅顽抗的过程中，他们常常忽略了最重要的事物，那就是消费者。”

面对吉拉尔的上述言论，几大影视公司并没有给予友好的回应。一位不愿透露姓名的电视台高管在接受《华尔街日报》采访时表示：“也许吉拉尔的言论中有 80%~90% 都是正确的。但是为什么要把这种东西写出来？难道他以为我们会回应说，‘哦，谢谢你！我们从来没有想到过你说的这些道理呢！那就让我们来放弃重播费吧’！”[14] 另一位影视公司高管则在《金融时报》上否定了吉拉尔的观点，并指出吉拉尔缺乏在现存系统中工作的能力：“要是有人给我价值几十亿美元的电视节目，我想我也能取得成功。但是我懂得，要想让我的业务能长期生存下去，我就得考虑其他人的感受和需求，并找到一种每个人都能接受的运营模式。”[15] 第三位影视行业高管的回应甚至更加不客气，他表示：“（吉拉尔的这种说法）根本就是一个精英主义者的臆想，显然他十分脱离实际，也根本不了解大部分美国人是如何看电视的。”[16]

最终，许多娱乐行业的观察者都得出了这样的结论：一个富有活力的新视频流平台与影视公司的现存商业模式并不兼容。媒体分析师詹姆斯·迈克奎文写道：“影视公司并不希望 Hulu 取得成功。这是娱乐行业的经济学。如果 Hulu 取得了成功，它就会蚕食掉电视媒体行业目前的通用货币——收视率。因此影视公司做出了决定，不能让 Hulu 办得太好或者取得太大的成功。”[17]

* * *

在娱乐行业的旧规则下，想要限制电子渠道的发展以保护现存的利润来源，这种直觉性的决策也许是完全理性的。毕竟，要是消费者无法购买到数字产品，他们就只能选择购买实体产品了，不是吗？

最近，我们通过分析数字娱乐产品和 DVD 产品的销量数据，对上述问题进行了研究。这些销量数据是我们在 2012—2013 年采集的。在 2012 年之前，影视行业中存在着这样的传统智慧：如果推迟影片在 iTunes 商店及其他数字渠道上的发行时间，就能够保护对影视公司而言十分宝贵的 DVD 销售收入。然而，在 2012—2013 年，若干影视公司开始进行一项新的尝试：让电影在数字渠道上与 DVD 同步发行，甚至让数字渠道上的发行早于 DVD 的发行。影视公司发行策略上的这种变化给了我们一个很好的研究机会：当消费者可以在购买 DVD 和从 iTunes 商店下载电影之间进行选择的时候，上述两个渠道的销量会发生怎样的变化？[18] 我们搜集的数据显示，推迟电影在数字渠道上的发行时间会导致很坏的结果，几乎不存在任何的好处。当电影的数字发行时间迟于 DVD 发行时间时，数字渠道上的销量几乎减半，而 DVD 的销量并没有在统计上有显著的提高。

这一结果与我们在前文提到过的几项其他研究结果是完全吻合的。在第 4 章，我们研究了电子书在 Kindle 平台上的发行问题；在第 6 章，我们研究了电视剧在 Hulu 平台上的发行情况；在第 8

章，我们研究了 iTunes 商店中的电视剧下载情况。虽然数字渠道确实从宏观上降低了消费者对物理性产品的消费，但是从微观的角度来看，娱乐公司无法通过推迟数字产品的发行时间来阻挡这种趋势。推迟数字产品的发行时间对提高物理性产品的销量几乎没有任何贡献，因为那些放弃物理性产品而转投数字产品怀抱的消费者已经不可挽回地流失了。即便无法及时买到他们想要的数字产品，这些消费者也不会购买该产品的 DVD，他们要么选择盗版产品，要么会去网飞、iTunes、亚马逊、YouTube 等网站上消费其他娱乐产品。

推迟数字产品的发行还会给影视公司带来另一项风险：没有强大的数字平台的支持，大型影视公司便无法享受数字发行提供的诸多好处。我们认为，发行数字产品主要能给影视公司带来 5 个方面的好处。在这 5 个方面的好处中，有两个好处是我们在前文已经详细讨论过的（一是发行数字产品能帮助影视公司更好地判断产品的市场潜力，二是发行数字产品能帮助影视公司更高效地向消费者宣传自己的产品）。对于上述两点好处，网飞公司已经进行了充分的利用，此外网飞公司还对数字产品发行的第三点好处进行了深入挖掘，即在数字发行渠道中，公司可以通过精细的实验方法了解消费者对产品的各种反应。吉娜·基廷在《网飞：争夺美国人眼球的史诗战役》（*Netflixed*：*The Epic Battle for America's Eyeballs*）一书中描述了网飞公司是如何利用自身的网站研究消费者的需求的：

（网飞）在设计公司网站的时候不仅将它视为用户操作的平台，还把它当作一种进行市场研究的工具。网飞网站可以向不同的用户组显示同一网页或者同一功能特点的不同版本，从而观察用户对不同版本的反应和偏好，并搜集详尽的用户数据。在一项典型的 A–B 测试中，网飞向一组用户展示红色商标（A 选项），向另一组用户展示蓝色商标（B 选项），并比较这两种颜色的商标对顾客吸引力的高下，以及对客户的终生价值、留存率、网站使用情况等方面的影响。通过不断进行这类测试，搜集消费者的反馈信息，并对网站进行相应的调整，网飞公司与用户之间建立起了一种长期有效的对话方式，在与实体 DVD 店的租赁业务进行竞争的时候，上述沟通渠道为网飞公司提供了明显的优势。

当然，网飞公司的竞争者完全可以照抄这些网站设计，事实上当时竞争对手 Blockbuster.com 正是这样做的。在建立 Blockbuster.com 的过程中，百视达公司加入了许多网飞网站的设计元素。然而，Blockbuster.com 可以抄袭网飞网站的外观，却无法抄袭其背后的算法。没有这些算法，百视达公司便无法像网飞公司一样对成本、匹配算法以及市场研究平台不断优化，因此仅仅抄袭网飞网站的外观注定只能是一种东施效颦的做法。

正如我们在前文讨论过的那样，通过直接实验的方法，网络发行平台公司可以把自己的市场营销行为变得极富针对性。但除此之外，它们还可以十分深入地了解消费者的各项特征——在没有消费者个体数据的情况下，这种了解是根本不可能达成的。这便是数字产品发行的第 4 个优点。很长一段时间以来，娱乐公司只能掌握一种消费者数据，那就是像尼尔森公司和其他市场研究公司销售的那类人口统计方面的数据，因为人口统计学数据是我们当时唯一能够比较高效地进行度量的数据。[19] 然而人口统计学数据几乎无法告诉你这些消费者是谁，或者他们想要消费什么样的产品。因此，在现在这个拥有大量计算能力以及能与消费者进行数字接触的世界中，人口统计学数据在市场营销决策方面几乎是毫无用处的。

了解消费者的购买历史（而不只是他们的人口统计学特点）到底能为商家提供多大的价值呢？在一篇发表于 1996 年的论文中，彼得·罗希、罗伯特·麦加伦和格雷·艾伦比对这一问题进行了研究。[20] 在这项研究进行的时候，超市刚刚引入条形码扫描仪和顾客积分卡不久，研究者也刚刚开始理解客户数据的重要性。有了客户积分卡，超市第一次可以从个体的角度研究消费者的偏好。在这篇论文中，三位作者分析了某超市条形码扫描仪获取的数据，并比较了以下三种市场营销策略的效果：第一种策略是不进行任何个性化定位，向所有消费者发放一样的优惠券；第二种策略是根据人口统计学数据对不同消费者发放不同的优惠券；第三种策略是通过分析消费者过去的购买历史，对不同消费者发放不同的优惠券。通过对数据的分析，三位作者发现，和第一种策略相比，第二种策略优惠券带来的利润提高了 12%，而第三种发放优惠券的策略带来的利润提高了 155%。

将市场营销策略的效率提高十多倍显然是一个巨大的进步，如果能在亚马逊的经营规模之下做到这一点，就更能产生惊人的效果。然而，亚马逊和其他网络平台并没有满足于只做到这一步，而是越来越多地通过对消费者实时行为的观察进行市场营销决策。亚马逊对一位消费者采取怎样的营销策略取决于很多因素，比如这位消费者正在搜索什么关键字、这位消费者正在浏览什么网页、这位消费者点击的频率有多高，等等。因为上述这些关于消费者行为的数据能够帮助商家回答市场营销领域最重要的问题：为什么消费者此刻正在这个网站上？

详尽的消费者数据带来的第 5 个好处主要和产品相关，而不是和消费者相关。为了说清楚这一点，我们需要再次回顾 20 世纪 90 年代中期超市零售业的情况。在超市广泛引入消费者积分卡之前，超市零售业中一直存在着这样的传统智慧：为了提高存货管理水平，超市应该尽量减少小众商品的种类——这一看法是基于食品市场营销研究所的一项研究结果。[21] 然而，连锁食品超市 H-E-B 发现，在上述研究中，食品市场营销研究所忽略了一个对超市的利润率极为关键的因素，即对超市利润贡献最大的消费者恰恰是那些最喜欢购买小众产品的消费者。H-E-B 超市认识到，如果自己的门店停止销售那些不怎么畅销的小众产品，就可能损失掉这些对超市利润贡献最大的客户，因此，H-E-B 超市的管理者决定在门店中销售更多种类的小众产品。[22]

那么，在网络零售业中会不会也存在类似的情况呢？为商家贡献最多利润的消费者会不会恰好是那些喜欢购买小众商品的消费者呢？为了回答这个问题，我们与一家大型影视公司合作，对消费者的网络购买行为进行了分析。我们的研究发现，上述问题的答案是肯定的。我们发现，从总体上来看，影视作品的销量严重向热门电影倾斜——这一点并不令我们吃惊。然而让我们惊讶的是，我们发现，在对影视公司利润贡献最大的消费者中，影视作品的销量严重向冷门电影倾斜。对影视公司利润贡献最大的消费群体购买长尾影片的概率比其他消费者高出了 50%~200%。

* * *

对娱乐行业而言，最重要的教训是：要想在未来的竞争中继续获得成功，不仅需要控制娱乐产品的生产环节，而且必须控制与客户交流接触的环节（并且必须在这个环节中取得关于消费者需求的数据）。这是我们在这本书中一再强调的一个主题。

正如我们在本书的第 1 章至第 4 章中讨论过的那样，在过去的 100 年中，大型唱片公司、出版公司以及影视公司之所以能够利用其规模优势在行业中创造价值，主要是因为它们牢牢掌握了两种稀缺资源：一是发行和宣传渠道，二是创作娱乐产品所必需的金融和技术资源。在控制了这两项资源以后，大型娱乐公司便可以控制消费者取得娱乐产品的方式，从而以此为基础建立获取价值的商业模式。

然而在本书的第 5 章至第 9 章中，我们讨论了一些新的因素（电脑技术的发展、存储设备的发展以及世界范围内数字交流网络的发展）如何导致上述稀缺资源变得不再稀缺。价格低廉的生产设备使得现在几乎所有人都可以产出娱乐作品，而各种数字渠道的存在又为娱乐作品的生产者提供了宣传和发行方面的丰富选择。这些变化为娱乐产品的消费者创造了极大的价值。此外，技术的变革还影响了娱乐市场中的价值获取流程。数字盗版现象的盛行使得娱乐公司越来越难以在消费者获取娱乐产品的过程中人为制造稀缺性——只要任何作品在数字环境中发行了，要控制它的传播就成了一项几乎不可能的任务。当然，数字化的趋势也为商家提供了新的获取价值的方式，因为在网络上发行的数字娱乐产品能为消费者提供更方便、更个性化的体验，并且能够瞬间满足消费者的需求。

在本书的第 10 章以及本章中，我们指出，要想更好地利用这些新的工具在娱乐行业中创造并且获取价值，关键是必须掌握两项新的稀缺资源：一是对消费者需求的理解，二是获得并管理消费者注意力的能力。正如我们在本书第 10 章讨论过的那样，要想从个体的层面理解消费者的需求，娱乐公司必须把以数据为基础的决策方式放到一个重要的地位上。要做到这一点，娱乐公司必须对组织结构方面的改革进行投资，并主动发展新的人才团队。而要获得并管理消费者的注意力，大型娱乐公司则必须承担必要的风险，建立新的发行平台，以便与消费者进行直接的接触和沟通。

这样的转型过程对整个娱乐行业而言自然是相当艰苦和困难的。然而对于未来，我们仍然抱着乐观的态度。因为我们上面建议的所有步骤的实质与过去在娱乐行业中取得成功所必需的步骤的实质其实是完全一样的，即要有面对新机会时敢冒风险的勇气、投资新人才的欲望、不断寻求创造性的方式让艺术家和受众发生联系的热情以及将伟大的概念变为现实的能力。不管通过什么样的方式，演出必须继续——我们相信，未来演出不仅一定会继续，而且会变得更加精彩。

致　谢

本书的创作过程满足了我们两方面的热情：第一，我们热爱优秀的娱乐作品，我们希望影视业、唱片业和出版业能继续为我们带来优秀的作品，并继续投资于优秀的创作者；第二，我们热爱用数据和统计分析的工具来理解消费者和市场的行为。在本书的研究和创作过程中，许多人为我们提供了帮助。如果没有他们的帮助，我们便无法把上述两方面的热情付诸实践，因此我们必须在此对这些帮助过我们的人致以衷心的感谢。

首先我们必须感谢卡内基–梅隆大学汉斯学院的同事，他们使我们有幸成为优秀学者社区的成员。我们尤其要感谢汉斯学院院长 Ramayya Krishnan 对我们建立娱乐分析研究中心提供的支持。我们也必须感谢参与我们的研究并发挥重要作用的以下同事：Vibhanshu Abhishek、Peter Boatwright、Brett Danaher、Pedro Ferreira、Beibei Li 以及 Alan Montgomery。此外我们还要感谢许多与我们有过合作的卡内基–梅隆大学的博士生：Uttara Ananthakrishnan、Samita Dhanasobhon、Anindya Ghose、Jing Gong、Anuj Kumar、Liron Sivan 以及 Liye Ma。卡内基–梅隆大学的工作人员为我们提供了教学和研究的极佳环境，感谢以下人员的辛勤劳动：信息系统管理硕士项目的工作人员 Andy Wasser 和 Sean Beggs，公共政策和管理硕士项目的工作人员 Brenda Peyser，以及娱乐业管理硕士项目的工作人员 John Tarnoff 和 Dan Green。卡内基－梅隆大学总顾问办公室的 Mary Beth Shaw 一直大力支持我们的研究工作，对她的帮助我们表示深深的感谢。我们还要感谢许多与我们在卡内基－梅隆大学工作期间有过接触的学生，尤其是 Chris Pope、Ricardo Guizado 和 Jose Eduardo Oros Chavarria 为我们在数据分析方面提供了有力支持。

在本书的创作过程中，许多娱乐业的人士慷慨地与我们分享了他们的经验和专业意见，在此我们要对他们的帮助表示感谢。我们尤其想要感谢美国电影协会的 Julia Jenks 和她的团队为我们的研究工作提供的可靠支持，他们与我们合作成立了研究机构“数字娱乐分析项目”（Initiative for Digital Entertainment Analytics）。我们也要感谢美国唱片业协会的 Cary Sherman 及他的团队，在我们对音乐行业进行了解和研究的过程中，他们给了我们很大的启发。我们还要感谢图书行业研究组的 Al Greco 和他的团队，他们提供的数据和专业知识使我们能够更深入地了解出版业的情况。

我们还要感谢以下这些支持和鼓励过我们的人。Andrew McAfee 鼓励我们创作这本书，并把我们介绍给了优秀的文字经纪人 Rafe Sagelyn。Rafe Sagelyn 在本书写作和投放市场的过程中给我们提供了无价的帮助。与麻省理工学院出版社的 Jane

MacDonald 及她的团队一起工作是一次非常愉快的经历，他们慷慨地接纳了两位第一次提笔写书的新手，对此我们深表感谢。此外，我们还要感谢国家音乐出版协会的 Natalie Madaj 和 David Israelite，在你们的帮助下我们才取得了版权方面的许可。最后，也是最重要的，我们必须大力感谢本书的编辑 Toby Lester，如果没有你的指导、帮助、耐心以及十足的幽默感，我想我们永远无法完成本书的写作。Toby Lester 总是能用自己卓越的能力把我们纷乱的思想总结成文字，并且这些文字极为准确地表达了我们的内心所想。如果没有 Toby Lester 的帮助，我们现在很可能仍在重写本书的第 2 章。

个人致谢

我要感谢我在麻省理工学院的导师及教练 Erik Brynjolfsson，他让我明白作为一名学者的意义，他是我最好的榜样。我还必须感谢我亲爱的妻子 Rhonda，没有她的爱和支持，就不可能有这本书的问世。Rhonda，感谢你一直相信我，一直鼓励我尝试许多新的事情，如果没有你的鼓励，我绝不会相信自己能做到这么多。Davis、Cole 和 Molly，谢谢你们给我的生命带来了这么多欢乐。爸爸妈妈，感谢你们对我的耐心，感谢你们培养了我对学习的热爱。

——迈克尔 · D. 史密斯

我想要感谢我的爸爸妈妈，他们一直信任我，一直鼓励我追求自己的梦想。我还要感谢我的妻子 Ashwini，她是我灵感的来源，也是她一直鼓励我要更加努力。我的儿子 Shomik 和 Shivum 一直无声地激励着我，因为我知道他们比任何人都更相信我。最后，我要感谢我所有的导师、同事和学生，每一天我都能从你们身上学到新的东西。

——拉胡尔·特朗

注 释

第 1 章

1. 来源参见：http：//bigstory.ap.org/article/netflix-shuffles-tv-deck-house-cards。

2. 来源参见：http：//www.vulture.com/2014/05/kevin-reilly-on-fox-pilot-season.html。

3. Nellie Andreeva，“Focus：2009–2010 Pilot Season—Back on Auto Pilot，” *Hollywood Reporter*，March 6，2009，as quoted by Jeffrey Ulin in *The Business of Media Distribution*（Focal，2010）.

4. 来源参见：Ted Sarandos，speech to the 2013 Film Independent Forum（http：//www .You Tube.com/watch？ v=Nz-7oWfw7fY）。

5. 来源同上。

6. 来源同上。

7. 来源参见：http：//www.nytimes.com/2013/01/20/arts/television/house-of-cards-arri-ves -as-a-netflix-series.html。

8. 来源参见：http：//www.aoltv.com/2011/03/18/netflix-builds-house-of-cards-kevinspa-cey/ 。

9. 占网飞公司整体用户基础的 2%。来源参见：http：//tvline.com/2014/02/21/ratings-house-of-cards-season-2-binge-watching/ 。

10. 当然，除了网飞公司的用户以外，还有很多其他观众在收看剧集时跳过了商业广告。TiVo 公司的调查结果显示，在通过 TiVo 收看《行尸走肉》一剧的观众中，有 66%跳过了广告，而在通过 TiVo 收看《广告狂人》一剧的观众中，有 73％跳过了广告。TiVo 用户可以通过 TiVo 提供的数字视频录像机（DVR）设备跳过商业广告。显然这样的数据会引起广告商的惊慌和恐惧，因为它们在这些剧集中插播 30 秒广告需要支付 7 万 ~10 万美元广告费。

11. 来源参见：http：//www.nytimes.com/2013/01/20/arts/television/house-of-cards-arrives-as-a-netflix-series.html。
12. 来源参见：http：//www.hollywoodreporter.com/video/full-uncensored-tv-executives-ro-undtable-648995。
13. 来源参见：https：//www.YouTube.com/watch？ v=uK2xX5VpzZ0。
14. 预告片中包含一些宣传本片的简短广告内容。
15. 来源参见：http：//www.nytimes.com/2013/02/25/business/media/for-house-of-cards-using- big-data-to-guarantee-its-popularity.html。
16. 来源参见：http：//variety.com/2014/digital/news/netflix-streaming-eats-up-35-of-down- stream-internet-bandwidth-usage-study-1201360914/。
17. 来源参见：http：//stephenking.com/promo/utd_on_tv/。
18. 来源参见：http：//www.nytimes.com/2012/08/05/sunday-review/internet-pirates -will-always- win.html
19. 在本书的第 3 章中，我们将会进一步讨论捆绑销售策略的规模经济效应。
20. 来源参见：http：//www.gq.com/story/netflix-founder-reed-hastings-house-of-cards-arr-ested-development。
21. 来源参见：https：//www.sandvine.com/downloads/general/global-internet-phenomena/2011/ 1h-2011-global-internet-phenomena-report.pdf。
22. 来源参见：http：//variety.com/2015/digital/news/netflix-bandwidth-usage-internet -tra-ffic- 1201507187/。

第 2 章

1. 关于娱乐行业历史的讨论主要有以下三个来源：Jan W.Rivkin and Gerrit Meier，BMG Entertainment，Case 701-003，Harvard Business School，2000；Pekka Gronow and Ilpo Saunio，*An International History of the Recording Industry*（Cassell，1998）；Geoffrey P.Hull，*The Recording Industry*（Routledge，2004）。

2. 来源参见：http：//historymatters.gmu.edu/d/5761/。

3. Rivkin and Meier，BMG Entertainment，p.3.

4. 来源同上。

5. Gertrude Samuels，“Why They Rock ‘n’Roll—And Should They ？”，*New York Times*，January 12，1958.

6. “Yeh-Heh-Heh-Hes，Baby，” *Time* 67，1956（25）.

7. Samuels，“Why They Rock ‘n’Roll”.

8. 来源同上。

9. R.Serge Denisoff and William D.Romanowski，*Risky Business*：*Rock in Film*（Transaction，1991），p.30.

10. “Rock-and-Roll Called ‘Communicable Disease，’” *New York Times*，March 28，1956.

11. 来源参见：Reiland Rabaka，*The Hip Hop Movement*：*From R&B and the Civil Rights Movement to Rap and the Hip Hop Generation*（Lexington Books，2013），p.105；Glenn C. Altschuler，*All Shook Up*：*How Rock'n'roll Changed America*（Oxford University Press，2003），p.40；Peter Blecha，*Taboo Tunes*：*A History of Banned Bands and Censored Songs*（Backbeat Books，2004），p.26；Linda Martin and Kerry Segrave *Anti-Rock*：*The Opposition to Rock'n'Roll*（Da Capo，1993），p.49。

12. “Boston，New Haven Ban ‘Rock’Shows，” *New York Times*，May 6，1958.

13. Samuels，“Why They Rock ‘n’Roll”.

14. Gronow and Saunio，*An International History of the Recording Industry*，pp. 193–194.

15. William Goldman，*Adventures in the Screen Trade*（Warner Books，1983），p. 39.

16. BMG Entertainment，p.8.

17. International Federation of Phonographic Industries，*Investing in Music*：*How Music Companies Discover*，Nurture and Promote Talent，2014，pp.7–9.

18. Robert Burnett，*The Global Jukebox*，as cited in BMG Entertainment.

19. Steve Knopper, *Appetite for Self-Destruction*: *The Spectacular Crash of the Record Industry in the Digital Age* (Free Press, 2009), p.202.
20. Michael Fink, *Inside the Music Industry*: *Creativity*, *Process*, *and Business* (Schirmer, 1996), p.71.
21. Hull, *The Recording Industry*, p.186; quoted in "Payola 2003," *Online Reporter*, March 15, 2003.
22. 来源参见：Erik Brynjolfsson, Yu Hu, and Michael Smith, "Consumer Surplus in the Digital Economy: Estimating the Value of Increased Product Variety," *Management Science* 49, no.11 (2003): 1580–1596。
23. 来源参见：our calculations, based on http: //www.boxofficemojo.com/studio/ ? view =company&view2=yearly&yr=2000。
24. 例如可参见：Albert N. Greco, Clara E. Rodriguez, and Robert M. Wharton, *The Culture and Commerce of Publishing in the 21st Century* (Stanford University Press, 2007), p.14。

第3章

1. 来源参见：http: //online.wsj.com/news/articles/SB125427129354251281。
2. 来源参见：http: //shelf-life.ew.com/2009/10/23/stephen-king-ebook-delay-price-wa/。
3. Jeffrey A Trachtenberg, "Two Major Publishers to Hold Back E-Books", *Wall Street Journal*, December 9, 2009.
4. 出版商似乎还进行了另外一个假设，那就是定价较高的精装纸质书的利润率高于定价较低的电子版图书。事实上，由于精装纸质书的印刷和发行都会产生一定的成本，这两种产品的利润率其实是非常接近的。
5. 虽然以下内容超出了本书的讨论范围，但是我们还是想在注释中列出一些本次研究的细节问题。在本次研究中，我们测试了以下问题：第一，事件的时间点对我们的实验而言是否确实是外源性的。第二，图书的发行时间和出版社的预期销量之间是否确实是不相关的。如果读者对这方面的细节有兴趣，那么我们建议阅读 Yu Jeffrey Hu 和 Michael D. Smith 的一篇工作论文，这篇论文的标题是：The Impact of eBook Distribution on Print Sales: Analysis of a Natural

Experiment。该论文可以在网上找到网址为：http：//ssrn.com/abstract=1966115。

6. 正如我们在下文中即将讨论到的那样，这些特点不仅适用于电影产品，也同样适用于音乐产品。比如，拍摄制作及宣传一部电影的成本可以超过 1 亿美元，多生产一张该片的 DVD 的边际成本大约是 4.1 美元（参见："The Hollywood Economist: The Hidden Financial Reality Behind the Movies，" Epstein. 2012. Melville House Publishing，Brooklyn，NY.），然而，对在 iTunes 商店中出售的数字版电影而言，多生产一个产品的边际成本事实上等于零。

7. 更准确地说，是比他们愿意支付的价格稍微低一点点。

8. Arthur C.Pigou，*The Economics of Welfare*，fourth edition（Macmillan，1932）.

9. "一级价格歧视"策略的另一个问题是，大部分消费者认为这样的定价政策是不公平的。这些消费者认为，仅仅因为自己可能愿意为该商品支付更高的价格，商家就对自己收取更高的价格，这样做是没有道理的。

10. 为了将电影在收费有线电视频道中播出所产生的效应与电影被其他渠道移除的效应相隔离，我们参考了以下事实：根据合同，电影在收费有线电视频道上播出当月的第一天，电影公司必须将该片从其他所有"竞争性"渠道中移除；而电影在收费有线电视频道的首播时间通常是该月的第一个、第二个、第三个或第四个周末。比如，在我们的以下论文中，（Anuj Kumar，Michael D.Smith，and Rahul Telang，"Information Discovery and the Long Tail of Motion Picture Content"，*Management Information Systems Quarterly* 38，no.4（2014）：1057–1078），我们指出："2011 年 3 月，以下几部电影（《罗宾汉》《百战天虫》《侦探拍档》及《抚爱伤痛》）在 HBO 电视网频道首播。这几部电影均于当年 3 月 1 日从 iTunes 商店以及有线电视的点播频道中移除，而它们在 HBO 电视网频道的首播时间则分别为当年的 3 月 5 日、3 月 12 日、3 月 19 日和 3 月 26 日。"由于电影在其他渠道的下架时间与在 HBO 电视网频道的首播时间之间存在时间差，我们可以区分影片在 HBO 电视网频道上映的效应，以及影片从 iTunes 商店及有线电视付费点播频道移除所产生的效应。

11. 我们认为，HBO 电视网频道播出窗口的开放和这些变化的产生之间有因果关系，然而我们不认为这些变化仅仅与电影的特点或宣传及发行方面的变化有关。得出上述结论的具体过程和细节超出了本书的讨论范围，如果读者有意进一步了解这方面的信息，那么我们建议读者阅读以下文章：Anuj Kumar，Michael D. Smith，and Rahul Telang，“Information Discovery and the Long Tail of Motion Picture Content”，*Management Information Systems Quarterly* 38，no.4（2014）：1057–1078。

12. 在本书的第 8 章，我们将对捆绑销售策略的其他应用和影响做更为详细的讨论。

13. 在本书的第 5 章，我们将进一步展开讨论这一问题，并用实证说明这一问题可能已经在某些市场中对投资产生了危害。

第 4 章

1. 本章讨论的管理概念涉及多种管理理论，其中主要涉及以下几种管理理论：约瑟夫·熊彼特的“创新摧毁”理论、克莱·克里斯腾森的“创新干扰”理论，以及理查德·福斯特的“攻击者优势”理论。在我们讨论的情况下，多种技术／市场变革同时出现，共同作用，让主流企业难以对问题的严重程度做出正确的判断，同时新的入侵者迅速在市场上取得了规模优势，导致主流企业延迟对产生的风险做出回应。

2. 来源参见：http：//www.prnewswire.com/news-releases/att-launches-a2b-music-with-the- verve-pipe--a-trial-for-the-delivery-of-music-over-the-internet-77352797.html。

3. AAC 压缩是一种编码 a2b 文件的压缩模式。该技术的专利由以下几家公司共同掌握：AT&T Bell Laboratories、Fraunhofer IIS、Dolby Laboratories 以及索尼公司。参见：Karlheinz Brandenburg，“MP3 and AAC Explained”，presented at AES 17th In-ternational Conference on High Quality Audio Encoding，1999（可在以下网址找到：http：//www.aes.org/e-lib/browse.cfm？ elib=8079）。

4. Gronow and Saunio，*An International History of the Recording Industry*，p. 211.

5. 本章关于大英百科全书的案例描述和分析大量借鉴了以下来源：Shane Greenstein and Michelle Devereux，The Crisis at Encyclopaedia Britannica，Case Study KEL251，Kellogg School of Management，2006（2009 年修订版）。

6. 来源同上，p.2，引用了以下来源：Randall E. Stross，*The Microsoft Way*。

7. 来源同上，p.5，note 21，引用了以下来源：Philip Evans and Thomas S.Wurster，*The Microsoft Way*。
8. 来源同上，p.17，引用了以下来源：Robert McHenry，“The Building of Britannica Online”(http：// www.howtoknow.com/BOL1.html)。
9. 来源同上，p.17，引用了以下来源：Robert McHenry，“The Building of Britannica Online”(http：// www.howtoknow.com/BOL1.html)。
10. 来源同上，p.17，引用了以下来源：Stross，*The Microsoft Way*。
11. 来源同上，p.7，引用了以下来源：Dorothy Auchter，“The Evolution of *Encyclopaedia Britannica*,” *Reference Services Review* 27，1999（3）：291–297。
12. 来源同上。
13. Matt Marx，Joshua S. Gans，and David H. Hsu，“Dynamic Commercialization Strategies for Disruptive Technologies：Evidence from the Speech Recognition Indus- try”，*Management Science* 60，2014（2）：3103–3123.

第5章

1. 这里我们使用的是“长尾”一词的标准定义。根据牛津字典网站的解释，“长尾”是指与少数销量高的产品相比的大量销量低的产品，参见：http：//www.oxforddic- tionaries.com/us/definition/american_english/long-tail。
2. Erik Brynjolfsson and Michael Smith，“Frictionless Commerce ？ A Comparison of Internet and Conventional Retailers”，*Management Science* 46, 4 (2000)：563–585.
3. 这一观点最先是由著名经济学家约翰·肯尼思·加尔布雷斯提出的。1995年，约翰·肯尼思·加尔布雷斯曾在《哈佛商业评论》杂志上发表过一篇关于《赢家通吃社会》的书评。在这篇名为《赢家通吃，但并非总是这样》(“The Winner Takes All……Sometimes”）的书评中，加尔布雷斯写道：“本文以讨论竞技体育运动的情况开始，并多次回到对竞技体育的讨论。由于竞技体育的比赛特点，总是会产生一名非常明确的赢家。然而在很多其他的活动中，情况并非如此，即使是在一些市场集中度非常高的行业中，也并不存在赢家通吃的必然规律。”

4. 如果想要了解这项研究的方法和结果的细节，读者可以参见：Erik Brynjolfsson，Yu Hu，and Michael Smith，“Consumer Surplus in the Digital Economy：Estimating the Value of Increased Product Variety”，*Management Science* 49，no. 2003（11）：1580–1596。

5. 来源参见：Bowker，cited in *Statistical Abstract of the United States*）*2004–2005*（Gov-ernment Printing Office，2004），p.721，table 1129。

6. 从很多角度来看，纸质书出版量上升本身就是一个很有趣的现象。根据 Bowker 的论文（http：//www.bowkerinfo.com/pubtrack/AnnualBookProduction2010/ISBN_Outp-ut_2002-2010.pdf），每年新出版的纸质书数量从 2008 年的 56.2 万种上升到了 2010 年的 310 万种。这种大幅度的增长中很大一部分是来自以“非传统”方式出版的书籍（主要是作者自己独立出版的书籍）。在每年出版的所有书籍中，以“非传统”方式出版的书籍比例从 2002 年的 13% 上升到了 2010 年的 92%。

7. 参见：Luis Aguiar and Joel Waldfogel，Quality，Predictability and the Welfare Benefits from New Products：Evidence from the Digitization of Recorded Music，working paper，University of Minnesota，2014。

8. Anita Elberse，“Should You Invest in the Long Tail？” *Harvard Business Review* 86，2008（7/8）：88–96.

9. Glenn Ellison and Sara Fisher Ellison，Match Quality，Search，and the Internet Market for Used Books. working paper，Massachusetts Institute of Technology，2014.

10. 麦卡菲 1963 年出版的这本著作早已停止印刷。因此，如果你并不住在某一所大型高等院校的图书馆附近，你可能就没有办法读到这本书的原文了——除非你愿意上亚马逊网站进行一下简单的搜索。在写作本书时，我们只要在亚马逊网站输入关键字，就可以轻松地找到 5 本这部书的二手书，并且价格相当优惠，最低售价仅为 25.15 美元。

11. 原始的研究论文为：Alejandro Zentner，Michael D. Smith，and Cuneyd Kaya，“How Video Rental Patterns Change as Consumers Move Online”，*Management Science* 59，2013（11）：2622–2634。

12. Erik Brynjolfsson，Yu（Jeffrey）Hu，and Duncan Simester，“Goodbye Pareto Principle，Hello Long Tail：The Effect of Search Costs on the Concentration of Product Sales，” *Management Science* 57，2011（8）：1373–1386.
13. 如想了解更多细节，请参见：Gal Oestreicher-Singer and Arun Sundararajan，“Recommendation Networks and the Long Tail of Electronic Commerce”，*MIS Quarterly* 36，2012（1）：65–83。
14. 以 IMDb 网站上对该电影的用户投票数量作为衡量。
15. 参见：Miguel Godinho de Matos，Pedro Ferreira，Michael D.Smith，and Rahul Telang，“Culling the Herd：Using Real World Randomized Experiments to Measure Social Bias with Known Costly Goods”，*Management Science*，forthcoming。
16. 如想了解更多细节，请参见：Avi Goldfarb，Ryan C. McDevitt，Sampsa Samila，and Brian Silverman，“The Effect of Social Interaction on Economic Transactions：Evidence from Changes in Two Retail Formats”，*Management Science*，forthcoming。
17. 参见：https：//hbr.org/2008/06/debating-the-long-tail and https：//hbr.org/2008/07/the long-tail-debate-a-response。

第6章

1. Jeff Goodell，“Steve Jobs：The Rolling Stone Interview”，*Rolling Stone*，December 3，2003.
2. http：//www.indiewire.com/article/guest-post-heres-how-piracy-hurts-indie-film-20140711.
3. 美国音乐产品的销售收入从 1999 年的 146 亿美元下降到了 2009 年的 630 万美元。来源：http：//money.cnn.com/2010/02/02/news/companies/napster_music _ industry/。
4. 来源：Stan Liebowitz，“The Impacts of Internet Piracy”，in *Handbook on the Economics of Copyright：A Guide for Students and Teachers*，ed.R.Watt（Edward

Elgar，2014）。

5. 比如说,2005年美国最高法院在“米高梅诉格罗斯特”一案的裁决中写道：“如果某个人或团体发行了某种设备，而该设备的发行目的是侵犯版权，那么设备的发行方对第三方通过该设备造成的后续侵权行为负有法律责任。”
6. http：//en.wikipedia.org/wiki/Stop_Online_Piracy_Act#cite_note-HousePress-28
7. https：//www.riaa.com/physicalpiracy.php? content_selector=piracy-online-scope-of-the-problem
8. http：//ftp.jrc.es/EURdoc/JRC79605.pdf
9. http：//www.cbc.ca/news/business/digital-piracy-not-harming-entertainment-industries-study-1.1894729
10. 如果有意阅读这方面的文献综述（附参考文献），读者请参见：Michael Smith and Rahul Telang，“Competing with Free：The Impact of Movie Broadcasts on DVD Sales and Internet Piracy”，*Management Information Systems Quarterly* 33，2009（2）：312–338。
11. Felix Oberholzer-Gee and Koleman Strumpf，“The Effect of File Sharing on Record Sales：An Empirical Analysis”，*Journal of Political Economy* 115，2007（1）：1–42.
12. Brett Danaher，Michael D. Smith，and Rahul Telang，“Piracy and Copyright Enforcement Mechanisms”，in *Innovation Policy and the Economy*，volume 14，ed.J. Lerner and S.Stern（National Bureau of Economic Research，2014）.
13. Brett Danaher Michael D.Smith，and Rahul Telang，“Copyright Enforcement in the Digital Age：Empirical Economic Evidence and Conclusions”，prepared for tenth session of World Intellectual Property Organization Advisory Committee on Enforcement，Geneva.
14. 2014 年出版的章节中只包含了 19 篇论文。在 2014 年该书籍出版以后，又有 2 篇相关论文发表，在 2015 年的时候，我们注意到又有 4 篇相关论文发表，因此文献综述论文中总共包含了 25 篇论文。
15. 既然绝大部分论文的结论都是盗版伤害了销量，那么对于余下 3 篇认为无证据表明盗版会伤害正版销量的论文，我们应该怎么理解呢？最自然的一种解释是：在某些情况下，盗版不会显著伤害正版产品的销量。比如，附录中的表 6–1 就列出了我们的一篇论文，该文的结论是：当一部电影在电视网络上播出时（一般此时距电影从影院下档已经有几年的时间了），从统计上看盗版不会显著伤害正版销量。但我们在这篇论文中同时还强调了："但这一结果并不能推广到电影发行的更早阶段，在电影发行的较早阶段，盗版有可能会伤害正版的销量。" 参见：Michael Smith and Rahul Telang，"Competing with Free：The Impact of Movie Broadcasts on DVD Sales and Internet Piracy"，*Management Information Systems Quarterly* 33，2009（2）：312–338，p.336）。另一种可能的解释是，这些论文的结论只在某些特殊假设之下成立，或者只在作者采用的某种实证方法之下成立，如果改变假设条件，或者改变实证方法，这些结果可能就不再成立，可参见以下文献：Rafael Rob and Joel Waldfogel，"Piracy on the High C's：Music Downloading，Sales Displacement，and Social Welfare in a Sample of College Students"，*Journal of Law and Economics* 49，no. 1（2006）：29–62；Stan Liebowitz，"How Reliable is the Oberholzer-Gee and Strumpf Paper on File-Sharing？"（http：//ssrn.com/abstract=1014399）；Stan Liebowitz，"The Oberholzer-Gee/Strumpf File-Sharing Instrument Fails the Laugh Test"（http：//ssrn. com/abstract=1598037）；George R. Barker and Tim J.Maloney，"The Impact of Free Music Downloads on the Purchase of Music CDs in Canada"（http：//ssrn.com/ abstract=2128054））。不管对这些特殊情况采取上述的哪种解读，我们的主要结论都是不变的，那就是：在绝大部分情况下，盗版确实会伤害正版产品的销量。

16. 例如可参见：Rob and Waldfogel，"Piracy on the High C's"。
17. 参见：http：//www.ifpi.org/content/section_news/investing_in_music.html。
18. 参见：Joel Waldfogel，"Copyright Protection，Technological Change，and the Quality of New Products：Evidence from Recorded Music since Napster"，*Journal of Law and Economics* 55，2012（4）：715–740。
19. Joel Waldfogel，"Copyright Protection，Technological Change，and the Quality of New Products：Evidence from Recorded Music since Napster"，*Journal of Law and Economic* 55，2012（4）：715–740。

20. 当我们使用其他衡量标准的时候（比如印度电影审查委员会的产出数据）也得到了类似的结果。如果想要阅读关于我们结果的完整讨论，读者可以参见：Rahul Telang and Joel Waldfogel，= “Piracy and New Product Creation：A Bollywood Story”，2014（http：//ssrn.com/abstract=2478755）。
21. http：//www.nytimes.com/2012/08/05/sunday-review/internet-pirates-will-always-win.html
22. http：//www.bloomberg.com/bw/stories/1998-05-10/the-net-a-market-too-perfect-for-profits
23. 参见：Michael Smith and Erik Brynjolfsson，“Customer Decision Making at an Internet Shopbot：Brand Still Matters，” *Journal of Industrial Economics* 49，2001（4）：541–558.
24. 研究的具体细节如下：控制组包括 CBS、CW、Fox 以及 NBC 这 4 家电视台的 53 部电视剧。这 53 部电视剧中有一些在 7 月 6 日之前就已经发布在 Hulu 网站上，因此在 7 月 6 日后的 4 周内“可获取性”没有变化。另外一些电视剧在 7 月 6 日之前没有发布在 Hulu 网站上，在 7 月 6 日后的 4 周内也没有在 Hulu 上架，因此它们的“可获取性”也没有发生变化。如果想阅读关于这项研究更详细的讨论，yfft 请参见：Brett Danaher，Samita Dhanasobhon，Michael D. Smith，and Rahul Telang，“Economics of Digitization：An Agenda”，in *Understanding Media Markets in the Digital Age*：*Economics and Methodology*，ed.A.Greenstein，S. Goldfarb，and C.Tucker（University of Chicago Press，2015）。
25. 参见：Brett Danaher，Michael D. Smith，Rahul Telang，and Siwen Chen，“The Effect of Graduated Response Anti-Piracy Laws on Music Sales：Evidence from an Event Study in France”，*ournal of Industrial Economics* 62，no.3（2014）：541–553。
26. Roger Parloff，“Megaupload and the Twilight of Copyright”，*Fortune*，July 23，2012：21–24.
27. 参见：Brett Danaher and Michael D. Smith，“Gone in 60 Seconds：The Impact of the Megaupload Shutdown on Movie Sales，” *International Journal of Industrial*

Organi- zation 33（2014），March：1–8。

28. https：//www.fbi.gov/news/pressrel/press-releases/justice-department-charges-leaders-of- megaupload-with-widespread-online-copyright-infringement
29. 如果想要了解我们所采用的研究方法的细节，读者可以参见：Brett Danaher，Michael D.Smith，and Rahul Telang，The Effect of Piracy Website Blocking on Consumer Behavior，work-ing paper，Carnegie Mellon University（available from http：//ssrn.com/abstract=2612063）。

第 7 章

1. https：//shotonwhat.com/cameras/canon-eos-5d-mark-iii-camera
2. 2010 年金像奖最佳剪辑奖的获奖影片是《社交网络》（*The Social Network*），而 2011 年获得这一奖项的作品是《龙文身的女孩》（*The Girl with the Dragon Tattoo*）。此前，还有另一些用 Final Cut Pro 剪辑的作品获得过金像奖最佳剪辑奖，这些影片包括：《冷山》（*Cold Mountain*）（2003 年），《老无所依》（*No Country for Old Me*n）（2007 年），以及《本杰明·巴顿奇事》（*The Curious Case of Benjamin Button*）（2008 年）。
3. https：//gigaom.com/2012/03/22/419-the-next-self-publishing-frontier-foreign -language-editions/
4. https：//www.YouTube.com/channel/UCy5mW8fB24ITiiC0etjLI6w
5. http：//www.newyorker.com/magazine/2014/02/17/cheap-words
6. https：//gigaom.com/2012/06/18/seth-godins-kickstarter-campaign-for-new-book -beats-40k-goal-in-3-5-hours/
7. https：//www.kickstarter.com/projects/297519465/the-icarus-deception-why-make-new-from-seth-go
8. http：//www.ew.com/article/2013/03/13/veronica-mars-movie-is-a-go-kickstarter
9. http：//www.wsj.com/news/articles/SB10001424052702303636404579397322240026950
10. http：//www.ew.com/article/2013/03/13/veronica-mars-movie-is-a-go-kickstarter
11. https：//www.YouTube.com/watch？ v=CjW9I6jo7bQ

12. http：//blogs.ocweekly.com/heardmentality/2014/05/nice_peter_epic_rap _battles_in_history.php
13. http：//www.nytimes.com/2013/10/30/arts/television/epic-rap-battles-seeks-staying-power-on-YouTube.html
14. http：//www.statsheep.com/ERB
15. http：//www.riaa.com/goldandplatinumdata.php ？ artist=%22Epic+Rap+Battles+of+History%22
16. “史诗级说唱对决”并不是 YouTube 网站上唯一的成功故事。在 YouTube 网站上，最流行的频道播放的并非是凯蒂 · 派瑞、痞子阿姆或泰勒 · 斯威夫特的作品，而是菲利克斯 · 科尔伯格（艺名为 PewDiePie）的作品。菲利克斯 · 科尔伯格是一名来自瑞典的 25 岁青年，他通过上传自己玩电子游戏的搞笑视频赢得了 3 800 万名订阅观众和全球范围内超过 9 亿次的观看点击。仅 2014 年一年，菲利克斯 · 科尔伯格就靠这些视频获得了超过 70 万美元的赢利。（参见：http：// www.bbc.com/news/technology-33425411。）
17. http：//www.theguardian.com/books/2012/jan/12/amanda-hocking-self-publishing
18. http：//www.deseretnews.com/article/865578461/Hip-hop-violinist-Lindsey-Stirling-overcomes-anorexia-critics-to-find-happiness-success.html
19. https：//www.washingtonpost.com/blogs/the-switch/wp/2014/05/29/YouTube-sensation-lindsey-stirling-on-how-the-internet-can-shape-the-music-industry/
20. https：//www.YouTube.com/user/lindseystomp/about
21. http：//www.forbes.com/sites/michaelhumphrey/2011/10/26/epic-rap-battles-of-history-talking-brash-wit-with-a-YouTube-hit/3/
22. http：//www.billboard.com/articles/news/1559095/dubstep-violinist-lindsey-stirling-inks-deal-with-lady-gagas-manager
23. http：//mediadecoder.blogs.nytimes.com/2011/03/24/self-publisher-signs-four-book-deal-with-macmillan/
24. http：//content.time.com/time/arts/article/0，8599，1666973，00.html
25. http：//www.wired.com/2007/12/ff-yorke/
26. https：//louisck.net/news/a-statement-from-louis-c-k

27. https：//louisck.net/news/another-statement-from-louis-c-k

28. http：//recode.net/2015/01/31/louis-c-k-s-new-straight-to-fan-special-has-no-buzz-and-its-doing-better-than-his-first-one/

29. http：//www.wired.com/2011/06/pottermore-details/

30. http：//www.theguardian.com/books/booksblog/2012/mar/28/pottermore-ebook-amazon-harry-potter

31. http：//nypost.com/2014/01/02/indie-artists-are-new-no-1-in-music-industry/

32. Joel Waldfogel and Imke Reimers，Storming the Gatekeepers：Digital Disinter-media-tion in the Market for Books. working paper，University of Minnesota，Minneapolis，2012.

33. http：//www.washingtonpost.com/news/business/wp/2014/09/05/tv-is-increasingly-for-old-people/

34. http：//www.dailymail.co.uk/news/article-2178341/Hollywood-Cinema-attendance-plummets-25-year-low.html

35. http：//www.businessinsider.com/brutal-50-decline-in-tv-viewership-shows-why-your-cable-bill-is-so-high-2013-1

36. http：//www.techhive.com/article/2833829/nearly-1-in-4-millennials-have-cut -the-cord-or-never-had-cable.html，cited by http：//www.washingtonpost.com/news/morning-mix/wp/2015/01/06/the-espn-streaming-deal-and-how-tv-is-becoming-entertainment-for-old-people/

37. http：//blogs.wsj.com/cmo/2015/07/24/this-chart-shows-why-comcast-would-be-interested-in-vice-media-and-buzzfeed/

38. http：//www.hollywoodreporter.com/news/study-5-percent-millennials-plan-732337

39. http：//www.usatoday.com/story/tech/2014/12/19/YouTube-diversity-millennials/18961677/

40. http：//www.hollywoodreporter.com/news/study-5-percent-millennials-plan-732337

41. http：//www.prnewswire.com/news-releases/sprint-and-suave-partner-with-leah-remini-to-create-consumer-generated-webisodes-58432852.html

42. http：//www.nytimes.com/2009/03/25/arts/television/25moth.html？ _r=1

43. http：//adage.com/article/madisonvine-case-study/sprint-suave-find-success-mindshare-s-online-series/125090/

44. http：//www.mediapost.com/publications/article/76165/suave-sprint-back-for -in-the-motherhood-webisod.html

45. http：//variety.com/2008/scene/markets-festivals/abc-orders-motherhoodepisodes-1117991763/

46. https：//ewinsidetv.wordpress.com/2009/03/11/in-the-motherho/

47. Bowker，cited in Statistical Abstract of the United States：2004–2005（Government Printing Office），table 1129.

48. http：//www.bowkerinfo.com/pubtrack/AnnualBookProduction2010/ISBN_Output_ 2002-2010.pdf. 根据一项最近的估计数据，亚马逊网站平均每 5 分钟就会上架一本新书。（http：//techcrunch.com/2014/08/21/ there-is-one-new-book-on-amazon-every-five-minutes/.）

49. http：//www.musicsupervisor.com/just-how-many-releases-these-numbers-may-scare-you/

50. https：//www.YouTube.com/yt/press/statistics.html

第 8 章

1. http：//www.nytimes.com/2007/08/31/technology/31NBC.html

2. http：//www.cnet.com/news/nbc-to-apple-build-antipiracy-into-itunes/

3. Philip Elmer-DeWitt，“NBC's Zucker：Apple Turned Dollars into Pennies”，*Fortune*，October 29，2007（http：//fortune.com/2007/10/29/nbcs-zucker-apple-turned-dollars -into-pennies/）.

4. 引自“NBC Chief Warns Over iTunes Pricing”，*Financial Times*，October 29，2007（http:// www.ft.com/intl/cms/s/0/8f799be2-865a-11dc-b00e-0000779fd2ac.html#axzz3ScXf2AKv）。

5. 参见：Brooks Barnes，“NBC Will Not Renew iTunes Contract，” *New York Times*，August 31，2007（http：//www.nytimes.com/2007/08/31/technology/31NBC.html）根据苹果公司的估计，NBC 的节目占 iTunes 电视剧销量的 30%。（http：//

www .apple.com/pr/ library/2007/08/31iTunes-Store-To-Stop-Selling-NBC-Television -Shows.html.）

6. https：//www.apple.com/pr/library/2007/09/05Apple-Unveils-iPod-touch.html

7. http：//www.cnet.com/news/apple-slaps-back-at-nbc-in-itunes-spat/

8. http：//www.nytimes.com/2007/09/20/business/media/20nbc.html

9. 据报道，在 DVD 销售市场上，塔吉特占有 15% 的市场份额。（http：//www.wsj.com/articles/SB116035902475586468.）

10. https：//www.apple.com/pr/library/2006/09/12Apple-Announces-iTunes-7-with-Amazing-New-Features.html

11. http：//www.hollywoodreporter.com/news/target-blinks-dispute-disney-143682

12. 注意图 8–1 中的纵轴是按对数尺度标注的。

13. Brett Danaher，Samita Dhanasobhon，Michael D.Smith，and Rahul Telang，“Converting Pirates without Cannibalizing Purchasers：The Impact of Digital Distri- bution on Physical Sales and Internet Piracy”，*Marketing Science* 29，2010（6）：1138–1151.

14. 在这篇论文中我们提到：在这一时段，我们并没有发现非 NBC 节目的数量有所增加，因此盗版剧集的增加应该与 NBC 撤出 iTunes 平台有因果关系。

15. 苹果公司对 NBC 进行了一项让步：增加了两个定价点（目录节目每部 0.99 美元，高清电视剧每集 2.99 美元）。（http：//www .businessinsider.com/2008/9/nbc-s-zucker-we-came-back-to-itunes-because-we-got -variable-pricing.）但在反盗版措施方面苹果公司没有对 NBC 让步，苹果公司也拒绝让 NBC 从 iPod 的销售收入中抽成。

16. Brad Stone，*The Everything Store*：*Jeff Bezos and the Age of Amazon*（Little，Brown，2013）.

17. http：//www.publishersweekly.com/pw/print/20040531/23431-amazon-co-op-riles-independent-houses.html

18. http：//www.newyorker.com/magazine/2014/02/17/cheap-words

19. 来源同上。

20. http：//www.publishersweekly.com/pw/print/20040531/23431-amazon-co-op-riles-

independent-houses.html

21. http：//www.newyorker.com/magazine/2014/02/17/cheap-words
22. 引自：Joe Miller，“Amazon Accused of ‘Bullying’Smaller UK Publishers，” BBC News，June 26，2014.（http：//www.bbc.com/news/technology-27994314）。
23. http：//articles.latimes.com/2011/oct/06/entertainment/la-et-jobs-music-20111007
24. *Social Problems*：*Selections from CQ Researcher*（Pine Forge Press，2009），p.222. 此外还可参见：http：//featuresblogs.chicagotribune.com/entertainment_tv/2006/02/office _workers.html。
25. http：//www.newyorker.com/magazine/2014/02/03/outside-the-box-2
26. http：//variety.com/2009/digital/features/online-distribution-pulls-ahead-of-film-111799As9758/
27. http：//www.digitalbookworld.com/2013/e-retailers-now-accounting-for-nearly-half-of-book-purchases-by-volume/
28. http：//www.theverge.com/2015/4/15/8419567/digital-physical-music-sales-overtake-globally
29. http：//partners.nytimes.com/library/tech/99/03/biztech/articles/14amazon .html
30. Michael Smith，Joseph Bailey，and Erik Brynjolfsson，“Understanding Digital Markets：Review and Assessment”，in *Understanding the Digital Economy*，ed.E.Brynjolfsson and B.Kahin（MIT Press，2000）.
31. E.J.Johnson，S.Bellman，and G.L.Lohse，“Cognitive Lock-in and the Power Law Of Practice”，*Journal of Marketing* 67，2002（2）：62–75.
32. 比如说，埃里克·布莱恩约弗森、阿斯特丽德·迪克和迈克尔·史密斯分析了比价网站的数据，他们发现，这些消费者虽然在意产品的价格，但是他们几乎从来不愿意翻看比价结果的第二页。虽然第二页上的最低价格平均比第一页的最低价低格 6 美元。（“A Nearly Perfect Market？ Differentiation Versus Price in Consumer Choice，” *Quantitative Marketing and Economics* 8，2010（1）：1–3）。也就是说，消费者为了省下处理额外信息所耗费的时间和精力，他们宁愿损失 6 美元。这一结果与一系列相关的研究结果是互相吻合的。这些相关的研究显示，一些简单的任务似乎给网上消费者带来了颇高的成本，这些任务包括：加入 eBay 网站竞价（P.Bajari and A.Hortaçsu，“The Winner's Curse，Reserve Prices，and Endogenous Entry：Empirical Insights from eBay Auctions”，*RAND Journal of Economics* 2003（34）：329–355），在拍卖网站上参加拍卖（I. Hann and C. Terwiesch，“Measur- ing the Frictional Cost of Online Transactions：The Case of a Name-Your-Own-Price Channel”，*Management Science* 2003（49）：1563–1579），以及搜索教科书（H. Hong and M. Shum，“Using price distributions to estimate search costs”，*RAND Journal of Economics* 2006（37）：257–275）。

33. 我们提出这一论点并不是为了反对使用数字权限管理软件。数据显示，数字权限管理软件的使用在某些情况下可以降低非正式盗版现象的危害。（可参见伊姆克 · 赖默斯的研究结果，他发现数字权限管理软件的使用可以将电子书的销量提高 15.4%，该研究可以在网址 http：//www.econ.umn.edu/~reime062/research/piracy_paper.pdf 中找到）。我们的观点是：应该综合考虑数字权限管理软件的好处和平台锁定效应的问题，并进行必要的权衡。

34. 可参见：Nicola F.Sharpe and Olufunmilayo B.Arewa，“Is Apple Playing Fair？Navi-gating the iPod FairPlay DRM Controversy”，*Northwestern Journal of Tech-nology and Intellectual Property* 5，（2）：331–349；Herbert Hovenkamp，Mark D. Janis，Mark A Lemley，and Christopher R.Leslie，*IP and Antitrust：An Analysis of Antitrust Principles Applied to Intellectual Property Law*，second edition（Wolters Kluwer Law & Business，2014；Thorsten Kaseberg，*Intellectual Property，Antitrust and Cumulative Innovation in the EU and the US*（Bloomsbury，2012）。

35. Yannis Bakos and Erik Brynjolfsson，“Bundling and Competition on the Internet”，*Marketing Science* 19，2000（1）：63–82.

36. 来源同上。

37. http：//arstechnica.com/uncategorized/2007/11/hands-on-nbc-direct-beta-makes-hulu-seem-utopian-not-ready-for-beta-tag/

38. http：//fortune.com/2014/12/09/hbo-streaming/

39. http：//variety.com/2014/digital/news/hbo-cto-otto-berkes-resigns-as-network-enlists-mlb-to-build-ott-platform-1201375255/

第9章

1. Michael Lewis，*Moneyball*（Norton，2003），pp.219–220.
2. 来源同上，p.233。
3. 来源同上，p.57。
4. 来源同上。
5. http：//www.newyorker.com/magazine/2014/02/03/outside-the-box-2
6. http：//www.newyorker.com/magazine/2014/02/17/cheap-words
7. Ken Auletta，“Publish or Perish”，*The New Yorker*，April 26，2010.
8. http：//www.newyorker.com/reporting/2014/02/17/140217fa_fact_packer
9. http：//www.hollywoodreporter.com/news/sonys-michael-lynton-defends-studio-759494
10. http：//www.nytimes.com/2013/02/25/business/media/for-house-of-cards-using-big-data-to-guarantee-its-popularity.html？ _r=1
11. 作为匹兹堡海盗队的球迷，这一点让我们深感痛心。
12. 我们也听说在某些特定情况下或者在收费的情况下，下游平台愿意与上游娱乐企业共享更详细的消费者数据，或者愿意帮助上游娱乐公司对消费者直接进行市场营销活动。这一情况也印证了我们上文提到的两个要点：一是客户数据以及与客户接触的渠道是一项重要的战略资源；二是通过控制这些重要的战略资源，大型发行平台在与商业伙伴谈判的过程中获得了很大的谈判筹码。
13. http：//www.hollywoodreporter.com/news/aftermath-hulu-ceos-bad-boy-101517
14. 可参见以下网址：http：//variety.com/2014/digital/news/amazon-to-spend-more-than-100-million-on-original-series-in-q3-1201268987/，http：//variety.com/2015/digital/news/amazon-studios-to-produce-movies-for-theatrical-digital-release-in-2015-1201408688/，以及 http：//www.wsj.com/articles/YouTube-seeks-streaming-right -to-tv-shows-movies-1449104356。
15. http：//YouTube-global.blogspot.com/2015/10/red-originals.html
16. http：//www.vulture.com/2015/07/netflix-original-programming-hbo-fx.html

17. Gina Keating，*Netflixed*：*The Epic Battle for America's Eyeballs*（Portfolio，2013）.

18. http：//www.nytimes.com/2013/02/25/business/media/for-house-of-cards-using-big-data-to-guarantee-its-popularity.html

19. http：//www.hollywoodreporter.com/news/amazon-studios-head-roy-price-721867

20. John Seabrook，"Revenue Streams"，*The New Yorker*，November 24，2014（http：// www.newyorker.com/magazine/2014/11/24/revenue-streams）

21. http：//www.theatlantic.com/magazine/archive/2014/12/the-shazam-effect/ 382237/

22. http：//www.newyorker.com/reporting/2014/02/17/140217fa_fact_packer

23. "A Chat with Ted Sarandos，Mitch Hurwitz，and Vince Gilligan"，National Association of Television Program Executives，January 21，2015（https：//www.YouTube .com/watch？ v=Zdy8-FDV7c0）.

24. 来源：http：//variety.com/2015/tv/news/golden-globe-nominations-2016-hbo -nbc-1201 658385/ 。

25. 来源：http：//deadline.com/2015/12/golden-globes-nominations-2016-tv-series -net-works-list-1201664377/。

26. Kevin Spacey，keynote address，Content Marketing World 2014，Cleveland，September 11，2014.

27. 可参见：http：//www.hollywoodreporter.com/news/breaking-bad-how -cablenet-flix- 619857。

28. RBC 资本的 David Bank 预测，2015 年各大电视网络和影视公司通过向网飞、Hulu 和亚马逊出售电视重播的视频流播放权，总共约可获得 68 亿美元的收入。（http：//www.wsj.com/articles/netflix-viewership-finally -gets-a-yardstick-1440630513.）

第 10 章

1. "How to Survive in Vegas"，*Business Week*，August 9，2010（http：// www.bloomberg.com/bw/magazine/content/10_33/b4191070705858.htm）.

2. 本章中哈拉斯娱乐公司的故事主要来自以下三个来源：Rajiv Lal，Harrah's

Entertain-ment，case study，Harvard Business School，2002 Victoria Chang and Jeffrey Pfeffer，Case OB-45，Gary Loveman and Harrah's Enter- tainment，Stanford Graduate School of Business，2003；Gary Loveman，"Diamonds in the Data Mine，" *Harvard Business Review*，May 2003。

3. Rajiv Lal and Patricia Carrolo，Harrah's Entertainment Inc.，case 502-011，Harvard Business School，2001，p.3.
4. 来源同上。
5. 来源同上，p.5。
6. Loveman，"Diamonds in the Data Mine，" p.4.
7. 来源同上。
8. Lal and Carrolo，Harrah's Entertainment Inc.，p.6.
9. Chang and Pfeffer，Gary Loveman and Harrah's Entertainment.
10. Richard Metters，Carrie Queenan，Mark Ferguson，Laura Harrison，Jon Higbie，Stan Ward，Bruce Barfield，Tammy Farley，H.Ahmet Kuyumcu，and Amar Duggas-ani，"The 'Killer Application' of Revenue Management：Harrah's Cherokee Casino and Hotel"，*Interfaces* 38，2008（3）：161–175.
11. Loveman，"Diamonds in the Data Mine，" p.4.
12. Chang and Pfeffer，Gary Loveman and Harrah's Entertainment.
13. Meridith Levinson，"Harrah's Knows What You Did Last Night"，CIO Newsletter，June 6，2001（http：//www.cio.com.au/article/44514/harrah_knows_what_did _last_night/）
14. Chang and Pfeffer，Gary Loveman and Harrah's Entertainment.
15. Richard H. Levey，"Destination Anywhere：Harrah's Entertainment Inc.'s Marketing Strategy"，*Direct*，1999，cited in Lal and Carrolo，Harrah's Entertainment Inc.
16. Loveman，"Diamonds in the Data Mine"，p.3.
17. 来源同上 .，p. 4.
18. Gary Loveman in the Gaming Hall of Fame for 2013，Gambling USA，September 14，2013（http：//www.gamblingusa.com/gary-loveman-gaming-hall-

fame-2013/）.

19. Kate O'Keeffe，"Real Prize in Caesars Fight：Data on Players"，*Wall Street Journal*，March 19，2015（http：//www.wsj.com/articles/in-caesars-fight-data-on-players-is-real -prize-1426800166）.

20. Steve Knopper，*Appetite for Self-Destruction*：*The Spectacular Crash of the Record Industry in the Digital Age*（Simon and Schuster，2009）.

21. 来源：IFPI，"Music industry revenue worldwide from 2002 to 2014，by sector（in bill-ion U.S.dollars）"（http：//www.statista.com/statistics/272306/worldwide -revenues-of-the-music-industry-by-category/）。

22. 接下来我们会介绍这项研究的主要结果。如欲了解更多详情，请参见：Brett Danaher，Yan Huang，Michael D. Smith，and Rahul Telang，"An Empirical Analysis of Digital Music Bundling Strategies"，*Management Science* 60，2015（9）：1413–1433。

23. http：//www.nielsen.com/us/en/insights/reports/2015/the-total-audience-report-q1-2015.html

24. http：//www.wsj.com/articles/viacom-beats-expectations-on-ninja-turtles-transformers- 1415881443

25. http：//blogs.wsj.com/cmo/2015/06/25/nielsen-mitch-barns-tv-networks-netflix/

26. 参见：Filipa Reis，Miguel Godinho de Matos，and Pedro Ferreira，The Impact of Co-nvergence Technologies on the Substitution Between TV and Internet：Evidence from a Randomized Field Experiment，working paper，Carnegie Mellon University，2015。在另一项独立于上述研究的实验中，Reis et al. 分析了能观看收费电视频道但不能用 DVR 设备延时观看的消费者的网络使用情况，他们发现这些消费者的上网时间并没有变化。Reis et al. 认为，这一结果说明："只有当电视向消费者提供和网络视频流服务类似的体验时，消费者才会花更多时间看电视。。

27. 如欲了解关于我们实验方法的更多详细信息，可以参见：Jing Gong，Michael D. Smith，and Rahul Telang，"Substitution or Promotion？ The Impact of Price Discounts on Cross-Channel Sales of Digital Movies"，*Journal of Retailing* 91，2015

（2）：343–357。

28. 当然，这种大规模撒网然后等鱼上钩的策略有时候也是很有效的。比如，美国最重要的大型市场广告事件要数“超级碗”，在最近的一篇名为“Super Returns to Super Bowl Ads ？”（http：//people.ischool.berkeley .edu/~hal/Papers/2015/super.pdf）的工作论文中，Seth Stephens-Davidowitz、Hal Varian以及Michael D. Smith分析了“超级碗”广告对电影收入的影响。当然，我们可以想象，作者无法对“超级碗”广告事件进行随机实验，但是他们研究分析了一系列自然实验的结果。这篇论文的分析主要用以下两个事实作为前提：一是如果某个城市的主队进入了“超级碗”决赛，那么这个城市中“超级碗”的观众数量会比其他城市多很多；二是“超级碗”的广告商必须事先决定是否购买“超级碗”的广告，在做出购买广告的决策时他们无法预测哪些队伍会最终进入决赛。因此，主队进入决赛的城市中“超级碗”的观众数目会大幅上升，这对观看广告的观众数量而言是一个外源性冲击。有了这一外源性冲击，Stephens-Davidowitz et al. 便可以分析从2004—2012年54部在“超级碗”上做过广告的电影院线的上座情况。他们发现，在主队进入决赛的城市中，那些在“超级碗”上做广告的电影上座率更高。从投资回报率的角度来看，在“超级碗”广告中为一部电影投入300万美元做广告，平均可以为电影公司多创造840万美元的利润。

第11章

1. John Markoff，“Michael Dell Should Eat His Words，Apple Chief Suggests”，*New York Times*，January 16，2006（http：//www.nytimes.com/2006/01/16/technology/16apple.html）
2. http：//www.cnet.com/news/gateway-shuts-10-percent-of-u-s-stores/. Gateway would close its remaining 188 stores in April of 2004（http：//www.pcworld.com/article/115507/article.html）.
3. http：//www.bloomberg.com/bw/stories/2001-05-20/commentary-sorry-steve-heres-why-apple-stores-wont-work
4. http：//www.forbes.com/sites/carminegallo/2015/04/08/why-the-experts-failed-to

-predict-the-apple-stores-success/

5. http：//fortune.com/2015/03/13/apples-holiday-top-10-retailers-iphone/

6. http：//www.forbes.com/sites/carminegallo/2015/04/08/why-the-experts-failed-to-predict-the-apple-stores-success/

7. http：//fortune.com/2011/08/26/how-apple-became-the-best-retailer-in-america/

8. http：//bits.blogs.nytimes.com/2011/11/25/a-look-at-apples-spot-the-shopper-technology/

9. 来源：http：//variety.com/2015/film/news/godzilla-vs-king-kong-legendary-ceo -1201656742/。

10. http：//ir.aol.com/phoenix.zhtml ？ c=147895&p=irol-newsArticle_print&ID=1354531

11. http：//variety.com/2015/digital/news/netflix-bandwidth-usage-internet-traffic -1201507187/

12. http：//fortune.com/2012/08/20/hulus-network-drama/

13. Jason Kilar，"Stewart，Colbert，and Hulu's Thoughts about the Future of TV，" http：//blog.hulu.com/2011/02/02/stewart-colbert-and-hulus-thoughts-about-the-future-of-tv/

14. http：//allthingsd.com/20110203/is-jason-kilar-trying-to-get-fired/

15. http：//www.ft.com/intl/cms/s/0/2503f886-2f60-11e0-834f-00144feabdc0.html

16. 来源同上。

17. Janet Morrissey，"The Beginning of the End for Hulu ？" *Fortune*，January 8，2013.

18. 如欲了解更多关于这项研究的方法和结果，请参见：Brett Danaher，Michael D. Smith，and Rahul Telang，Windows of Opportunity：The Impact of Early Digital Movie Releases in the Home Entertainment Window，working paper，Carnegie Mellon University，2015。

19. 学术界最早以直接观察消费者行为为研究基础的论文之一是 William D. Wells and Leonard A. Lo Sciuto，"Direct Observation of Purchasing Behavior"，*Journal of Marketing Research* 3，1966（3）：227–233. 在这项研究中，Wells and Lo

Sciuto 雇用的数据采集员在超市里实地跟踪消费者，并详细记录消费者的购物行为。在这项研究中，这些数据采集员共了 600 小时的劳动，跟踪记录了 1 500 人次的消费行为。

20. Peter E. Rossi，Robert E. McCulloch，and Greg M. Allenby，“The Value of Purchase History Data in Target Marketing”，*Marketing Science* 15，1996（4）：321–340.

21. Food Marketing Institute，Variety of Duplication：A Process to Know Where You Stand. 上述报告是 1993 年由 Willard Bishop Consulting and Information Resources，Inc. 和 Frito-Lay 合作撰写的。

22. Robert D.Austin and Warren McFarlan，H.E.Butt Grocery Company：A Leader in ECR Implementation（B）（Abridged），case 9-198-016，Harvard Business School，1997，p.2.